汽车营销与服务复合型人才培养教材

U0369029

二手车评估与经营管理

朱升高　编著

机 械 工 业 出 版 社

本教材的编写主要面向职业院校的二手车鉴定评估专业人才培养以及二手车鉴定评估专业课程的教材，以及社会专业培训机构与行业专业人士的阅读等需求。该教材是编者结合了行业所要求的职业技能与多年教学经验，按照工学结合的教学思想，创新了五步教学法的新理念，旨在打造学生的综合素养，着力加强学生的说、思、辩的能力培养，本书的内容符合高职院校教学需要与行业内专业能力培养的要求。

　　教材内容主要设置有二手汽车市场发展与车辆使用相关性能指标、二手车辆行业基础知识、二手车辆查验与鉴定、二手车评估方法、二手车交易、事故车辆鉴定与评估基础、二手车辆网络营销、二手车辆经营与管理、二手车信息与数据管理等九个项目的学习内容，较为全面地阐述了二手车鉴定评估的主要知识技能的应知应会，每一个知识点的编写体现了以能力培养为本位的教学思想，体现了个人能力培养、职业能力培养、岗位能力培养的同步。

图书在版编目（CIP）数据

二手车评估与经营管理／朱升高编著. —北京：机械工业出版社，2020.7
汽车营销与服务复合型人才培养教材
ISBN 978 - 7 - 111 - 66204 - 4

Ⅰ. ①二… Ⅱ. ①朱… Ⅲ. ①汽车-价格评估-职业教育-教材
②汽车-经营管理-职业教育-教材 Ⅳ. ①F766 ②F407.471.5

中国版本图书馆 CIP 数据核字（2020）第 137603 号

机械工业出版社（北京市百万庄大街 22 号 邮政编码 100037）
策划编辑：赵海青 责任编辑：赵海青
责任校对：张莎莎 封面设计：马精明
责任印制：常天培
北京虎彩文化传播有限公司印刷
2020 年 10 月第 1 版 第 1 次印刷
184mm×260mm · 18 印张 · 432 千字
标准书号：ISBN 978 - 7 - 111 - 66204 - 4
定价：59.00 元

电话服务　　　　　　　　　　网络服务
客服电话：010 - 88361066　　机 工 官 网：www.cmpbook.com
　　　　　010 - 88379833　　机 工 官 博：weibo.com/cmp1952
　　　　　010 - 68326294　　金 书 网：www.golden-book.com
封底无防伪标均为盗版　　机工教育服务网：www.cmpedu.com

随着汽车行业的不断发展，汽车后市场的技术与服务的理念正在发生翻天覆地的变化。这就促使汽车后市场的从业者需要不断地学习新的知识和技能，以使自己的工作能力有更大提升，以适应变化中的职业要求。

为适应汽车后市场人才需求，汽车院校掀起了教学改革的热潮，本套教材正是为了适应汽车后市场从业人员的知识体系和汽车院校教学内容体系更新的需求而编写。

在本套教材的编写中，编者秉承"来源于行业、服务于教育"的理念，在编写中特别注重紧贴汽车后市场工作岗位的实际工作内容，并融合了创新型教学方法。

在知识体系方面，本套教材立足于真实的工作岗位职能要求，体现了现代汽车后市场行业对从业人员的职业能力要求。所有知识内容从工作岗位与行业发展要求中不断提炼而成，紧贴职业能力的培养。教材内容结构新颖、实用，更新了知识结构，补充了很多汽车后市场从业人员必需的专业知识。我们相信本套教材里呈现的知识内容能够满足现代汽车后市场职业化人才能力培养的需要，也相信有时代责任感的教材会有更长的生命周期。

将教学法与知识结构相结合是适应教学转变、课堂改变的有效途径之一。编者经过长年的教学积累与探索，总结并且不断优化教学方法，创新性地设计了"准备——互动化传授——实践——探讨——总结"五步教学法，并将之融入了本套教材的编写中，致力于将本套教材打造成一套融合教和学为一体，引导学生主动学习的互动性教材，使教材回归到系统化、知识载体体系化的核心作用，避免了知识体系不完整的缺憾。

本套教材紧贴当前职业教育创新型人才培养的需求，特别注重提升学生的思维能力、表达能力、创新能力与未来职业拓展能力。在内容编排上以学生为本，通过问题导入、实践训练、探讨验证、项目小结等环节的设置，将实践训练与学习测评结合在一起，把"以工作过程为导向"转化成"以课堂学习过程为导向"，使教师能够引导学生学习知识、激发学生思考、锻炼语言组织和表达沟通，提升沟通、思考、表达以及解决问题的能力，打造一个有思想碰撞的互动性课堂。

本套教材内容通俗易懂，力求新颖、易于掌握，吸收了新的理论方法和实例，紧密结合主流的汽车行业岗位应用，重点突出，实践与应用环节，适合高职院校汽车营销与服务专业师生使用，对汽车行业营销与服务复合型专业化人才的能力提升也有很强的辅助作用。

胡建军

　　《二手车评估与经营管理》的编写主要面向职业院校二手车评估专业人才培养、专业课程的教学用书，以及社会专业培训机构培训用书与行业专业人士参考等需求。

　　随着我国人民生活水平的提高，汽车保有量在迅速增加，二手车交易量也在不断增加。虽然我国二手车行业发展迅速，然而与美国、德国和日本等发达国家相比还有一定差距。二手车的市场规范与发展离不开专业人才发挥的作用，就目前的二手车人才培养情况来说，我国二手车行业未来发展整体势头良好，二手车金融、二手车交易平台、二手车规范评估等规范化发展都将成为推动二手车市场健康发展的强大动力。与此同时，具备较强二手车鉴定评估专业水平的高技能人才正成为行业稀缺资源。

　　为解决二手车鉴定评估人才对专业知识学习的短板，提高人才培养质量，我们重新梳理了二手车鉴定评估岗位工作人员的应知应会与技能要求，基于这个基础编写了《二手车评估与经营管理》这本教材，教材内容主要分为二手汽车市场发展与车辆使用相关性能指标、二手车辆行业基础知识、二手车辆查验与鉴定、二手车评估方法、二手车交易、事故车辆鉴定与评估基础、二手车辆网络营销、二手车辆经营与管理、二手车信息与数据管理等九个项目的学习内容，每一个知识点的编写体现了以能力培养为本位的教学思想，体现了个人能力培养、职业能力培养、岗位能力培养的同步。

　　本书由扬州温馨网络科技有限公司组织编写，书中知识结构秉承"来源于行业，受益于教育，服务于行业"的理念，教材所选的内容紧贴工作岗位。在编写的过程中融合了新的教学方法，按照"准备——互动化传授——实践——探讨——总结"五步教学法，将教和学结合成一个整体，以学生为主导的互动、主动学习为教材的核心方向，保留了知识的完整性，给学生在课前预习、课中学习、课后自习留下了足够余量。

　　本书内容通俗易懂，适合作为高职高专汽车类专业教材用书与社会人员阅读，也可以作为二手车评估与经营管理培训教材。由于经验与水平有限，书中如有疏漏，希望广大读者及时指正。

编者

目 录 Contents

V

项目一　二手车市场发展与车辆使用性能指标

完成本项目的学习后，能够达到以下目标：

- 知道二手车市场的发展状况
- 掌握汽车分类标准与汽车类型
- 掌握汽车关键性能指标与机动车强制报废标准

1.1　基础知识学习

学生准备

学生在正式上课之前，应当做好如下准备：

- 预习老师安排的教学内容，完成老师推送的学习任务。
- 准备好以及在课堂上需要向老师提出的本项目内容范围的问题。

1.1.1　二手车市场认识

？ **什么是二手车？我国的二手车市场发展与国外发达国家有哪些差异？**

二手车是指在国家车辆管理部门办理完注册登记手续到达国家强制报废标准之前进行交易并转移所有权且仍可以继续使用的机动车辆，包括三轮汽车、低速载货汽车（即原农用运输车）挂车和摩托车。

二手车交易市场具有中介服务商和商品经营者的双重属性，其功能包括提供二手车鉴定评估、收购、销售、寄售、代购代售、租赁、置换、拍卖、检测维修、配件供应、美容装饰、售后服务以及为客户提供过户、转籍上牌、保险等服务。二车车交易市场的发展与成熟主要体现在标准法规体系、交易方式、价格评估制度、质量认证制度、售后服务和使用环境等方面。

1. 美国二手车市场的发展

在美国，完善的二手车市场标准和法规体系、多样化的交易方式、合理的价格评估制度、

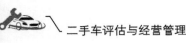

规范的质量认证制度、完善的售后服务和良好的使用环境，为美国二手车市场的成熟提供了有力的保证，如图 1-1 所示。

美国纽约为了保护二手车消费者的合法权益，在 20 世纪 80 年代末制定了汽车保用法，也就是"柠檬法"，该法的出台，提高了汽车质量并施行先进的质量管理标准。由于新车质量的提高，二手车的质量也得到保障。二手车柠檬法规定，如果消费者购买的二手车由纽约州旧车经纪人购入或拥有，在使用 1800km 之后，或出厂 2 年后被转卖，售价在 1500 美元以上，若累计出现 4 次故障或者累计停用 30 天，则在保修期内可以申请退款或换车。

二手车市场在美国主要以二手车经销商、汽车超市、二手车经销商、二手车拍卖、二手车 C2C 交易为主。随着互联网经济的兴起，二手车网上拍卖的模式流行，出现了 Manheim、ADESA、Bmadcasting 等拍卖公司。二手车在线拍卖打破了时间和地域的限制，通过虚拟二手车交易平台进行交易，大大降低了二手车销售的资本投资和运营成本。

为了方便消费者找到生产厂家的标准，促进公平的二手车评估，防止买二手车时被骗或买了劣质汽车，在二手车定价方面，美国已经建立了一个完善的二手车市场。公认的参考价格主要由行业协会提供，大公司和其他部门定期发布一系列的车辆价格信息，权威的例如美国汽车经销商协会二手车价格指南。二手车交易巨头 Manheim 日均交易量超过 3000 万笔，每日更新的二手车价格指数是主要参考价格之一，凯利蓝皮书（图 1-2）为二手车买家提供了 55% 的有用参考，堪称二手车"圣经"。

图 1-1　美国二手车市场交易　　　　图 1-2　凯利蓝皮书

在公平和诚信的质量方面，美国形成了一定数量的权威二手车认证机构，分布在全国的分支机构会基于客户需求详细地测试二手车，到车辆管理局查阅事故车辆管理访问记录等等。近年来，经认证的二手车（CPO）在美国越来越体现其优越的竞争力。

一些汽车制造商不仅保证了发动机等主要部件的使用年限，汽车的磨损部件也免费保修，而且免费维修服务可达 4~5 次。在政策支持方面，进一步完善了保修服务体系。与通常保修 2 年或 6 万 km 的国内 OEM 厂商不同，美国汽车制造商通常为发动机和其他主要部件提供 5 年以上，至少 10 万 km 的保修。豪华车时间更长，里程也更长。如果是品牌经销商销售的二手车，一般承诺在一定的时间或一定的里程内享受与新车相同的售后服务。在保修期后，车主仍可继续使用经销商定制的保修项目。

2. 日本二手车市场的发展

根据 2019 年调查，在日本有 20 多个大型二手车市场，近 200 个大型二手车拍卖场（图 1-3），绝大多数二手车交易都是通过二手车经销商进行的，拍卖也促成了二手车在经销商之间的流通。在交易过程中，车主先支付入场交易费，会有专门的评级机构给车辆定价，然后车主根据评定的价格到市场拍卖。

日本的二手车市场成熟、规范、可靠，交易简单、透明。二手车技术标准都是日本国民非常认可的。在日本，被测试的二手车详细标示了汽车的状况，几乎没有作假，如果作假会被公开信息，并受到严厉的处罚。

此外，在日本，虽然认证和计价标准不同，但同一款车的最后成交价几乎一样；在汽车拍卖时，全国各地的经销商都享受平等待遇，消费者平等，地区之间几乎没有差别，有更多的选择。二手车销售根据不同车型和条件，有一定的规定时间和保修费。

在日本互联网二手车交易中，有影响力的交易平台主要有 USS、GULLIVER、AUCNET、CARCHS、VT HOLDINGS、NEXTAGE、Goo-NET、CARVIEW 等，如图 1-4 所示。

图 1-3 日本二手车市场

图 1-4 日本互联网二手车交易平台

东京 CAA 二手车公司的现场拍卖大厅有很多个终端，每个终端可以有两个人同时参加拍卖。二手车以基本价起拍，由于经销商比较专业，二手车一般不会被拍出天价，因而单车交易速度特别快，通常 20s 内就会结束，每天有上千辆的交易量。但如果价格没有达到卖主的期望，控制中心的工作人员就会将该车"流拍"。

远程拍卖出现以后，在家里或经销店就可以参加。同样，未加盟二手车公司的经销商不能得到终端设备参加拍卖。加盟二手车经销商的利润主要来源是各经销商的加盟费、出示车辆检测证明的检测费、成交车辆的手续费等。拍卖结束后，可以选择在两个经销商进行车辆交付，负责组织的拍卖二手车公司只是一个分销渠道，最后将成交车辆的信息发送给买车的经销商，B2B 交易就完成了。日本二手车质量有保证，而且价格低廉，根据不同车型和条件，有一定的行驶里程和保修条款。在一系列连锁店中，品牌服务发挥了巨大的作用，专营店实

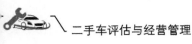

行统一的身份，统一的服务标准，统一的经营管理，制定规范的操作程序，提高了劳动效率。

日本在1966年成立了财团法人日本评估协会，根据日本评估协会的规定，要想获得二手车的评估资格，首先它必须是一个二手车的销售店，然后要向评估协会申请实施评估业务，经过评估协会对该店进行审查之后，合格就发给《评估业务确认书》，并制作"评估业务实施店"的标牌挂在店内。

同时，在有资格的店内，还应该有通过评估协会组织的技能考试的专业评估师，在日本这种评估师分两类：大型评估师和小型评估师。评估师的资格有效期为3年，通过进修可以晋升。

1）经营二手车及旧货包括网上交易必须得到当地都道府县警察机关的许可，并且要求在经营场所张挂标志。

2）管理人员需要有3年以上经营二手车的经验，能够辨别非法物品，有能力核实二手车的来源，如果怀疑二手车来历有问题，要及时向公安部门报告，交易必须有记录而且要保管3年。

3）如果在经营场所以外的地方进行交易，就要进行"行商"资格登记并获得批准。

在销售二手车的商店里以及广告媒体上，必须明确说明的内容有车名、主要规格、第一次上牌照的时间、售价、已经行驶的公里数、公用车还是私用车、私车验车的有效期、有无维修记录本、有无保修证以及保修期限、定期保养的情况、有无维修记录，如果登载广告，必须有彩色照片。此外，不允许把行驶里程数调整减少，以及隐瞒修理过的事实等。

机动车的报废管理。机动车旧了，出路是两个，一个是出售，另一个是废弃。前者就是二手车交易，后者就是机动车的报废。在日本，每年淘汰的机动车400万~500万辆，多数是依照国土交通省的规定履行了合法的报废手续。

3. 德国二手车市场的发展

从1886年卡尔·本茨发明第一辆汽车以来，德国的汽车工业已经走过近130多年的发展历史。

目前，德国共有授权汽车经销商17450家，独立维修企业20950家。授权经销商（即4S店）的业务主要包括新车销售、二手车销售、售后维修与配件精品销售。独立维修企业的业务主要包括二手车与售后维修。据德国数据资信公司DAT2016汽车市场报告，德国的二手车平均车龄为6.2年，里程数为7.4万km，平均价格约为1.1万欧元（约8万元人民币）。其中，33%的二手车为柴油车，66%为汽油车。大部分二手车为两年以下的新二手车，这些新二手车由于性价比高，非常受消费者青睐，也因此拉高了二手车的平均价格。

影响德国消费者购买二手车的最主要因素为车辆的可靠性，其次才是车辆价格。因此，二手车业务的关键就是如何向消费者证明车辆的可靠性。德国消费者购买二手车主要有三个渠道：授权经销商、独立维修企业或二手车商、私人交易，如图1-5、图1-6所示。授权经销商销售的二手车平均价格为1.48万欧元，远高于市场平均价格。其主要原因在于，授权经销商销售的二手车中有65%为3年以下新二手车。授权经销商二手车的主要来源是二手车置换业务（约占70%）。二手车置换业务能够为授权经销商带来诸多好处。

图 1 - 5　德国二手车交易中心

图 1 - 6　德国二手车品牌店

　　德国有 mobile. de 和 Scout24 两大互联网二手车信息平台，几乎所有的汽车经销商都与这两个平台合作，在平台上展示二手车。平台和汽车经销商合作模式的年费套餐形式。

　　德国汽车经销商需支付增值税，德国增值税税率为 19%。若汽车的买主是企业客户，可以扣除增值税。增值税扣除的原则是，在产生交易后，企业买家可以要求税务局将卖方支付的增值税抵扣到买方。企业买家用增值税发票向税务机关提出增值税抵扣。德国政府确保只有终端用户，即商品的最终用户，才需负担增值税。

　　与我国一样，德国汽车也有牌照和两份证明文件。车牌上有一个注册标志和下一个年度检验时间标记。车辆文件有车辆行驶证（ZB Ⅰ）和车辆登记证书（ZB Ⅱ）。当一个二手车收购汽车经销商的目的是成为转售汽车，不需要执照，直到再次出售，取消由卖方转售个人买家。在卖方销售二手车后，需持有销售合同，将牌照给交通管制部门注销，同时销毁车辆驾驶证，并在车辆登记证书上有注销记录。购车人在达成销售协议后，领取车辆，同时取得车辆登记证书。如果你不能同时拥有车辆和车辆登记证，就不是车辆的合法拥有者。换句话说，谁持有车辆登记卡，谁是汽车的合法拥有者。车辆登记证书记录车辆的所有权历史，因此记

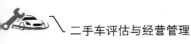

录的名称越多，二手车的价格就越低。

德国车在卡上必须有第三方责任保险凭证的购买证明，因此车辆牌照和保险是紧密联系的。大多数德国消费者在更换汽车之前，将亲自前往当地政府交通管制部门，取消现有车辆的许可。机动车驾驶证的取消意味着车辆保险被取消，由于经销商购买的二手车是无证车辆，为了方便汽车制造商和经销商的经营需要，德国实施了汽车企业的"红牌"系统。"红牌"仅限于汽车公司的商业使用，避免额外的车辆登记。

使用"红牌"的企业必须严格填写交通管理部门提供的交通记录，在路上行驶时需要携带这个驾驶记录表。"红牌"申请不受任何限制，但企业需要证明申请有正当理由。交通管制署会根据适当的申请数目签发。一般来说，每个经销商至少需要一个红色的牌照。申请一张"红牌"的费用约为 200 欧元，该公司必须在红牌上投保约 400 欧元/年，税金约 191.73 欧元/年/卡。"红牌"不得转让给第三方，仅供交通管理部门审批。此外，当许可证用于私人而非公司目的时，保险会失效。在道路上驾驶没有有效证件的车辆不是行政罚款，而是刑事犯罪。

二手车数据和定价。如何确定一个合理的、可销售的价格，经销商公司可以在经营二手车或销售金融工具时，最大限度地关注汽车经营者的利益。二手车业务能否盈利，第一个关键问题是确定车辆的价格。在确定汽车的价格时，经销商需要考虑的主要因素包括：车辆库存周期的贬值；车辆的准备、保修、维护和交易程序等成本；固定成本、企业财务成本、佣金销售和企业利润率等。

租赁车是批量高质量二手车的主要来源，确定汽车租赁价格的主要因素有车辆历史和上市价格、货币贬值曲线、汽车年龄、市场的临时变化。

二手车测试和认证对于经销商来说，以合理的价格收购优质二手车是决定二手车业务能否盈利的关键。此外，如何证明二手车对消费者的真实性，使二手车消费者信心也是经销商必须考虑的环节。作为官方车辆检验机构，TÜV 负责所有德国车辆的年检（PTI）。1985 年德国制定了专业的尾气排放检测标准，车辆检验由两部分组成——车辆性能测试和尾气排放检测，但也在车辆年检中，车牌上有两个测试标志。直到 1993 年，德国政府才将这两项测试标志合并为年度检查标志。

为了解决车辆定期检查和二手车检测问题，德国在 2002 年 1 月 1 日颁布的《消费者保护法》中对二手车交易（B2C）进行了如下规定：

二手车经销商必须出售没有性能缺陷的汽车，即个人消费者有权购买没有性能缺陷的二手车。二手车经销商必须从购买之日起为客户提供 12 个月的保修期。

4．中国二手车市场的发展

在后 WTO 时代，中国的汽车流通行业与国际市场接轨，二手车行业的发展超出了我们的判断和想象。二手车交易模式从集中交易模式逐渐转变为多元化经营模式，通过多种渠道不断提高服务质量，以适应不断变化的市场。国家有关部委的一系列政策有利于我国二手车市场的发展，根据二手车交易统计数据显示，中国二手车市场进入了一个新的阶段。

2005 年，我国颁布实施二手车流通管理措施后，降低了二手车市场准入门槛，出现经纪、拍卖、配送、置换、个人交易等多种经营方式并存的现状，随之出现了下面的问题：

1）目前，我国二手车市场发展不稳定，二手车交易中存在严重的信息不对称，市场流通机制不完善，交易体系不够成熟。

2）服务简单，二手车尚未形成品牌管理。

3）缺乏对二手车行业诚信有效监管，消费者面临质量欺诈、价格欺诈和购买非法车辆的风险。

4）二手车评估缺乏标准规范。

5）缺乏二手车专业人员。

我国二手车市场发展与国外发达国家相比，存在很大差距，有几个方面的问题比较突出：

1）新车与新的技术越来越成熟，购买新车性价比高，新车销售市场的竞争促动更低的价格销售，而二手车收购的价格偏高，造成二手车在销售时缺少价格优势。

2）大多数人认为汽车不仅仅是一种代步工具，也是一种身份、地位、形象的象征，觉得只有驾驶新车出行才有面子，开二手车有点丢人。

3）国内二手车交易缺乏诚信，车辆技术与性能的公示也不太透明，经常出现商家对收购的车辆进行改里程表、翻新等问题，特别是事故车辆存在的问题很多，购买这样的车辆，在使用时很没有保障，购买的客户并不都是懂技术的人员，所有大多数人在购买二手车时非常谨慎，害怕上当受骗。

4）汽车转让问题容易引起纠纷，转让（包括车辆所有权和车辆使用权转让）时，如果交易不完善，将给双方带来不必要的麻烦。购车没过户，发生交通违章或重大事故时，原车主承担主要责任。当保险尚未转让时，可能成为保险公司拒绝支付的原因。

5）二手车市场的高度分化无法形成大规模的汽车来源。

1.1.2　汽车分类与编码规则

? 在国家标准中，汽车如何进行分类，VIN 码的作用是什么，怎么识别？

1. 汽车分类

新国标汽车分类标准与国际化完全接轨，其中乘用车是指 9 座以下、以载客为主的车辆，包括基本乘用车、MPV、SUV、以及除以上三类以外所有乘用车等四类；而商用车是指大于 9 座的客车、载货车、半挂车、以及客车与载货车非完整车辆等五类。

新的汽车分类标准参照国际惯例，将现行的载货汽车、客车、轿车三大类，改为乘用车、商用车两大类。

乘用车包括普通乘用车、活顶乘用车、高级乘用车、小型乘用车、敞篷车、舱背乘用车、旅行车、多用途乘用车、短头乘用车、越野乘用车、专用乘用车。其中专用乘用车又包括旅居车、防弹车、救护车、殡仪车。

商用车分为客车、半挂牵引车、货车。客车分为小型客车、城市客车、长途客车、旅游客车、铰接客车、无轨电车、越野客车、专用客车。货车分为普通货车、多用途货车、全挂牵引车、越野货车、专用作业车、专用货车。

2．汽车编码规则

VIN 码是英文（Vehicle Identification Number）的缩写，译为车辆识别代码，又称车辆识别码、车辆识别代码、车辆识别号、车辆识别代号，如图 1-7 所示。

VIN 码是表明车辆身份的代码，是由 17 位字符（包括英文字母和数字）组成，俗称十七位码。电动汽车的 VIN 码与传统汽车的含义相同，也是由英文字母与数字组成的 17 位字符，是制造厂为了识别一辆车而指定的一组字码，类似公民身份证号码。在一定时期内，这个 17 位编码在全球是唯一的。

（1）VIN 码的构成

第一部分（1~3 位）是世界制造厂识别代号（World Manufacturer Identification，WMI）；由特定字母及数字构成。这 3 位编码需要单独申请，全球统一编制、分配。

第二部分（4~9 位）是车辆说明部分（Vehicle Descriptor Section，VDS）。

第三部分（10~17 位）是车辆指示部分（Vehicle Indicator Section，VIS）。

第二部分（VDS）及第三部分（VIS）根据特定的规则及车辆特性，由企业自己编制。这 17 位字符中的第 9 位是校验位，根据特定算法得出。这样由 WMI + VDS（含校验位）+ VIS 共同构成 17 位 VIN 码。

（2）VIN 码的位置

我国轿车的 VIN 码大多可以在仪表板左侧、风窗玻璃下面找到，不同的车型位置不尽相同。VIN 码有的在风窗玻璃下，有的在车辆铭牌和右前减振器上部的车身上。还有的在前风窗的左下角、行李舱盖上方、前部发动机舱盖上、右侧 B 柱的铭牌上。

图 1-7　车辆识别 VIN 码

（3）VIN 码的含义

以 LDC913L2240000023 为例，1~3 位（WMI）：世界制造商识别代码，表明车辆是由谁生产的。第 1 位表示地理区域，由 1 2 3 4 5 6 7 8 9 0 A B C D E F G H J K L M N P R S T U V W X Y Z（字母 I、O 及 Q 不能使用）组成。1~5 北美洲，6 和 7 大洋洲，8、9 和 0 南美洲，A~H 非洲，J~R 亚洲，S~Z 欧洲。例如：1—美国；J—日本；S—英国；2—加拿大；K—韩国；T—瑞士；3—墨西哥；L—中国；V—法国；4—美国；R—台湾；W—德国；6—澳大利亚；Y—瑞典；9—巴西；Z—意大利。

第 2 位表示一个特定地区内的一个国家。美国汽车工程师协会（SAE）分配了国家代码。例如：10~19 美国；1A~1Z 美国；2A~2W 加拿大；3A~3W 墨西哥；W0~W9 德国；

WA～WZ 德国；L0～L9 中国；LA～LZ 中国。

第 3 位表示某个特定的制造厂，由各国的授权机构负责分配。如果某制造厂的年产量少于 500 辆，其识别代码的第三个字码就是 9。

第 4 位表示车辆种类：1—普通乘用车；2—活顶乘用车；3—高级乘用车；4—小型乘用车；5—敞篷车；6—舱背乘用车；7—旅行车；8—多用途乘用车；9—短头乘用车；10—越野乘用车；11—专用乘用车（旅居车，防弹车，救护车，殡仪车）。

第 5 位是发动机排量代码：2—1.1～1.3L；3—1.4～1.6L；4—1.7～2.0L。

第 6 位是发动机类型及驱动型式代码：A—前置前驱汽油发动机；B—前置后驱汽油发动机；C—前置全轮动汽油发动机。

第 7 位是车身型式代码：B—四门折背式；E—四门直背式；H—四门舱背式；L—四门短背式。

第 8 位是安全保护装置代码：1—手动安全带；2—手动安全带，驾驶员安全气囊；3—手动安全带，驾驶员及乘员安全气囊；A—自动安全带；B—自动安全带、驾驶员气囊；C—自动安全带、驾驶员及乘员安全气囊。

第 9 位是校验位，通过一定的算法防止输入错误。

第 10 位表示车型年份，即厂家规定的型年（Model Year），不一定是实际生产的年份，但一般与实际生产的年份之差不超过 1 年。

车辆生产年限识别代码编号见表 1-1。

表 1-1　车辆生产年限识别代码编号

代码	年份	代码	年份	代码	年份	代码	年份	代码	年份	代码	年份
1	2001	A	2010	K	2019	W	2028	7	2037	G	2046
2	2002	B	2011	L	2020	X	2029	8	2038	H	2047
3	2003	C	2012	M	2021	Y	2030	9	2039	J	2048
4	2004	D	2013	N	2022	1	2031	A	2040	K	2049
5	2005	E	2014	P	2023	2	2032	B	2041	L	2050
6	2006	F	2015	R	2024	3	2033	C	2042	M	2051
7	2007	G	2016	S	2025	4	2034	D	2043	N	2052
8	2008	H	2017	T	2026	5	2035	E	2044	P	2053
9	2009	J	2018	V	2027	6	2036	F	2045	R	2054

第 11 位表示装配厂：0—原厂装配；A—美国 Ohio 工厂（Marysville）；C—日本 Saitama 工厂（Sayama）；H—加拿大 Alliston 工厂（Ontario）；L—美国 Ohio 工厂（East hberty）；S—日本 Suzuka 工厂。

第 12～17 位是生产顺序号。一般情况下，汽车召回都是针对某一顺序号范围内的车辆，即某一批次的车辆。

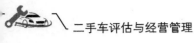

1.1.3 汽车使用性能指标

 汽车使用的关键性能指标有哪些？国家对车辆的报废标准是什么？

1. 汽车基本性能指标

汽车的基本重要性能包括动力性、燃油经济性、制动性、操纵稳定性、行驶平顺性、排放污染及噪声等。汽车性能指标见表 1-2。

表 1-2　汽车性能指标

汽车的动力性	汽车的最高车速	汽车的最高车速是指在平直良好的路面上（水泥路面和沥青路面）汽车所能达到的最高行驶速度
	汽车的加速能力	汽车的加速能力是指汽车在行驶中迅速提高行驶速度的能力。加速过程中加速用的时间越短、加速度越大和加速距离越短的汽车，加速性能就越好。常用汽车的原地起步加速性、超车加速性和汽车的爬坡能力来评价
汽车的燃油经济性		在一定的使用条件下，汽车以最小的燃油消耗量完成单位运输工作的能力称为汽车的燃油经济性，评价指标为每行驶 100km 消耗掉的燃料量（L/100km） 数值越大，汽车的燃油经济性越差
汽车的制动性	制动效能	制动效能即制动距离与制动减速度，是指在良好路面上，汽车以一定初速制动到停车的制动距离或制动时汽车的减速度，是制动性能最基本的评价指标。制动距离与汽车的行驶安全有直接的关系，制动距离与制动踏板力以及路面附着条件有关。由于各种汽车动力性不同，对制动效能的要求也就不同：一般轿车、轻型货车的行驶速度高，要求其制动效能也高；而重型货车行驶速度相对较低，其制动效能的要求也就稍低一些
	制动抗热衰退性	汽车的抗热衰退性能是指汽车高速行驶或下长坡连续制动时制动效能保持的热稳定性。制动效能的保持程度主要取决于制动器结构和摩擦片的材质，汽车制动器如果长时间工作或连续紧急制动就会因为摩擦过热，导致摩擦系数降低，这样会影响制动效果，不利于我们的安全行车。热衰退性目前是制动器不可避免的现象，温度变化引起摩擦副材料的摩擦因数变化时，因为存在非线性性，摩擦因数微小的改变会引起制动效能的大幅度变化
	制动时汽车的方向稳定性	制动时汽车的方向稳定性是指汽车在制动时按指定轨迹行驶的能力，即不发生跑偏、侧滑或失去转向的能力。通常规定一定宽度的试验通道，制动稳定性良好的汽车，在试验时不允许产生不可控制的效能使它偏离这条通道
汽车的操纵稳定性		汽车的操纵稳定性包含着互相联系的两部分内容，一个是操纵性，另一个是稳定性。操纵性是指汽车能够及时而准确地执行驾驶人转向指令的能力；稳定性是指汽车受到外界扰动（路面扰动或突然阵风扰动）后，能自行尽快地恢复正常行驶状态和方向，而不发生失控，以及抵抗倾覆、侧滑的能力。有很多因素影响汽车操纵稳定性，其中主要因素是在行驶系统、转向系统及传动系统等方面。提高操纵稳定性的常用方法有防抱死制动系统（ABS）、驱动力控制系统（TCS）、四轮转向系统（4WS）、车辆稳定性控制系统（VSC）等

（续）

汽车的行驶平顺性	汽车平顺性，是指汽车在一般行驶速度范围内行驶时，避免因汽车在行驶过程中所产生的振动和冲击，使人感到不舒服、疲劳，甚至损害健康，或者使货物损坏的性能。因为平顺性主要是根据乘员的舒适程度来评价，所以又称为乘坐舒适性。汽车平顺性评价方法可分为主观评价法和客观评价法。影响汽车平顺性的因素比较多，其中最关键的是轮胎、悬架和座椅系统的结构参数

汽车的排放污染物

汽车排放污染是由汽车排放废气造成的环境污染。主要污染物为一氧化碳、碳氢化合物、氮氧化合物、二氧化硫、含铅化合物、苯并芘及固体颗粒物，以及引起光化学烟雾等。另外，汽车排放的二氧化碳（CO_2）、硫氧化物 SO_x（SO 和 SO_2）、氮氧化物 NO_x（NO 和 NO_2）、氟氯烃等使温室效应、臭氧层破坏和酸雨等大气环境问题变得更为严重；汽车排出的 CO、NO_x、SO_x、未燃碳氢化合物 HC、颗粒物 PM 和臭味气体等污染空气，对人类和动、植物危害甚大。汽车排放污染主要有三个排放源：一是由发动机排气管排出的发动机燃烧废气，汽油车的主要污染物成分是一氧化碳（CO）、碳氢化合物（HC）、氮氧化物（NO_x），而柴油车除了这三种有害物外还排放大量的颗粒物；二是曲轴箱排放物，发动机在压缩及燃烧过程中未燃的碳氢化合物由燃烧室漏向曲轴箱再排向大气而产生，主要是碳氢化合物；三是燃料蒸发排放物，主要由发动机供油系统和燃油箱的燃料蒸发而产生，在未加控制时曲轴箱和燃料蒸发排放的碳氢化合物各约占碳氢化合物总排放量的四分之一

汽油车污染物各排放源相对排放量（%）

排放源	CO	HC	NO_x
曲轴箱	1 ~ 2	15 ~ 25	1 ~ 2
燃油系统	0	15 ~ 20	0
排气管	98 ~ 99	55 ~ 70	98 ~ 99

汽车的噪声	汽车噪声，即汽车行驶在道路上时，内燃机、喇叭、轮胎等都会发出大量的人类不喜欢的声音。主要有发动机噪声、传动系统噪声、进气系统噪声、排气系统噪声、轮胎噪声、制动系统噪声、空气动力学噪声

汽车使用寿命

　　汽车的使用寿命是指一辆汽车从出厂到投入运行开始，在长期的使用过程中，由于零部件的老化、磨损和其他方面的损伤，使汽车性能逐渐降低，各种消耗增加，直至不再继续使用为止的连续行驶里程或连续使用时间，可以从技术和经济上分析汽车的使用极限。汽车技术、经济和合理使用寿命三者的关系一般可用下式表示：

技术使用寿命 > 合理使用寿命 ≥ 经济使用寿命

　　汽车是由成百上千个零部件组成的机械，不会因为部分零部件损坏、不能使用，而使整个汽车报废。通常采用维修的方法使暂时已经损耗的汽车恢复正常，延长汽车的使用期限。例如，制动器的制动蹄片磨薄，制动减弱，更换蹄片就使制动恢复正常；变速器齿轮打坏，可以拆解变速器，更换齿轮恢复正常。在实际使用中，汽车会进入技术极限状态。如发动机漏气严重，不能再工作了；车架严重变形，导致汽车跑偏、操纵困难、轮胎快速磨损。汽车的使用寿命是根据汽车的技术状况、使用中的经济效益和汽车整体的使用价值来综合考虑的，是人为报废而形成的。根据确定使用寿命的出发点不同、目的不同、标准不同，汽车使用寿命分为技术使用寿命、经济使用寿命和合理使用寿命。

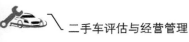

2. 汽车维修与报废

（1）汽车报废

中国从 2000 年 1 月 1 日起实行汽车报废标准，汽车报废标准是二手车鉴定评估的重要依据之一。从 2013 年起，中国出台了新的政策，私家车不再强制报废，但无法通过年检或者行驶 60 万 km 以上的车辆强制报废（图 1 - 8）。

图 1 - 8　报废车辆与配件

1）报废标准。《机动车强制报废标准规定》从累计行驶里程数和使用年限两个方面，对各类汽车报废年限（里程）作了具体规定。表 1 - 3 中列举了各类汽车的报废标准，表中非营运载客汽车是指不以获取运输利润为目的自用载客汽车；旅游载客汽车是指旅行社专门运载游客的自用载客汽车。如果对汽车的使用期限既规定了累计行驶里程数，也规定了使用年限，那么当其中的一个指标达到报废标准时，即认为该车辆已达到报废年限。

表 1 - 3　汽车报废标准

项目	各类汽车报废标准		
按照使用年限里程计算	总质量 1.8t 以下的载货汽车（含越野车）、矿山作业专用车累计行驶 300000km		
	总质量 1.8t 以上的载货汽车累计行驶 400000km		
	特大、中、轻、微型客车（含越野车）累计行驶 500000km		
	装配多缸柴油机的农用运输车累计行驶 250000km		
	其他车辆累计行驶 450000km		
按照使用年限计算	不予延长使用年限	8 年	总质量 1.8t 以下的微型载货汽车（含越野车）
			1998 年 7 月 6 日前使用期已满 8 年总质量 1.8t 以上、6t 以下（含 6t）的轻型载货汽车
			带拖挂的载货汽车
			营运客车 19 座（含 19 座）以下
			矿山作业专用车
		15 年	大中型拖拉机（转向盘式）达到报废年限后，不予延长

（续）

项目			各类汽车报废标准
按照使用 年限计算	可申请 延长使 用年限	10 年	1990 年 7 月 7 日后注册登记的总质量 1.8t 以上，6t 以下（含 6t）的轻型载货汽车，达到报废年限后，经检验合格，可延长使用年限，但最长不得超过 10 年
			总质量 6t 以上载货汽车，达到报废年限后，经检验合格，可延长使用年限，但最长不得超过 4 年
			旅游载客汽车，达到报废年限后，经检验合格，可延长使用年限，但最长不得超过 10 年
			9 座以上的非营运客车（乘用车），经检验合格，可延长使用年限，但最长不得超过 10 年
			20 座以上（含 20 座）经检验合格，可延长使用年限，但最长不得超过 4 年
			其他汽车
		15 年	9 座以下（含 9 座）非营运载客汽车（乘用车），达到报废年限后，经检验合格，可延长使用年限，超过 20 年的，每年需定期检验 4 次，对总延长年限没有强制性的规定
		6 年	三轮农用运输车，装配单缸柴油机的四轮农用运输车，达到报废年限后，经检验合格，可延长使用年限，但最长不得超过 3 年
		9 年	装配多缸柴油机的四轮农用运输车，达到报废年限后，经检验合格，可延长使用年限，但最长不得超过 3 年

中国 2018 年汽车报废年限新规定明确了全国将强制实行国Ⅳ排放标准，所有排放不达标的车型，将不允许车辆上户，已经上户的车辆，不达标的将引导报废或强制报废，具体强制报废规定如下：

①经修理和调整仍不符合机动车安全技术国家标准对在用车有关要求的车辆。

②经修理和调整或者采用控制技术后，向大气排放污染物或者噪声仍不符合国家标准对在用车有关要求的车辆。

③在检验有效期届满后连续 3 个机动车检验周期内未取得机动车检验合格标志的车辆，检验合格标志如图 1-9 所示。

④达到一定使用年限和行驶里程的。

2）延缓报废办理。办理延缓汽车报废年限手续，车主需要携带相关申请材料到车管所办理，所需手续主要有机动车所有人的身份证明、机动车行驶证、机动车登记证书、机动车第三者责任强制保险凭证、机

图 1-9 检验合格标志

动车检测表。车主提交申请后，车管所会根据申请材料对车主和申请延缓汽车报废年限的车辆进行审核检测，如果情况符合要求，车管所会出具批准延缓汽车报废年限的证明。

3）车辆报废补贴标准。车辆报废补贴标准见表 1-4。

表1-4 车辆报废补贴标准

序号	报废车辆	补贴费用/元	申请所需材料
1	重型载货车	18000	产权证、产权证复印件、行驶证、行驶证复印件、车主身份证、银行卡原件加复印件等证件
2	中型载货车	13000	
3	轻型载货车	9000	
4	微型载货车	6000	
5	大型载客车	18000	
6	中型载客车	11000	
7	小型载客车（不含轿车）	7000	
8	微型载客车（不含轿车）	5000	
9	1.35L 及以上排量轿车	18000	
10	1L（不含）至1.35L（不含）排量轿车	10000	
11	1L 及以下排量轿车、专项作业车	6000	

4）车辆报废流程。车辆报废流程见表1-5。

表1-5 车辆报废流程

流程	报废程序
1	提交报废汽车及相关材料。要求证件、证明齐全。报废汽车无法起动的，有的汽车解体厂免费拖车。双方协商报废汽车残值（国家规定350元/t，上下浮动30%）
2	报废汽车查询。报废汽车进厂后，报废公司统一将报废汽车相关材料交到交管局车辆管理所进行查询，如果有被盗抢、官司或其他案件的，暂不能办理报废的以外，查询无问题的报废汽车，车管所通知解体厂进行拆解
3	报废汽车拆解。接到车管所的通知以后，解体厂按照公安交通管理局车辆管理所对报废汽车要求进行拆解，并照相存档备查
4	警察现场检验。车辆管理所民警到现场对报废汽车进行现场检验。检验内容主要包括：核对报废汽车车牌号、车架号和发动机号，检验报废汽车被解体是否符合要求，检验无误，符合要求后出具报废汽车注销证明
5	收发报废汽车注销证明。从车管所取回报废汽车注销证明后，通知报废汽车单位（个人），我们将报废汽车注销证明、报废汽车回收证明及事先约定的报废汽车残值款交给客户，报废汽车手续办理完毕

（2）汽车维修

《机动车维修管理规定》于2005年6月24日由交通部发布，2015年8月8日《交通运输部关于修改〈机动车维修管理规定〉的决定》第一次修正；《交通运输部关于修改〈机动车维修管理规定〉的决定》已于2016年4月14日经第8次部务会议通过了第二次修正，2019年6月21日交通运输部进行了第三次修正。

汽车修理的目的是恢复汽车的使用性能，为恢复汽车完好技术状态或工作能力和寿命而进行的作业，汽车修理必须根据国家和交通部发布的有关规定和修理技术标准及工艺要求进行，确保修理质量。

图 1 - 10　机动车维修

机动车维修经营依据维修车型种类、服务能力和经营项目实行分类许可。机动车维修经营业务根据维修对象分为汽车维修经营业务（图 1 - 10）、危险货物运输车辆维修经营业务、摩托车维修经营业务和其他机动车维修经营业务四类。汽车维修经营业务、其他机动车维修经营业务根据经营项目和服务能力分为一类维修经营业务、二类维修经营业务和三类维修经营业务，见表 1 - 6。

表 1 - 6　机动车维修经营业务

序号	经营业务	经营业务范围
1	一类	可以从事相应车型的整车修理、总成修理、整车维护、小修、维修救援、专项修理和维修竣工检验工作
2	二类	可以从事相应车型的整车修理、总成修理、整车维护、小修、维修救援和专项修理工作
3	三类	汽车专项修理。例如：车身修理，涂漆，篷垫及内饰修理，汽车电器仪表修理，蓄电池充电及修理，散热器燃油箱修理，轮胎修补，汽车门窗玻璃安装，汽车空调修理，喷油泵和喷油器调校、化油器修理，发动机镗磨缸及曲轴修磨，车身维护及美容等专项修理

我国现行的汽车修理制度规定，车辆修理按作业范围可分为车辆大修、总成大修、车辆小修和零件修理，见表 1 - 7。

表 1 - 7　车辆修理作业分类

序号	维修类型	维修项目的相关说明
1	车辆大修	汽车大修是指新车或经过大修后的汽车在行驶一定里程或时间后，经过检测诊断和技术鉴定，用修理或更换汽车零部件的方法，完全或接近完全恢复车辆技术性能的恢复性修理的统称。大修主要分三种：大修发动机、大修变速器、大修车身。主要包括汽车和总成解体、零件清洗、零件检验分类、零件修理、配套和装配、总成磨合和测试、整车组装和调试等。汽车大修对质量要求比较严格。修理后的总成和一些附件必须经过性能测试，合格后方可装车。大修后的汽车要按照修理技术标准调整、试验，符合标准才能出厂

(续)

序号	维修类型	维修项目的相关说明
2	总成大修	总成大修,是车辆的总成经一定使用里程(或时间)后,用修理或更换总成任何零部件(包括基础件)的方法,恢复其完好技术状况的恢复性修理。总成经一定的行驶里程后,其基础件或主要零件出现破裂、磨损、变形,需要拆散进行彻底修理,以恢复其技术性能
3	汽车小修	汽车小修是一种维护性修理,是对自然磨蚀、驾驶不善以及汽车保养不良造成的车辆零件、组合件的损坏和临时性小故障,所必须进行的修理工作。用修理或更换个别零件的方法,恢复汽车工作能力,消除汽车个别零部件或总成在运行中临时出现的故障或维护作业中发现的隐患
4	零件修理	零件修理是对已发生损伤、变形、磨损的零件,在符合经济原则的前提下,利用校正、喷涂、电镀、堆焊和机械加工等修复方法进行修复,以恢复零件的配合尺寸,几何形状和表面性能。汽车零件修理是汽车修理作业的重要组成,是一种恢复损伤汽车零件性能和寿命的作业。其主要作用是通过修旧利废,最大限度地延长零件的使用寿命,节约资源,降低汽车修理成本。有时也根据需要,采用特殊的工艺和材料进行修复,改善或强化零件的机械性能

1.2 实践训练

	实训任务	二手车 VIN 编码识别
	实训准备	二手车 2~6 辆
	训练目标	掌握 VIN 编码识别方法
	训练时间	20min
	注意事项	注意车辆内部与外部的保护,准备好三件套

任务:VIN 码识别

任务说明

对预先准备好的旧机动车辆进行 VIN 码的识别。

实训组织与安排

教师活动	将学生进行分组，根据车间准备车辆的数量进行训练分配，要求各个小组的每一位学生都能正确地读出车上的 VIN
学生活动	1. 每组成员按照老师的要求做好车辆防护，在各组组长的带领下对车辆的 VIN 进行识别 2. 各组之间可以通过不同手段去查找信息，但不得串岗

任务准备

1. 训练物品准备

请列举完成此项任务所需要的工具、设备、资料与辅料。

_____

_____

_____

_____

2. 知识点准备

请查阅合适的资料，写下完成此项训练任务所需要的相关知识。

_____

_____

_____

_____

任务操作

1. 请写下操作步骤与要点

_____

_____

_____

_____

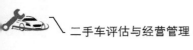

2. 请列出操作结果分析

_____

_____

_____

_____

1.3 探讨验证

教师活动	1. 按照小组组织学生进行实训结果的验证，并对错误的结果分析问题产生的原因 2. 根据 VIN 码的排列标准，随机更改编码，随机抽取，要求学生可以单独正确读出 3. 回答学生提出的问题
学生活动	1. 能够在总结的过程中发挥团队的力量，总结实训结果并展示学习成果 2. 探讨并回答老师提出的问题

1. 验证

①VIN 码：

②正确的编码读识：

③这辆车是否是真车，查勘汽车型号，看其是否在我国国产或进口汽车产品目录上

④检查车辆的商标、铭牌、发动机型号和出厂编号、底盘型号和出厂编号

商标	
铭牌	
发动机型号	
发动机出厂编号	
底盘型号	
底盘出厂编号	

2. 探讨

将前面验证的结果写在此处。

1.4 项目小结

本项目的学习目标你已经达成了吗？请通过以下问题进行结果检验。

序号	问题	自检结果
1	什么是二手车？什么是二手车交易市场？	
2	我国二手车电子商务平台有哪些？	
3	什么是二手车柠檬法？	
4	美国是如何收车提供保修服务的？	
5	日本二手车的评估资格是如何获取的？	
6	什么是"红牌"制度？	
7	我国乘用车与商用车是如何分类的？	
8	VIN 码的作用是什么？	
9	汽车的基本重要性能指标有哪些？	
10	我国是如何确定旧机动车辆报废年限的？	
总评得分（每题 10 分，总计 100 分）		

1.5 项目练习

单项选择题：

1. 我国二手车市场不规范主要是因为（　　　）。
    A. 信息不对称、价格不统一、车况不透明、交易流程简单且周期长
    B. 信息不对称、价格不统一、车况透明、交易流程复杂且周期短
    C. 信息不对称、价格不统一、车况不透明、交易流程复杂且周期长
    D. 以上都对

2. 我国生产的汽车按照国家标准，汽车分类的类型主要有（　　　）。
    A. 载货汽车、乘用车、商用车　　　　B. 载货汽车、商用车、轿车
    C. 客车、轿车、商用车　　　　　　　D. 乘用车、商用车

3. 车架号"WP0AA2978BL012976"中，正确的说法是（　　　）。
    A. 2010 年，产地：德国　　　　　　B. 2009 年，产地：法国
    C. 2017 年：产地：英国　　　　　　D. 2015 年：产地：美国

4. 二手车鉴定的工作原则有（　　　）。
    A. 合法性原则、独立性原则、客观性原则、科学性原则、预期收益原则
    B. 公平性原则、规范性原则、专业化原则、评估时点原则、替代原则
    C. 合法性原则、独立性原则、专业化原则、公平性原则、客观性原则
    D. 公平性原则、规范性原则、替代原则、科学性原则、预期收益原则

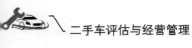

5. 根据确定使用寿命的出发点、目的、标准不同，汽车使用寿命分为（　　　）。

    A. 技术使用寿命、经济使用寿命和合理使用寿命

    B. 技术使用寿命、经济使用寿命和发动机使用寿命

    C. 技术使用寿命、经济使用寿命和车身使用寿命

    D. 以上都对

问答题：

VIN 码中可以识别到哪些信息？

_____

_____

_____

_____

思考与讨论：

1. 二手车的技术性能指标在二手车评估中的作用有哪些？

_____

_____

_____

_____

2. 汽车修理行业的类别有哪些？

_____

_____

_____

_____

项目二　二手车行业基础知识

完成本项目的学习后，能够达到以下目标：
- 知道二手车鉴定评估主体与客体之间的关系
- 清楚二手车经营的类型
- 掌握二手车鉴定原则与依据
- 掌握二手车鉴定委托要求
- 掌握二手车检查与鉴定工作流程

2.1　基础知识学习

二手车鉴定评估是指对二手车进行技术状况检测、鉴定，确定某一时点价值的过程。二手车技术状况鉴定指对车辆技术状况进行缺陷描述、等级评定。二手车价值评估指根据二手车技术状况鉴定结果和鉴定评估目的，对目标车辆价值进行评估。本项目主要学习二手车主体与客体关系、二手车鉴定的原则与相关依据、二手车鉴定评估委托书的撰写要求以及二手车鉴定评估的工作流程。

学生准备

学生在正式上课之前，应当做好如下准备：
- 预习老师安排的教学内容，完成老师推送的学习任务。
- 准备好在课堂上需要向老师提出的本项目内容范围的问题。

2.1.1　二手车鉴定评估的主体与客体

？ 什么是二手车鉴定评估的主体与客体？

二手车经营行为是指二手车经销、拍卖、经纪、鉴定评估等。

1. 二手车鉴定评估的主体

二手车经营主体是指经工商行政管理部门依法登记，从事二手车经销、拍卖、经纪、鉴

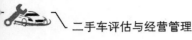

定评估的企业。

二手车鉴定评估机构是指二手车鉴定评估业务的承担者，即从事二手车鉴定评估的机构及专业鉴定评估人员。鉴定评估人员的素质，对评估工作水平和评估结果的质量有重要影响。二手车鉴定评估直接涉及当事人双方的权益，是一项政策性、专业性都很强的工作，对评估人员有较高的要求。

（1）对于二手车鉴定评估人员的要求

①掌握一定的资产评估业务理论，熟悉并掌握与二手车交易有关的政策、法规、行业管理制度及有关的技术标准。

②具有一定的二手车专业知识和实际的检测技能。

③具有较高的收集、分析和运用信息资料的能力及一定的评估技巧。

④具备经济预测、财务会计、市场、金融、物价、法律等多方面的知识。

⑤具有良好的职业道德，遵纪守法、公正廉明，保证二手车评估质量。

（2）二手车鉴定评估机构条件和要求

1）场所。经营面积不少于200m²。

2）设施设备。具备汽车举升设备。具备车辆故障信息读取设备、车辆结构尺寸检测工具或设备。具备车辆外观缺陷测量工具、漆面厚度检测设备。具备照明工具、照相机、螺钉旋具、扳手等常用操作工具。

3）人员。具有3名以上二手车鉴定评估师，1名以上高级二手车鉴定评估师。

4）其他。具备电脑等办公设施。具备符合国家有关规定的消防设施。

（3）二手车经营机构

1）二手车经销商是指从事收购、销售二手车经营活动的经销企业。

2）二手车拍卖商是指从事以公开竞价的形式将二手车转让给最高应价者的经营活动的拍卖企业。

3）二手车经纪机构是指从事以收取佣金为目的，为促成他人交易二手车而从事居间、行纪或者代理等经营活动的经纪机构。

4）二手车鉴定评估机构是指从事对二手车技术状况及其价值进行鉴定评估的经营活动的鉴定评估机构。

2. 二手车鉴定评估的客体

二手车鉴定评估的客体是指待评估的车辆，是鉴定评估的具体对象。二手车指从办理完注册登记手续到达到国家强制报废标准之前进行交易并转移所有权的汽车（包括三轮汽车、低速载货汽车）、挂车和摩托车。二手车鉴定评估的客体必须是符合国家法律规定的车辆。

根据《二手车流通管理办法》的规定，禁止交易的二手车如下：

①已报废或者达到国家强制报废标准的车辆。

②在抵押期间或者未经海关批准交易的海关监管车辆。

③在人民法院、人民检察院、行政执法部门依法查封、扣押期间的车辆。

④通过盗窃、抢劫、诈骗等违法犯罪手段获得的车辆。

⑤发动机号码、车辆识别代号或者车架号码与登记号码不相符，或者有凿改迹象的车辆。

⑥走私、非法拼（组）装的车辆。

⑦没有办理必备证件和手续，或证件手续不齐全的车辆。

⑧在本行政辖区以外的公安机关交通管理部门注册登记的车辆。

⑨国家法律、行政法规禁止经营的车辆。

以上车辆，二手车交易市场经营者和二手车经营主体发现车辆具有④～⑥情形之一的，应当及时报告公安机关、工商行政管理部门等执法机关。对交易违法车辆的，二手车交易市场经营者和二手车经营主体应当承担连带赔偿责任和其他相应的法律责任。

3. 二手车鉴定评估的目的

二手车鉴定评估的目的是正确反映二手车的价值量及其波动，为将要发生的经济行为提供公平的价格尺度。经济行为主要有车辆交易、车辆置换、企业资产变更、车辆拍卖、抵押贷款、保险、司法鉴定、修复价格评估等。二手车鉴定评估的主要目的可分为两大类：一类为变动二手车产权，另一类为不变动二手车产权。

变动二手车产权是指车辆所有权发生转移经济行为，包括二手车的交易、置换、转让、并购、拍卖、投资、抵债、捐赠等。二手车产权交易方式见表 2-1。

表 2-1　二手车产权交易方式

序号	产权变动	经济行为说明
1	车辆的交易转让	二手车在交易市场上进行买卖时，买卖双方对二手车交易价格的期望是不同的，甚至相差甚远。因此需要鉴定评估人员对被交易的二手车进行鉴定评估，评估的价格作为买卖双方成交的参考底价
2	车辆置换	置换业务有两种情况：一种是以旧换新业务，另一种是以旧换旧业务。两种情况都会涉及对置换车辆的鉴定评估。对二手车鉴定评估结果的公平与否，直接关系到置换双方的利益
3	车辆拍卖	拍卖是指以公开竞价的形式，将特定物品或者财产权利转让给最高应价者的买卖方式。对于公务车、执法机关罚没车辆、抵押车辆、企业清算车辆、海关获得的抵税或放弃车辆等，都需要对车辆进行鉴定评估，为车辆拍卖活动提供拍卖底价。此外，还有与拍卖方式基本类似的招标底价
4	其他	其他经济行为如企业联营、兼并、出售、股份经营或破产清算，这时也需要对企业所拥有的二手车进行鉴定评估，以充分保证企业的资产权益

不变动二手车产权是指车辆所有权未发生转移的经济行为，见表 2-2，它包括二手车的纳税、保险、抵押、典当、事故车损、司法鉴定（海关罚没、盗抢、财产纠纷等）。

表 2-2　不变动二手车产权类型

序号	不变动产权	相关说明
1	车辆保险	在对车辆进行投保时，所缴纳的保险费高低直接与车辆成本的价值大小有关。同样当被保险车辆发生保险事故，保险公司需要对事故进行理赔时，为了保障双方的利益，也需要对核保理赔的车辆进行公平的鉴定评估。除一般的车损评估外，还包括火烧车和浸水车的鉴定评估

（续）

序号	不变动产权	相关说明
2	抵押贷款	银行为了确保放贷安全，要求贷款人以机动车作为贷款抵押。银行为了确保贷款的安全性，要对二手车进行鉴定评估。而这种贷款安全性的高低在一定程度上取决于对抵押车辆评估的准确性。一般情况下，评估价格要比市价略低
3	担保	担保是指车辆所有单位或所有人，以其拥有的二手车为其他单位或个人的经济行为提供担保，并承担连带责任的行为
4	典当	当典当双方对当物车辆的价值认知有较大的悬殊时，为了保障典当业务的正常进行，可以委托二手车鉴定评估人员对当物车辆的价值进行评估，典当行以此作为放款的依据。当当物车辆发生绝当时，对绝当车辆的处理，同样也需要委托二手车鉴定评估人员为其提供鉴定评估服务
5	纳税评估	纳税评估是指政府为纳税赋税而由评估人员估定的车价作为机动车纳税基础的价格。具体的纳税价格依据纳税政策而定
6	司法鉴定	司法鉴定按性质的不同，可分为刑事案件司法鉴定和民事案件司法鉴定 刑事案件涉及的是盗抢车辆、走私车辆、受贿车辆等。其委托方一般是国家司法机关和行政机关，委托目的是为取证需要 民事案件涉及的是法院执行阶段的各种车辆，其委托方一般是人民法院，委托目的是案件执行需要进行抵债变现

2.1.2 二手车经营的类型

？ 二手车经营有哪些类型？

二手车市场是机动车商品二次流动的场所，它具有中介服务商和商品经营者的双重属性。二手车市场功能有二手车评估、收购、销售、寄售、置换、拍卖、过户、转籍、上牌、上保险等。此外，二手车市场还应严格按国家有关法律、法规审查二手车交易的合法性，坚决杜绝盗抢车、走私车、非法拼装车和证照与规费凭证不全的车辆上市交易。

（1）二手车经销公司

二手车经销公司的业务模式是二手车收购、翻新整备、展示销售、转移登记。独立二手车经销商主要存在于二手车交易市场之外，有独立的经营场所，其特点为多品牌、规模化、规范化。独立二手车经销商以专业性更强、诚信度更高、可靠性更佳、服务更好的新业务模式，迎合了二手车消费市场的需求。

（2）品牌专卖店

品牌专卖店通过签订合同授权经销商进行特定品牌汽车二手车的销售活动。该方式通过建立统一的企业标志、品牌形象和服务标准，以达到汽车生产企业营销体系的统一运营，实现规模效应和品牌效应。为保护商家及消费者的利益不受侵害，通常，汽车生产企业限定每一种品牌或车型只能由一家经销商经营，同时还严格禁止不同品牌经销商之间的串货行为。

（3）二手车经纪公司

引进经过培训和资格认证的二手车经纪人，并成立二手车经纪公司，这种模式有效地遏制了非法交易、无照经营、强买强卖的现象，规范了二手车交易行为，为消费者提供了可靠、良好的购车环境。同时，也便于政府的监督管理，营造了良好的流通秩序，使二手车流通进入规范、健康的良性发展轨道。

（4）经营多元化模式

二手车市场在完善市场服务功能的基础上通常都采用了多元化的服务方式，在实现车辆工商验证、过户、保险等基本服务功能的基础上，引入了二手车信贷、保险、置换、竞价拍卖业务及一系列方便买卖双方交易的新举措，其中以二手车竞价拍卖业务最受买卖双方欢迎。二手车在销售的前后必定有各种各样的问题，拓展维修、保养、美容、装饰、配件销售等业务是顺理成章的，其收益也是显而易见的。

（5）二手车批发

近年，各种二手车市场快速发展，促进了各地区二手车经销商的业务发展，逐渐形成了二手车经销商的庞大群体。因为二手车的特殊性，其流通越快，渠道越宽，经营就会越好，所以二手车经销商要经常互通资源，进行资源整合才可将效益最大化。在二手车经销商的群体里，诚信经营、合作交流已经形成了行业的文化，在这个关系里，既存在着竞争也存在着合作，而之中产生的交易就是批发。二手车批发商借助二手车交易市场的人力、资金、信息优势，批量采购各地二手车，利用区域性价差向场内二手车经纪户、经纪公司批发销售，或直接销售，一方面获取利润，另一方面也能带动新生市场的活力。

（6）连锁经营

连锁经营是指经营同类商品或服务的若干个企业，以一定的形式组成一个联合体，在整体规划下进行专业化分工，并在分工基础上实施集中化管理，把独立的经营活动组合成整体的规模经营，从而实现规模效益。二手车品牌商将授权加盟的汽车经销商或4S店或是个人按照公司制定的标准和规范来管理，如连锁店一般会采用统一的品牌标识、统一的店铺装修风格、统一的服务标准。二手车品牌商总部会派专业的人员对加盟店进行驻店指导（其中包括对员工的培训指导、技术指导等），同时二手车品牌商总部甚至可提供车源的信息帮助加盟者开展经营活动。二手车连锁经营模式在很大程度上是利用品牌效应来拓展市场，主要有直营式连锁、网络化连锁、特许连锁等几种模式。

（7）二手车拍卖

二手车拍卖公司和具有拍卖特征的交易服务平台的业务是将二手车以公开竞价的形式转让给最高应价者。二手车拍卖公司和交易服务平台的业务主要来自集团客户、经纪公司、经销公司和个人车主的委托，其通过拍卖的方式实现B2B、B2C和C2C交易。二手车拍卖分为二手车实地竞拍和二手车网络竞价。

（8）寄售经营

二手车寄售经营模式类似于汽车超市，一般有线上平台和对应的线下体验店，线上提供

信息，以线下实际交易为主。车辆交易平台提供汽车检测和售后服务。二手车寄售的方式是发达国家流行的二手车销售方式，每一辆车都会有一份详尽的检验报告，交易通过网络就可以实现。目前，国内二手车寄售模式存在的诚信问题较多，需要在二手车市场的不断发展中完善。

2.1.3　二手车鉴定原则与依据

?　二手车鉴定的依据是什么？有哪些原则要求？

1. 二手车鉴定评估原则

二手车鉴定评估以严格遵循"客观性、独立性、公正性、科学性"为原则，分为工作原则和经济原则两大类。

（1）工作原则

工作原则主要有合法性原则、独立性原则、客观性原则、科学性原则、公平性原则、规范性原则、评估时点原则等。工作原则的类型与相关说明见表2-3。

表2-3　工作原则的类型与相关说明

序号	类型	工作原则相关说明
1	合法性原则	二手车鉴定评估行为必须符合国家法律、法规，必须遵循国家对机动车户籍管理、报废标准、税费征收等政策要求，这是开展二手车鉴定评估的前提
2	独立性原则	① 要求二手车鉴定评估机构和工作人员依据国家的法规和规章制度及可靠的资料数据，对被评估的二手车价格独立地做出评估结论，不受外界干扰和委托者的意图影响，保持独立公正 ② 评估行为对于接受委托的当事人应具有非利害和非利益关系。评估机构必须是独立的评估中介机构，评估人员必须与评估对象的利益涉及者没有任何利益关系。评估人员绝不能既从事交易服务经营，又从事交易评估
3	客观性原则	要求鉴定或评估结果应以充分的事实为依据，在鉴定评估过程中的预测推理和逻辑判断等只能建立在市场和现实的基础资料以及现实的技术状态上
4	科学性原则	二手车鉴定评估机构和人员应运用科学的方法、程序、技术标准和工作方案开展活动。即根据评估的基准日、特定目的选择适用的方法和标准，遵循规定的程序实施操作
5	公平性原则	公平、公正、公开是二手车鉴定评估机构和工作人员应遵守的一项最基本的道德规范。要求鉴定评估人员的工作态度应当是公正无私，评估结果应该是公道、合理，而绝不能偏向任何一方
6	规范性原则	规范性原则是要求鉴定评估机构建立完整、完善的管理制度，严谨的鉴定作业流程。管理上要建立回避制度、复审制度、监督制度；作业流程制度要科学、严谨

（续）

序号	类型	工作原则相关说明
7	评估时点原则	评估时点，又称评估基准日、评估期日、评估时日，是一个具体日期，通常用年、月、日表示，评估额是评估车辆在该日期的价格。二手车市场是不断变化的，二手车价格具有很强的时间性。在不同的时点，同一辆二手车往往会有不同的价格

（2）经济原则

二手车鉴定评估的经济原则是指在二手车鉴定评估过程中进行具体技术处理的原则，它是在总结二手车鉴定评估经验及市场能够接受的评估准则的基础上形成的，主要包括预期收益原则、替代原则、最佳效用原则。经济原则的类型与相关说明见表2-4。

表2-4 经济原则的类型与相关说明

序号	类型	经济原则相关说明
1	预期收益原则	在对营运性车辆评估时，车辆的价值可以不按照其过去形成的成本或购置价格决定，但必须充分考虑它在未来可能为投资者带来的经济效益。车辆的市场价格，主要取决于其未来的有用性或获利能力。未来效用越大，评估值越高 预期收益原则要求在进行评估时，必须合理预测车辆的未来获利能力及取得获利能力的有效期限
2	替代原则	替代原则是商品交换的普遍规律，即价格最低的同质商品对其他同质商品具有替代性。据此原理，二手车鉴定评估的替代原则是指在评估中，面对几个相同或相似车辆的不同价格时，应取较低者为评估值，或者说评估值不应高于替代物的价格。这一原则要求评估人员从购买者角度进行二手车鉴定评估，因为评估值应是车辆潜在购买者愿意支付的价格
3	最佳效用原则	若一辆二手车同时具有多种用途，在公开市场条件下进行评估时，应按照其最佳用途来评估车辆价值。这样既可以保证车辆出售方的利益，又有利于车辆的合理使用

2. 二手车鉴定评估的依据

二手车鉴定评估的依据是指评估工作中所遵循的法律、法规、经济行为文件以及其他参考资料，一般包括行为依据、法律依据、产权依据和取价依据四部分，见表2-5。

表2-5 二手车鉴定评估依据

序号	二手车鉴定评估依据	二手车鉴定评估依据相关解释
1	行为依据	行为依据是指实施二手车鉴定评估的行业依据。一般包括经济行为成立的有关决议文件以及评估当事方的评估业务委托书

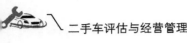

（续）

序号	二手车鉴定评估依据	二手车鉴定评估依据相关解释
2	法律依据	法律依据是指二手车鉴定评估所遵循的法律法规，主要包括： ①《国有资产评估管理办法》 ②《国有资产评估管理办法施行细则》 ③《机动车强制报废标准规定》 ④《机动车登记规定》 ⑤《商务部关于废止和修改部分规章的决定》（商务部令 2017 年第 3 号） ⑥《汽车产业发展政策》 ⑦《二手车流通管理办法》 ⑧《机动车运行安全技术条件》 ⑨ 其他方面的政策法规
3	产权依据	产权依据是指表明机动车权属证明的文件，主要包括： ①机动车登记证 ②机动车行驶证 ③出租车营运证 ④道路营运证
4	取价依据	取价依据是指实施汽车鉴定评估的机构或人员，在评估工作中直接或间接取得或使用对汽车鉴定评估有借鉴或佐证作用的资料 ① 价格资料。价格资料包括新车辆整车销售价格、易损零部件价格、车辆精品装备价格、维修工时定额、维修价格、国家税费征收标准、车辆价格指数变化及各品牌车型残值率等资料 ② 技术资料。技术资料包括机动车的技术参数，新产品、新技术、新结构的变化，车辆故障的表面现象与差别，车辆维修工艺及国家有关技术标准等资料

二手车鉴定评估的基本条件假设有如下三种：

1）继续使用假设。在采用继续使用假设时，需考虑以下几个条件。

①车辆尚有显著的剩余使用寿命。

②车辆能用其提供的服务或用途满足所有者或占有使用者经营上期望的收益，这是投资者持有或购买车辆的前提条件。

③车辆所有权的明确，能够在评估后满足汽车交易或抵押等业务需要。这同时也是转换用途的前提条件。

④充分考虑车辆的使用功能，按车辆的最佳效用使用。

⑤车辆从经济上或法律上允许转作他用。

2）公开使用假设。采用这个假设前提，被评估车辆需要符合以下条件。

①车辆公开出售和改变用途在法律上是允许的。

②在公开市场上该车辆的交易比较普遍，既有一定的需求，也有一定的供给，存在着供需双方的竞争。

③车辆有一定寿命。

④评估值不高于该车辆新建或购置的投资额。

3）清算假设。清算假设是假定被评估车辆的整体或部分在某种强制状态下进行出售，交易双方地位不平等，并要求在短时间内变现，因此，被评估车辆的评估价值一般低于继续使用假设和公开市场假设条件下的评估值。清算假设一般只适用于企业破产或停业清算等及时变现时的评估。

2.1.4　二手车鉴定委托

 二手车鉴定委托有哪些要求？如何书写委托书？

1. 二手车鉴定评估应具备的要求

二手车鉴定评估委托书是受托方与委托方对各自权利、责任和义务的协定，是一项经济合同性质的契约。二手车鉴定评估委托书必须符合国家法律、法规和资产评估业的管理规定。涉及国有资产占有单位要求申请立项的二手车鉴定评估业务，应由委托方提供国有资产管理部门关于评估立项申请的批复文件，经核实后，方能接受委托，签署委托书。二手车鉴定评估指二手车鉴定评估机构对二手车技术状况及其价值进行鉴定评估的经营活动。二手车鉴定估价应当本着买卖双方自愿的原则，不得强制进行；属国有资产的二手车应当按国家有关规定进行鉴定评估。二手车鉴定评估机构应当遵循客观、真实、公正和公开的原则，依据国家法律法规开展二手车鉴定评估业务，出具车辆鉴定评估报告；并对鉴定评估报告中的车辆技术状况，包括是否属事故车辆等评估内容负法律责任。

鉴定评估的前期准备工作主要包括业务洽谈、实地考察、签订二手车鉴定评估委托书和拟定鉴定评估作业方案等。与客户洽谈的主要内容有车主基本情况、车辆情况、委托评估的意向和时间要求等。

2. 二手车鉴定评估委托书的签订

二手车鉴定评估委托书应写明：①委托方和评估机构的名称、住所、工商登记注册号、上级单位、鉴定评估资格类型及证书编号；②评估目的、评估范围、被评估车辆的类型和数量、评估工作起止时间、评估机构的其他具体工作任务；③委托方须做好的基础工作和配合工作；④评估收费方式和金额；⑤反映评估业务委托方和评估机构各自的责任、权利、义务以及违约责任的其他具体内容。二手车鉴定评估业务委托书必须符合国家法律法规和汽车鉴定评估行业管理规定，并做到内容全面、具体，含义清晰、准确。涉及国有资产占有单位的汽车鉴定评估项目，应由委托方按规定办妥有关手续后再进行评估业务委托。

委托书参考样板如下。

二手车鉴定评估委托书（示范文本）

委托书编号：_____

委托方名称（姓名）：　　　　　　　鉴定评估机构名称：

法人代码证（身份证）：　　　　　　法人代码证：

委托方地址：　　　　　　　　　　　鉴定评估机构地址：

联系人：　　　　　　　　　　　　　联系人：

电话：　　　　　　　　　　　　　　电话：

　　因 □ 交易 □ 典当 □ 拍卖 □ 置换 □ 抵押 □ 担保 □ 咨询 □ 司法裁决 □ 其他（须明注）需要，委托人与受托人达成委托关系，号牌号码为_____，车辆类型为_____，车辆识别代号（VIN 码）/车架号为_____的车辆进行技术状况鉴定并出具评估报告书，_____年_____月_____日前完成。

委托评估车辆基本信息

<table>
<tr><td rowspan="8">车辆情况</td><td>厂牌型号</td><td></td><td colspan="2">使用用途</td><td>营运　　　□
非营运　□</td></tr>
<tr><td>总质量/座位/排量</td><td></td><td colspan="2">燃料种类</td><td></td></tr>
<tr><td>注册登机日期</td><td>年　　月　　日</td><td colspan="2">车身颜色</td><td></td></tr>
<tr><td>已使用年限</td><td>年　　个月</td><td>累计行驶里程（万 km）</td><td></td><td></td></tr>
<tr><td>大修次数</td><td>发动机（次）</td><td>整车（次）</td><td></td><td></td></tr>
<tr><td>维修情况</td><td colspan="4"></td></tr>
<tr><td>事故情况</td><td colspan="4"></td></tr>
</table>

<table>
<tr><td>价值反映</td><td>购置日期</td><td>年　　月　　日</td><td>原始价格（元）</td><td></td></tr>
</table>

备注：

　　　　　

委托方：（签字、盖章）　　　　　受托方：（签字、盖章）

　　　　　　　年　　月　　日　　　　　　　年　　月　　日

1. 委托方保证所提供的资料客观真实，并负法律责任。
2. 仅对车辆进行鉴定评估。
3. 评估依据：《机动车运行安全技术条件》（GB 7258）、《二手车鉴定评估技术规范》（GB/T 30323）等。
4. 评估结论仅对本次委托有效，不可用作其他用途。
5. 鉴定评估人员与有关当事人没有利害关系。
6. 委托方如对评估结论有异议，可于收到《二手车鉴定评估报告》之日起 10 日内向受托方提出，受托方应给予解释。

2.1.5 二手车检查与鉴定工作流程

? **二手车鉴定评估的流程是什么?**

1. 二手车鉴定评估的工作流程

(1) 二手车鉴定评估的流程

二手车鉴定评估机构开展二手车鉴定评估经营活动必须按流程作业,并填写:"二手车鉴定评估作业表"。二手车经销、拍卖、经纪等企业开展业务涉及二手车鉴定评估活动的,也要参照此顺序进行作业,并填写"二手车技术状况表"(表2-6),二手车鉴定评估工作流程如图2-1所示。

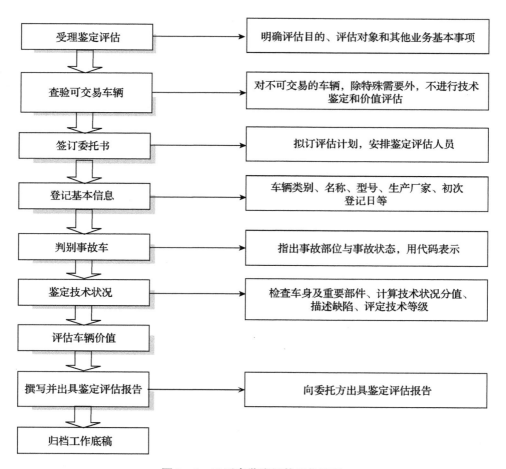

图2-1 二手车鉴定评估工作流程

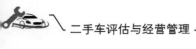

二手车鉴定评估作业表（示范文本）

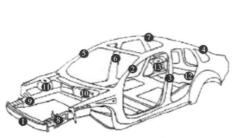

1—前保险杠　　6—右B柱　　10—左前减振器悬架部位
2—左A柱　　　7—右C柱　　11—右前减振器悬架部位
3—左B柱　　　8—左前纵梁　12—左后减振器悬架部位
4—左C柱　　　9—右前纵梁　13—右后减振器悬架部位
5—右A柱

流水号：　　　　　　　　　　　　　　　　　　　　鉴定评估日：　　年　　月　　日

厂牌型号			行驶里程	仪表		km
牌照号码				推定		km
VIN 码			车身颜色			
发动机号			车主姓名/名称			
法人代码/身份证号码		首次登记日期		使用性质		
		年　　月　　日				
年检证明	□ 有（至_____年_____月）□无		车船税证明	□ 有（至_____年_____月）□无		
交强险	□ 有（至_____年_____月）□无		购置税证书	□ 有　　□无		
其他法定凭证、证		□ 号牌　□ 行驶证　□ 登记证书　□ 保险单　□ 其他				
是否为事故车	□ 否　□ 是	损伤位置及损伤状况				
车辆主要技术缺陷描述						
总得分						
技术等级						
估价方法						
参考价值						
评估师（签章）						
评估师证号						
审核人（签章）						
二手车鉴定评估结论						

评估单位

名称（盖章）

车体骨架检查项目			驾驶舱检查			扣分
1	车体左右对称性		储物盒是否无裂痕，配件是否无缺失	是	否	
2	左A柱	8 左前纵梁	天窗是否移动灵活、关闭正常	是	否	
3	左B柱	9 右前纵梁	门窗密封条是否良好、无老化	是	否	
4	左C柱	10 左前减振器悬架部位	安全带结构是否完整、功能是否正常	是	否	
5	右A柱	11 右前减振器悬架部位	驻车制动系统是否灵活有效	是	否	
6	右B柱	12 左后减振器悬架部位	玻璃窗升降器、门窗工作是否正常	是	否	
7	右C柱	13 右后减振器悬架部位	左、后视镜折叠装置工作是否正常	是	否	
代表字母	BX NQ GH SH ZZ		其他			
描述	变形 扭曲 更换 烧焊 褶皱		合计扣分			
缺陷描述			起动检查			扣分
事故判定	□ 事故车 □ 正常车		车辆起动是否顺畅（时间少于5s，或一次起动）	是	否	
代码	车身检查 扣分 缺陷描述		仪表板指示灯显示是否正常，无故障报警	是	否	
14	发动机舱盖表	划痕	各类灯光和调节功能是否正常	是	否	
15	左前翼子板	变形 HH	泊车辅助系统工作是否正常	是	否	
16	左后翼子板	锈蚀 XS	制动防抱死系统（ABS）工作是否正常	是	否	
17	右前翼子板	裂纹 LW	空调系统风量、方向调节、分区控制、自动	是	否	
18	右后翼子板	凹陷 AX	控制、制冷工作是否正常			
19	左前车门	修复痕迹 XF	发动机在冷、热车条件下怠速运转是否稳定	是	否	
20	右前车门	缺陷程度	怠速运转时发动机是否无异响，空档状态下	是	否	
21	左后车门		逐渐增加发动机转速，发动机声音过渡是否			
22	右后车门	1—面积≤（100×100）mm	无异响			
23	行李舱盖	2—（100×100）mm＜面	车辆排气是否无异常	是	否	
24	行李舱内侧	积≤（200×300）mm	驻车制动系统结构是否完整	是	否	
25	车顶	3—面积＞（200×300）mm	其他			
26	前保险扛	4—轮胎花纹深度＜1.6mm	合计扣分			
27	后保险扛		路试检查			扣分
28	左前轮	缺陷描述	发动机运转、加速是否正常	是	否	
29	左后轮		车辆起动前踩下制动踏板，保持5~10s，踏	是	否	
30	右前轮		板无向下移动的现象			
31	右后轮		踩住制动踏板起动发动机，踏板是否向下移动	是	否	
32	前照灯		行车制动系最大制动效能在踏板全行程的4/5	是	否	
33	后尾灯		以内达到			
34	前风窗玻璃		行驶是否无跑偏	是	否	
35	后风窗玻璃		制动系统工作是否正常有效、制动不跑偏	是	否	
36	四门车窗玻璃		变速器工作是否正常、无异响	是	否	
37	左后视镜		行驶过程中车辆底盘部位是否无异响	是	否	
38	右后视镜		行驶过程中车辆转向系统是否无异响	是	否	
39	轮胎		其他			
其他项目			合计扣分			
合计扣分			底盘检查			扣分

发动机舱检查	程度	扣分	发动机油底壳是否无渗漏	是	否	
机油有无冷却液混入	无 轻微 严重		变速器体是否无渗漏	是	否	
缸盖外是否有机油渗漏	无 轻微 严重		转向节臂球销是否无松动	是	否	
前翼子板内缘、水箱框架、横拉	无 轻微 严重		三角臂球销是否无松动	是	否	
梁有无凹凸或修复痕迹			传动轴十字轴是否无松旷	是	否	
散热器格栅有无破损	无 轻微 渗漏		减振器是否无渗漏	是	否	
蓄电池电极桩柱有无腐蚀	无 轻微 严重		减振弹簧是否无损坏	是	否	
蓄电池电解液有无渗漏、缺少	无 轻微 严重		其他			
发动机传动带有无老化	无 轻微 严重		合计扣分			
油管、水管有无老化、裂痕	无 轻微 裂痕		车辆功能性零部件列表			
线束有无老化、破损	无 轻微 破损		发动机舱盖锁止	仪表板出风管道		
其他			发动机舱盖液压撑杆	中央集控		
合计扣分			后门液压支撑杆	备胎		

驾驶舱检查			扣分	行李舱盖液压支撑	千斤顶
车内是否无水泡痕迹	是	否		各车门锁止	轮胎扳手及随车工具
车内后视镜、座椅是否完整、无破损、功能正常	是	否		前刮水器	三角警示牌
车内是否整洁、无异味	是	否		后刮水器	灭火器
方向盘自由行程转角是否小于20°	是	否		立柱密封胶条	全套钥匙
车顶及周边内饰是否无破损、松动和裂缝和	是	否		排气管及消声器	遥控器及功能
污迹				车轮轮毂	喇叭高低音色
仪表台是否无划痕，配件是否无缺失	是	否		车内后视镜	玻璃加热功能
排档把手柄及护罩是否完好、无破损	是	否		座椅调节与加热	

表 2-6　二手车技术状况表（选自 GB/T 30323—2013）

车辆基本信息	厂牌型号				牌照号码		
	发动机号				VIN 码		
	注册登记日期		年　　月　　日		表征里程		万 km
	品牌名称			□国产　□进口	车身颜色		
	年检证明	□有（至___年___月）□无			购置税证书	□有　□无	
	车船税证明	□有（至___年___月）□无			交强险	□有（至___年___月）□无	
	使用性质	□营运用车　□出租车　□公务用车　□家庭用车　□其他					
	其他法定凭证、证明	□机动车号牌　□机动车行驶证　□机动车登记证书　□第三者强制保险单 □其他					
	车主名称/姓名				企业法人证书代码/身份证号码		
重要配置	燃料标号			排量		缸数	
	发动机功率			排放标准		变速器形式	
	安全气囊			驱动方式		ABS	□有　□无
	其他重要配置						
是否为事故车	□是　□否	损伤位置及损伤状况					
鉴定结果	分值				技术状况等级		
车辆技术状况鉴定缺陷描述	鉴定科目	鉴定结果（得分）			缺陷描述		
	车身检查						
	发动机舱检查						
	驾驶舱检查						
	启动检查						
	路试验查						
	底盘检查						

声明：

本二手车技术状况表所体现的鉴定结果仅为鉴定日期当日被鉴定车辆的技术状况表现与描述，若在当日内被鉴定车辆的市场价值或因交通事故等原因导致车辆的价值发生变化，对车辆鉴定结果产生明显影响时，本二手车技术状况表不作为参考依据。

二手车鉴定评估师：_____　　　鉴定单位：(盖章)_____

鉴定日期：_____年_____月_____日

注：本二手车技术状况表由二手车经销企业、拍卖企业、经纪企业使用，作为二手车交易合同的附件，车辆展卖期间，放置在驾驶室前风窗玻璃左下方，为消费者提供参考。

二手车鉴定评估计工作流程如下：

1）受理鉴定评估。接待客户，明确评估目的、评估对象和其他业务基本事项。主要内容包括：客户车辆权属和权属性质；客户要求的评估目的、期望使用者和完成评估的时间；了解车辆是生产营运车辆还是生活消费车辆；车辆基本情况，包括车辆类别、名称、型号、生产厂家、初次登记日期、行驶里程数、所有权变动或流通次数、落籍地和技术状态等。

2）查验可交易车辆。对不可交易的车辆，除特殊需要外，不进行技术鉴定和价值评估。验明车辆合法性主要核查：来历和处置是否合法，查看机动车登记证或产权证明；使用和行驶手续是否齐全、真实有效，是否通过年检；检查机动车行驶证登记的事项与行驶牌照和实物是否相符。二手车的技术质量要求如图2-2所示。

悬架、传动系统无故障，保证驾驶舒适平衡

音响系统功能完好

空调暖气系统运行正常，保证驾乘人员舒适度

制动灯、车前灯、危险信号灯、转向灯——只要有灯的地方，都必须检查

发动机、变速器（动力总成）运行正常

车辆没有发生过严重事故，包括水泡、火烧

保证轮胎花纹深度，确保车辆有足够的抓地力，短期内不必更换

保证制动片厚度，确保车辆随时能刹得住，短期内不必更换

全车车身没有严重明显的刮伤、划痕、凹坑

排放达到国家允许的政策标准

图2-2　二手车的技术质量要求

3）签订委托书，拟订评估计划，安排鉴定评估人员。

4）登记基本信息，包括车辆类别、名称、型号、生产厂家、初次登记日期等，拟订鉴定评估计划。二手车鉴定评估人员执行评估业务时，应该按照鉴定评估机构编制的评估计划，以便对工作做出合理安排。并保证在预计时间内完成评估项目。二手车鉴定评估人员应当重点考虑：被评估车辆和评估目的；评估风险、评估业务的规模和复杂程度；相关法律、法规及宏观经济近期的发展变化对评估对象的影响；被评估车辆的结构、类别、数量和分布；与评估有关资料的齐全情况及变现的难易程度；评估小组成员的业务能力、评估经验及其优化组合；对专家及其他评估人员的合理使用。

5）判别事故车，为车辆的价值估算提供科学的评估证据，为期望使用者提供车辆技术状况的质量保证，为车辆发生的经济行为提供法律依据。应能够识别伪造、拼装、组装、盗抢和走私车辆，鉴别手续、牌证的真伪，鉴别是否有事故造成的严重损伤。鉴别是否有自然灾害（水淹、火烧）造成的严重损伤，鉴别车辆内部和外部的技术状况。

6）通过静态检查、动态检查、仪器检查鉴定二手车的技术状况，检查车身及重要部件、计算技术状况分值、描述缺陷、评定技术等级。图2-3为技术人员在做漆膜检查。

7）评估车辆价值。通过市场调查与资料搜集，确定被评估车辆的基本情况，如车辆类型、厂牌型号、生产厂家和主要技术参数等。确定询价参照对象及询价单位（询价单位名称、询价单位地址、询价方式、联系电话或传真号码和询价单位接待人员姓名等），并将询价参照对象情况与被评估车辆基本情况进行比较，在两者相一致的情况下，询到的市场价格才是可比的和可行的。将市场调查和询证资料进行整理，就可以编制成车辆询价表。

图 2-3　漆膜检查

正确运用市价法、收益法、成本法、清算价格法等评估方法，对车辆进行价格评估。对同一被评估车辆应选用两种以上的评估方法进行评估。二手车鉴定评估一般适合采用市价法和成本法进行评估。有条件选用市价法进行评估的，应以市价法为主要评估方法。营运车辆的评估在评估资料可查并齐全的情况下，可选用收益法为其中的一种评估方法。对不同评估方法估算出的结果，应进行比较分析。

对不同评估方法估算出的结果应做下列检查：计算过程是否有误、基础数据是否准确、参数选择是否合理、是否符合评估原则、公式选用是否恰当、选用的评估方法是否适合评估对象和评估目的。在确认所选用的评估方法估算出的结果无误之后，应根据具体情况计算出一个综合结果。在计算出一个综合结果的基础上，应考虑一些不可量化的价格影响因素，对结果进行适当的调整，认定该结果作为最终的评估结果。当有调整时，应在评估报告中明确阐述理由。

8）撰写并向委托方出具二手车鉴定评估报告。编写二手车鉴定评估报告可分为两个步骤进行：

①在完成对二手车鉴定评估数据的分析和讨论的基础上，对有关数据进行调整。由具体参加评估的二手车鉴定评估人员草拟出二手车鉴定评估报告。

②对鉴定评估的基本情况和评估报告的初步结论与委托方交换意见，听取委托方的反馈意见，在坚持独立、客观和公正的前提下，认真分析委托方提出的问题和建议，对报告中存在的疏忽、遗漏和错误之处进行修正，待修改完毕即可撰写出正式的二手车鉴定评估报告。

9）归档工作底稿，提交二手车鉴定评估报告。二手车鉴定评估机构撰写出正式的鉴定评估报告后，经过审核无误，先由负责该项目的二手车鉴定评估人员签章，再送复核人审核签章，最后送评估机构负责人审定签章并加盖机构公章。二手车鉴定评估报告签发盖章后即可连同作业表等送交委托方，同时将评估鉴定的工作文件进行归纳存档，方便后期调取资料与维护客户信息。

（2）鉴定评估的标注方法

在二手车评估鉴定的工作当中，为了便于区分评估的内容与项目，通常使用代码进行标注（图 2-4），形成鉴定与评估工作的通识语言，这些代码分别代表了车身的损伤类别与损坏的程度。

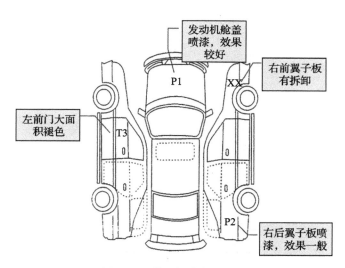

图 2-4　外观标注举例说明

1）外观代码及含义

凹坑：K；划伤：H；褪色：T；腐蚀：F；钣金：B；喷漆：P；缺件：Q；更换：XX；破裂：L；整洁度：Z（内饰）；程度：1、2、3。

2）外观损伤程度的计量方法

①外观损伤程度见表 2-7。

表 2-7　损伤程度表

程度 1 表示损伤或钣金面积不足 10cm	程度 2 表示损伤或钣金面积大于 10cm，小于 A4 纸的面积	程度 3 表示损伤或钣金面积大于 A4 纸的面积
不足10cm	10cm以上，A4纸对角线以内 A4	A4纸对角线之外 A4

②喷漆（P）的计量表示方法为 P1、P2、P3。

P1 表示有喷漆痕迹，但喷漆效果较好，油漆质量较高。

P2 表示有明显喷漆痕迹，效果一般，漆面有明显气泡和沙粒。

P3 表示喷漆效果比较差，漆面气泡沙粒较多，甚至需要重新喷漆。

③更换（XX）分两种类型：

a）车辆某部位被拆卸后更换新部件。

b）车辆某部位被拆卸后没有更换新部件，将原部件重新安装。

3）外观评分标准。外观评分标准最高为 5 分，最低为 1 分，评分的办法见表 2-8。

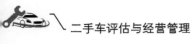

表2-8　外观评分标准

评分	状态
5	程度1不超过3处，没有程度2以上的标注
4.5	程度1有3处以上8处以下，程度2有2处以下（含2处限划伤），没有程度3标注，一共不超过8个标注
4	程度1有8处以上13处以下，程度2有3处以下，没有程度3标注，一共不超过13个标注
3.5	超过13个标注，程度2超过5处，程度3在2处以下，一共不超过15个标注
3	程度2超过8处，程度3在2处以下
2	程度3有4到6处
1	程度3有6处以上

　　4）车身结构的评价区域划分与评估评分标准。如图2-5所示，根据车辆车身结构把评价区域分为A、B、C区域。

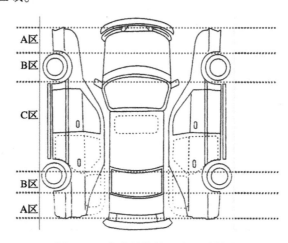

图2-5　车身结构的评价区域划分

　　车身结构评估评分标准最高为5分，最低为1分，评分的办法见表2-9。

表2-9　车身结构评估评分标准

评分	状态
5	没有任何伤及A区以上的事故
4.5	只有一侧波及A区的事故
4	只有一侧A区事故
3.5	有一侧A区事故，还有一次波及A区事故
3	有两侧A区事故，或一次后B区事故或一次波及前B区事故，或有一侧立柱受伤
2	前B区事故，或后C区事故，或两侧立柱受伤
1	前C区事故，A、B、C柱全伤

5）内饰评估标准

①内饰损伤计量方法分为 Z0、Z1、Z2、Z3 四个程度。

Z0（程度0）：看起来和新车一样

Z1（程度1）：看起来较干净，保养很好，无需清洁修复。

Z2（程度2）：起来旧且有磨损，但对车辆的价值影响不大，修理的必要性低。

Z3（程度3）：看起来较脏且磨损严重有破损开裂，需要进行翻新的修理。

②内饰评分标准。内饰评分标准最高为5分，最低为1分，评分的办法见表2-10。

表2-10　内饰评分标准

评分	状态
5	全部标注为程度0
4.5	程度1不超过5处，没有程度2以上标注
4	全部标注为程度1，或程度2有3处以下，没有程度3标注
3.5	程度2有3处以上8处以下，或程度3有1处
3	程度2有8处以上，或程度2有2处以下（含2处）
2	程度3有3处以上8处以下
1	程度3有8处以上

2. 二手车拍卖委托流程

1）委托人需要拍卖二手车，要向拍卖公司提供拍卖车辆权属证明、行车证、购置附加税证和养路费、保险费、车船使用税缴纳情况。若是单位还需提供授权委托书、营业执照；个人则需提供身份证。

2）与拍卖公司签署委托拍卖合同。合同中包括车型、车牌号、上牌时间、委托拍卖保留价、佣金收取比例、拍卖时间、过户手续承办人、费用承担人等。

3）交接车辆。一般在拍卖前3天将委托拍卖的车辆交给拍卖公司（图2-6），双方签订"车辆交接笔录"，将车辆的车况现状、相关资料及其他需要交代事项，双方当面交清。

4）拍卖成交的，支付拍卖佣金，收取拍卖成交价款，按车管所规定提交车辆过户相关资料。

图2-6　拍卖会现场

2.2 实践训练

	实训任务	模拟二手车鉴定评估公司的创建
	实训准备	可以上网的计算机与网络、白板或者实战沙盘等
	训练目标	掌握二手车鉴定评估公司的创建流程与企业创建的要求
	训练时间	75min
	注意事项	无

任务：模拟二手车鉴定评估公司组建并设置公司职能功能

任务说明

请模拟创建一家二手车鉴定评估公司，进行开业前的公司注册与合法手续的办理。

实训组织与安排

教师活动	指导学生在网络中查找相关信息，完成任务中要求填写的内容
学生活动	按照任务中的要求填写出要求完成的内容

任务准备

1. 训练物品准备

请列举完成此项任务所需要的工具、设备、资料与辅料。

2. 知识点准备

请查阅资料，写出完成此项任务需要的相关知识。

申请程序	1. 申请人向拟设立二手车鉴定评估机构所在地省级商务主管部门提出书面申请，并提交符合《二手车流通管理办法》第九条规定的相关材料 2. 省级商务主管部门自收到全部申请材料之日起 20 个工作日内做出是否予以核准的决定，对予以核准的，颁发二手车鉴定评估机构核准证书；不予核准的，应当说明理由 3. 申请人持二手车鉴定评估机构核准证书到工商行政管理部门办理登记手续
应具备的条件	1. 符合所在地城市发展及城市商业发展有关规定 2. 从事二手车鉴定评估经营活动的合法中介机构 3. 具有固定的经营场所和从事经营活动的必要设施设备 4. 具有 3 名以上二手车鉴定评估师，其中 1 名以上二手车高级鉴定评估师。包括《二手车流通管理办法》实施之前取得国家职业资格证书的旧机动车鉴定估价师 5. 有符合法律、法规规定的章程

任务操作

1. 请画出公司的组织结构图

2. 请各小组共同完成二手车鉴定评估机构经营章程

3. 请各小组共同完成二手车鉴定评估机构管理制度

2.3 探讨验证

教师活动	总结学生对二手车鉴定评估公司创建准备工作的实训结果和情况，指导学生进公司的注册模拟。
学生活动	①完成教师安排的任务，总结实训结果并展示；②探讨并回答老师的提问。

公司申请注册

创建公司步骤

第一步　核准名称

需要先想好注册什么类型的公司，再给公司起名称及设计标识，注册公司之前需要先了解关于注册公司的相关事宜，比如说注册公司需要准备哪些材料，有哪些注意事项，准备个人身份证明等。此外，公司步入正式运营还需要办理哪些事项等，也需要进行了解

序号	工作计划与准备
1	
2	
3	
4	
5	

第二步　准备注册公司资料

需要准备法人、股东身份证明资料、各股东的出资金额及比例、名称预先核准通知书、公司经营范围、公司设立登记申请书、公司章程、委托代理人证明、办公场所证明材料

序号	工作计划与准备
1	
2	
3	
4	
5	

第三步　提供相关资料

当准备好相关材料后，在网上提交申请，预申请通过后，就可以带着这些材料按照预约的时间去政务服务大厅递交材料。对于材料的审核大约需要 5~10 个工作日，审核通过后，就会下发公司准予设立登记通知书

（续）

创建公司步骤	
序号	工作计划与准备
1	
2	
3	
4	
5	

第四步 营业执照申请与领取

注册公司需要根据《中华人民共和国公司法》规定填写申请营业执照表格，并提供企业名称核查证明、公司章程、身份证明等文件。提供公司准予设立登记通知书、经办人身份证明去领取营业执照。

序号	工作计划与准备
1	
2	
3	
4	
5	

第五步 营业执照领取

序号	工作计划与准备
1	
2	
3	

第六步 办理刻章、税务登记、社保、公积金开户

当成功领取营业执照以后，带上相关材料进行刻章。刻章后，去银行开设公司账号、办理税务等事宜。公司注册完成后，需要在30天内到所在区域管辖的社保局开设公司社保账户。办完以后，社保的有关费用会在缴纳社保时自动从银行基本户里扣减

序号	工作计划与准备
1	
2	
3	
4	
5	
6	
7	
8	

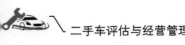

2.4 项目小结

本项目的学习目标你已经达成了吗？请通过以下问题进行结果检验。

序号	问题	自检结果
1	二手车鉴定评估的本质与主体、客体分别是什么？	
2	对于二手车鉴定评估人员有哪些要求？	
3	国家明文禁止交易的二手车主要有哪些？	
4	二手车交易中有哪些产权是变动的？有哪些产权是不变动的？	
5	二手车商务经营有哪些种类？	
6	二手车鉴定评估的工作性原则有哪些？	
7	二手车鉴定评估的依据有哪些？	
8	二手车鉴定评估应具备的要求有哪些？	
9	二手车鉴定评估工作流程有哪些？	
10	二手车鉴定评估时是如何计算分值的？	
总评得分（每题10分，总计100分）		

2.5 项目练习

单项选择题：

1. 根据《二手车流通管理办法》的规定，禁止交易的二手车主要有（　　　）。
   A. 报废车、走私车、抵押车、盗抢车、拼装车、改装车、手续较全的车
   B. 报废车、走私车、抵押车、盗抢车、拼装车、改装车、手续不全的车
   C. 报废车、抵押车、盗抢车、拼装车、未登记车、手续较全的车
   D. 以上都对

2. 二手车的不变动二手车产权主要有（　　　）。
   A. 二手车的纳税、保险、抵押、拍卖、投资、抵债、捐赠
   B. 二手车的纳税、保险、抵押、典当、事故车损、司法鉴定
   C. 二手车的纳税、保险、抵押、置换、转让、并购
   D. 二手车的交易、置换、转让、并购、拍卖、投资、抵债、捐赠

3. 二手车经销公司的业务模式是（　　　）。
   A. 二手车收购、整备、展示销售、司法鉴定
   B. 二手车收购、整备、展示销售、转移登记
   C. 二手车收购、整备、展示销售、车辆纠纷仲裁
   D. 二手车维修、市场推广、展示销售、转移登记

4. 二手车鉴定评估委托书是（　　）对各自权利责任和义务的协定，是一项经济合同性质的契约。

    A. 受托方与委托方   B. 车主与鉴定机构

    C. 鉴定机构与委托方   D. 以上说法都对

5. 验明车辆合法性主要应该核查（　　）。

    A. 来历和处置是否合法，查看机动车登记证或产权证明

    B. 车辆驾驶证、发票、车架号、车辆的产权证明等

    C. 车辆的来历、完税证明、车架号、机动车驾驶证、机动车行驶登记证

    D. 以上都对

问答题：

对二手车评估人员上岗有哪些要求？

_____

_____

_____

_____

思考与讨论：

1. 二手车鉴定的依据有哪些？

_____

_____

_____

_____

2. 二手车鉴定的作业流程有哪些？

_____

_____

_____

_____

项目三　二手车查验与鉴定

学习目标

完成本项目的学习后，能够达到以下目标：
- 掌握二手车在静态状态下性能指标的检查
- 掌握二手车在动态状态下技术性能的检查
- 使用仪器设备对汽车进行检查

3.1　基础知识学习

二手车查验与鉴定的方法有静态检查、动态检查与设备检查三种，本项目将重点学习二手车检查的各种方法与检查的内容。

学生准备

学生在正式上课之前，应当做好如下准备：
- 预习老师安排的教学内容，完成老师推送的学习任务。
- 准备好以及在课堂上需要向老师提出的本项目内容范围的问题。

3.1.1　二手车静态检查

❓ 什么是二手车的静态检查，有哪些要点？

二手车静态检查是指在静态情况下，根据评估人员的经验和技能，辅之以简单的量具，对二手车的技术状况进行静态直观检查。二手车的静态检查主要包括识伪检查、发动机技术状况静态检查、底盘技术状况静态检查、车身技术状况静态检查和电气设备技术状况静态检查等。

1. 识伪检查

在二手车交易市场不可避免地会出现一些走私车辆、拼装车辆、盗抢车辆以及事故车辆，如何鉴定这部分车辆，在二手车鉴定评估过程中是一项十分重要而又艰难的工作。必须凭借技术人员所掌握的专业知识和丰富经验，结合有关部门的信息材料，对评估车辆进行全面细致的鉴别，并将这部分车辆与其他正常车辆区分开，从而使二手车交易规范、有序地进行。在鉴定时首先要进行手续查验，包括行驶证、环保检验、交强险标志、VIN 码、车辆登记证等，要求手续齐全，对于相关证件与手续必须进行真伪检查。特别是机动车行驶证，要核准照片与车辆是否一致，初次上牌时间是什么时候，年度检验的有效期是哪一年，品牌型号与车标是否一致，核定车辆标定几个座位等。相关手续查验如图 3-1 所示。

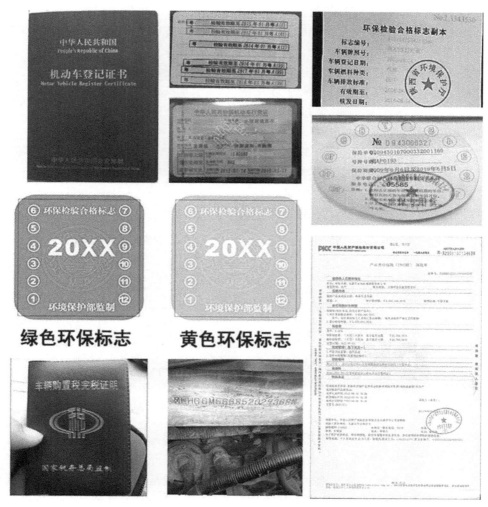

图 3-1　相关手续查验

（1）事故车

先从外观查看车辆各个部件的装配缝隙大小、高低是否有异常，左侧、右侧是否一致，前部与后部的装配缝隙是否正常，包括密封性能的检查。如果两侧的某个部位不一致，基本上就可以判定该处被拆卸过或者更换过，假设原车的缝隙本身就比较大，则应该查看两边、前后的缝隙是否均匀，同时要查看漆面的色差和油漆的颗粒状态是否一致。车身钣金件的一些缝隙也比较容易发现做漆痕迹。因为缝隙是最难喷的地方，若判断该位置是能够打开的，

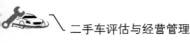

打开看看边上的颜色与外表的车面是否有色差。一般情况下，任何非车身件上都不应该出现车身油漆痕迹。遮蔽不严或操作不小心都会使部件粘上油漆。若非车身部件上出现油漆，就可以判断与其相连部位的油漆是重新喷涂过的。这些痕迹往往会出现在车标、门窗密封橡胶、线管线束、锁头锁扣、车灯等与车身连接紧密的部件，甚至轮胎、玻璃上也会残留油漆痕迹，因此检查时需要特别留意这些地方，查看是否有多余的油漆。也有的车辆为了防止评估人员拉开车门的密封条检查，为使得事故车的维修从外观看不到维修的痕迹，大多数车辆在进行旧件切割更换时保留了原厂焊接位置，从内侧进行切割，然后再焊接打磨、填充原子灰喷漆处理，因此对事故车的检查一定要细心。

如图3-2所示，使用漆面膜厚仪测量漆面数据，检查是否原子灰过厚，也能对外观进行比较直接的判断，只要漆膜的厚度大于新车的标准厚度，就说明该车重新喷涂过。新轿车（包括美国轿车、欧洲轿车、日本轿车）的漆膜标准厚度为 $75 \sim 125\mu m$ 之间；国产轿车的漆膜标准厚度为 $100 \sim 130\mu m$ 之间。观察汽车的灯具颜色是否一致或是否更换了灯具，如果有说明该车有过事故碰撞损伤的维修。后部追尾车辆的维修实例如图3-3所示。

图3-2　使用膜厚仪检查漆膜，被测定的数值越大说明原子灰越厚

图3-3　后部追尾车辆的维修实例

打开发动机舱盖，使用手电筒查看车辆的防撞梁和前部保险杠的装配情况，从侧向观察金属表面的折光，如有不平的修整痕迹、表面经过处理、内部有残缺现象和调整痕迹或装配异常，可以判定该车是事故维修后的车辆。查看线、管布置是否有条理，发动机和其他零部件是否运转正常、有无杂音。空调是否制冷、有无暖风，发动机及其他相关部件有无漏油现象。用举升机举升起车辆，检查后部的保险杠装配、后围钣金件是否有维修痕迹、防腐漆面是否有明显的油漆差异以及表面密封胶的纹理是否正常，查看底盘附件是否正常、有没有漏油，等等。

（2）水淹车

打开发动机舱盖查看车身的纵梁以及防火墙，如果钢板的防腐能力较差，金属的表面会出现锈蚀，如图3-4所示。

检查汽车内饰有无明显手指印或其他工具碾压后留下的痕迹，以及内饰件有没有泥沙等，如图 3 - 5 所示。

图 3 - 4　水淹后在前纵梁根部产生的锈蚀

图 3 - 5　车舱泡水后，拆下后座椅可以看到固定座上面的
锈蚀与地板上面的锈蚀

　　水淹车通常会有一种特殊的味道，并且很难消除。首先应检查车内的味道，看车内有没有很浓的香味；其次，可以把安全带拉到头看看有没有发霉的情况。安全带检查如图 3 - 6 所示。

　　好多客户对二手车使用情况无法完全了解，有一些车辆发生过重大事故或者水淹，而二手车商通过巧妙的整备技术处理之后，没有经验的购买者非常容易看走眼，买回来给日后的使用造成隐患。

　　例如：如图 3 - 7 所示，发动机与发电机表面有水碱的痕迹，并且水碱面积很大，因此推断有涉水嫌疑。

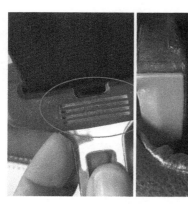

图 3 - 6　检查安全带上面的痕迹

图 3 - 7　发电机表面的水碱痕迹

　　去 4S 店查看维修保养记录、出险记录。检查车子有没有维修记录、维修项目记录，车辆在进厂维修时记录的实际里程。实际里程是可以推算的。比如说前两年跑了 4 万 km，这时候基本上就可以推算出后两年的大约里程数。查看该车的保险记录，因为事故车一般都要通过保险公司理赔与维修，出险情况在保险公司都有清晰的记录，通过以上几种方法可以判定该车是否有过泡水。

　　(3) 重度改装车

　　如图 3 - 8 所示，现在国内对改装车还没有一个明确的规定，还没有承认改装车的合法地位。重度改装车是"重灾区"，尤其对发动机进行过更换或者升级的车要慎重，我们不能确定改装后的车性能是否稳定，安全性是否达标，年检是否可以通过。

图3-8　改装车在国内是非法行为，很难通过年检

（4）走私车

走私车辆是指没有通过国家正常渠道进口的，未完税的车辆。走私车价格便宜，但都没有手续，国家明令禁止任何贸易形式的二手车进口贸易，购买走私车或走私二手车要承担一定的法律风险。

对走私车辆，在二手车交易鉴定评估中，应首先确定这些车辆的合法性（图3-9）。一种情况是车辆技术状况较好的，符合国家有关机动车行驶标准和要求，已被国家有关执法部门处理，通过拍卖等其他方式，在车管部门已注册登记上牌，并取得合法地位的车辆。这些二手车在评估价格上要低于正常状态的车辆。另一种情况是无牌、无证的非法车辆。对于走私车辆可以通过车管部门的车辆档案资料，查找车辆来源信息，确定车辆的合法性及来源情况。这是一种最直接有效的判别方法。查验二手车的汽车产品合格

图3-9　检查走私车辆

证、维护保养手册。对进口车必须查验进口产品商验证明书和商验标志。

（5）拼装车

拼装车辆是指一些不法厂商和不法商人为了牟取暴利，非法组织生产、拼装，无产品合格证的假冒、低劣汽车。如图3-10所示，这些汽车有些是境外整车切割，境内焊接拼装车辆；有些是进口汽车散件国内拼装的国外品牌汽车；有些是国内零配件拼装的国内品牌汽车；有些是旧车拼装车辆，即两辆或者几辆拼装成一辆汽车；甚至也有的是国产或进口零配件拼装的杂牌汽车。

检查二手车外观。查看车身全部是否有重新做油漆的痕迹，特别是顶部下沿部位。车身的曲线部位线条是否流畅，尤其是小曲线部位。根据目前技术条件，没有专门的设备不可能处理得十分完美，留下再加工痕迹会特别明显。检查门柱和车架部分是否有焊接的痕迹，很多走私车辆是在境外把车身切割后，运入国内再进行焊接拼凑起来的。查看车门、发动机舱盖、行李舱盖与车身的接合缝隙是否整齐、均衡。

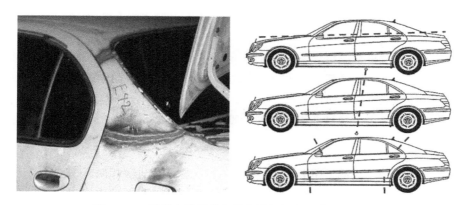

图 3 - 10　拼装车的原貌与常见的切割位置检查参考点

查看二手车内饰。检查内装饰材料是否平整，内装饰压条边沿部分是否有明显的手指印或有其他工具碾压后留下的痕迹，车顶部装饰材料上或多或少都会留下被弄脏后的痕迹印。打开发动机舱盖，检查发动机和其他零部件是否有拆卸后重新安装的痕迹，是否有旧的零部件或缺少零部件。查看电线、管路布置是否有条理、安装是否平整。核对发动机号码和车辆识别代码（车架号）字体和部位，如图 3 - 11 所示。

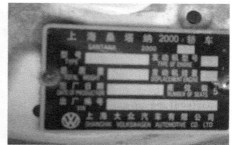

图 3 - 11　检查案例：车架号与铭牌上的号码不一致

（6）盗抢车

盗抢车是指被偷盗或者抢劫后流入二手车市场的车。买卖这种车辆也是要负法律责任的，所以大家在购买二手车前一定要检查证件是否真实、齐全。车辆的登记证、行驶证、完税凭证、车主身份证等一样都不能少，并且要核对车架号和发动机号。

盗抢车辆一般是指在公安车管部门已登记上牌的，使用期内丢失的或被不法分子抢劫的，并在公安部门已报案的车辆。由于这类车辆被盗窃的方式多种多样，它们被盗窃后遗留下来的痕迹会不同。如撬开门锁、砸车窗玻璃、撬转向盘锁，等等，都会留下不同的痕迹。同时，这些被盗车辆大部分经过一定修饰后，再被卖出。这些车辆很可能会流入二手车市场交易。这类车的鉴别方法如下：

①根据公安车辆管理部门的档案资料，及时掌握车辆状态情况，防止盗抢车辆进入市场交易。这些车辆从车辆主人报案起到追寻到止这段时期内，公安车管部门将这部分车辆档案材料锁定，不允许进行车辆过户、转籍等一切交易活动。

②根据盗窃一般手段主要检查汽车门锁是否过于新；锁芯有无被更换过的痕迹；门窗玻

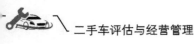

璃是否为原装正品；窗框四周的防水胶是否有插入玻璃升降器开门的痕迹；转向盘锁或点火开关是否有破坏或调换的痕迹。

③不法分子急于对车辆销赃，它们会对车辆、有关证件进行篡改和伪造，使被盗赃车面目全非。检查重点是核对发动机号码和车辆识别代码，钢印周围是否变形或褶皱现象，钢印正反面是否有焊接的痕迹。

④查看车辆外观是否全身重新做过油漆，或者改变过原车辆颜色。

（7）抵押车

首先购买抵押车是合法的，但是风险巨大，抵押银行的车辆相对还安全些，而贷款公司或者个人抵押车就比较麻烦了，刚刚买回的抵押车被夺回或者扣押的案例很多，因此鉴别抵押车，不仅需要车辆知识，还需要一定的法律知识。

（8）运营车辆

类似于公车、运营车、租赁公司的车，这类车在手续和法律层面上没问题，但一般都是超负荷运行，而且存在后期调表的可能性很大，车型配置也比较低，需要仔细辨别。

2. 发动机技术状况的静态检查

发动机在整车装备中所占的成本大约在30%～50%，是非常重要的组成部分。汽车在正常使用下可以行驶30万km，但是车主使用的习惯、维修等问题会导致发动机的性能不同，因此在二手车评估中，发动机性能的检测特别重要。

发动机根据燃料的不同，分为汽油发动机与柴油发动机，检测分为静态检查跟动态检查，发动机的静态检测主要检查发动机外部状况、检查冷却液、检查机油等。

发动机舱的检查项目见表3-1。

表3-1 发动机舱检查项目

序号	发动机检查内容
1	检查发动机冷却液、机油的液位和使用情况是否正常
2	检查蓄电池工况并测试充电性能是否正常
3	检查节气门开度与操纵运行是否顺畅
4	检查排放控制系统的安装与运行是否正常
5	使用诊断仪读取诊断故障码，判断故障码是否可以清除
6	检查空气滤清器是否正常
7	检查燃油滤清器是否清洁
8	检查火花塞是否正常
9	对超过6万km的车辆进行压缩测试
10	检查燃油喷射系统和氧传感器是否正常
11	检查点火系统是否完好，电线的布线是否正常
12	检查发动机传动带是否有裂纹或磨损
13	检查发动机的固定与缓冲胶垫是否正常

（续）

序号	发动机检查内容
14	检查空调加热和通风空调滤清器是否正常
15	检查活性炭过滤器和粗滤器是否正常
16	检查空调循环空气滤清器是否正常
17	检查空调制冷剂量是否正常
18	检查发动机是否有渗漏和泄漏
19	检查发动机舱的接缝与密封剂状况是否正常
20	检查发动机舱盖的锁止与开启状况是否正常

下面以汽油发动机为例重点介绍一下检查的方法。

（1）检查发动机外部清洁情况

打开发动机舱盖检查发动机外部清洁情况，如有少量油迹和灰尘是正常的，有很多车主在卖车的时候，会把发动机舱精心地清理一遍。如果发动机上灰尘较大图 3 - 12，说明该车的日常维护不够；发动机表面特别干净（图 3 - 13），则要特别注意了，也可能是车主在此前对发动机进行了特别的清洗，可能是车主为掩盖一些信息而做了细心的清洁，不能由此断定车辆状况一定很好。

图 3 - 12　发动机过脏

图 3 - 13　发动机过于干净

（2）检查汽车传动带的老化与磨损情况

如图 3 - 14 所示，汽车发动机上各个传动带都承担着重要的作用，如果传动带断裂了，或者出现了打滑，都将使相关的辅机丧失功能，或使其性能下降，从而影响到汽车的正常使用。在检查时观察发动机前部传动带的磨损情况，有无裂纹、油迹，松紧度是否合适。

汽车传动带很容易出现老化现象，传动带老化很容易出现断裂，且用手可以撕下橡胶屑，如图 3 - 15 所示。如果汽车传动带有薄厚不均匀、有裂纹或周边起毛等情况，就会使得传动带与带轮的接触面积锐减，假如这时用力一压传动带，传动带就会深深地下沉到带轮的槽内，使其动力输出受阻，给车辆行驶造成安全隐患。

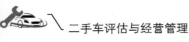

图3-14 检查汽车传动带的老化与磨损　　　　图3-15 发动机传动带老化现象

检查传动带的同时，也应检查发动机上的各连接件、紧固件及节气门拉线、喷油泵供油拉杆等是否有松动、脱落或卡滞等现象。

（3）检查机油状况

机油油量、颜色、机油加注口盖也要仔细检查。如图3-16所示，检查发动机油量时可以抽出机油标尺查看油面的高度，如过高可能表示烧了气缸垫，发动机严重窜气或漏水，冷却液混入了曲轴箱内（混浊不堪或起水泡）；油面的高度太低，则可能机油与汽油一并被烧掉了，意味着迟早要大修。查看机油颜色应以深黄为最佳，机油颜色检测可用白纸擦拭，如颜色变黑，属于正常；如为其他颜色是不正常现象。用手试机油的黏性，检查有没有沉淀杂质。

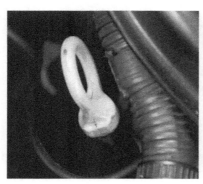 

图3-16 机油检查

在检查机油加注口盖时，拧开机油加注口盖后观察其底部，如盖底部有一层黏稠的深色乳状物，还有与油污混合的小水滴，说明发动机不正常，可能是缸垫、缸盖或缸体有损坏，防冻液渗入机油中造成的。如果有这种情况发生，被污染的机油有可能对发动机内部造成损害，发动机可能需要大修，这对车辆的价格影响非常大。

（4）检查发动机冷却液

发动机的散热器、水泵、气缸体、气缸盖及冷却系统的其他连接部位不能漏水。从外观查看散热器是否有碰撞的痕迹，散热片是否被烧焊过。检查风扇传动带松紧，散热器的上水管与下水管应用力捏压一下，看看有没有裂痕。检查散热器盖关闭后是否紧密，胶垫是否有松脱。散热器盖有油迹说明气缸垫漏气。

　　汽车中的冷却液具有保护发动机冷却系统免遭锈蚀和腐蚀的作用，能有效抑制水垢形成，防止散热器过热，减少冷却液蒸发，为水泵节温器及其他部件提供润滑作用，因此检查冷却液也十分必要。发动机冷却液的检测需要在车辆静止的状态下进行，因为若车辆起动，很容易被冷却液烫伤。检查冷却液主要是查看其液面是否存在异物漂浮，假如发现有油污浮起，则说明可能有机油渗入其中；揭开散热器盖看，如散热器内的水全是黄色，或散热器外有锈水漏出的痕迹，发现有锈蚀的粉屑漂浮，则说明散热器内已严重锈蚀。冷却液冰点检查方法如图 3 - 17 所示。

图 3 - 17　冷却液冰点检查

　　（5）检查蓄电池

　　汽车蓄电池的主要作用就是在发动机起动时，向起动机和点火系统提供电能。检查时观察蓄电池壳体上部有无溢出的电解液或白粉末，蓄电池壳体有无裂纹，加液孔盖的通气孔是否堵塞，两极桩上的电缆连接是否可靠（图 3 - 18）。通过对蓄电池的观察可以查看出是否有漏液的痕迹。检查蓄电池电解液液面高度上、下限标记，判断是否缺少电解液或者漏液。如果蓄电池缺失电解液，通常蓄电池使用寿命较短。检查蓄电池性能通常使用蓄电池测试仪来检查。蓄电池测试仪如图 3 - 19 所示。

图 3 - 18　蓄电池的常规目视检查

　　在进行蓄电池的检查时，应注意蓄电池上的制造日期。蓄电池的使用寿命通常为两年左右，如果制造日期显示超过两年，则表明这个蓄电池已经接近报废了。

　　（6）检查空气滤清器

　　检查空气滤清器可以看出车辆保养的好坏，如果空气滤清器里灰尘很多，滤芯很脏，则表示车辆使用强度大，而且车辆保养也很差。空气滤清器对汽车的使用寿命有极大的影响，没有空气滤清器的过滤，发动机就会吸入大量含有尘埃、颗粒的空气，导致发动机气缸磨损严重，长时间不清洁或更换，空气滤清器的滤芯就会粘满空气中的灰尘，这不但使过滤能力下降，而且还会妨碍空气的流通，导致混合气过浓而使发动机工作不正常。

　　（7）检查火花塞

　　如图 3 - 20 所示，火花塞作为发动机点火的装置，主要是负责引燃气缸内混合气体，如

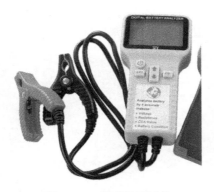

图 3-19　蓄电池测试仪

图 3-20　检查火花塞

果火花塞损坏则车辆无法起动。检查火花塞的方法是拆下火花塞查看电极侧是不是变成了黑色，是否有积炭、龟裂纹或不正常疤痕，电极是否熔化，若存在以上情况则说明火花塞存在故障。

（8）检查避振器支承座

避振器支承座一般位于发动机舱的后端两侧。假如汽车发生过正面撞击且避振器支承座已经变形，那么这辆车离报废已经不远了，几乎没有任何维修价值。因为可以由此推测判定事故车辆维修前发动机等重要部件的损伤情况，重点观察避振器支承座涂敷的密封胶有没有开裂或者修复的痕迹。

（9）检查发动机舱内的线束

发动机舱内的线束要着重检查，汽车自燃多是线路短路造成的。重点检查发动机舱内的线束是否存在老化、破裂、短路、布局不规整等现象，观察起动机、发电机等处的电气线路连接是否可靠，各缸高压线有无破损，连接是否可靠等。

（10）发动机工况检查

起动发动机，踩下加速踏板如果感觉反应很慢，则说明燃油或起动系统可能存在故障。

检查发动机运转的声音，工况好的发动机运转起来声音较为安静，加速时较为浑厚，如果出现尖锐刺耳不协调的杂音，说明发动机存在故障。检查发动机舱及下方有无油污及漏油痕迹，有油污则说明可能是发动机中央部分如气门室盖垫处或油底壳处漏油。气门室盖有洇油现象，可能由于曲轴箱强制通风阀堵塞，造成曲轴箱压力上升，从气门室盖垫或从其他薄弱的地方泄压，造成漏油，如图 3-21 所示为气门室盖有阴油的检查。

图 3-21　检查案例：气门室盖有洇油

如图 3-22 所示，检查二手车排气管是否良好。首先要观察排气管的外部，以及内侧的排气管消音器是否完好。然后在车辆不同转速下检查车辆的排气声音是否有明显的不合理变化。如果发现排气声音出现明显变化，说明车辆的排气管或消音器部分有破损。如果排气管里有油污说明发动机烧机油严重。如果有水的痕迹最好排查一下锈蚀，看是否为泡水导致，如果不是应属于正常现象。

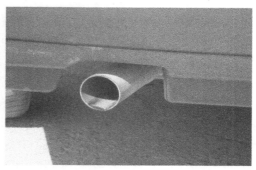

图 3 - 22   检查二手车排气管

3. 底盘技术状况的静态检查

很多平时不易发现的问题，通过底盘都能看出来，特别是那些发生过交通事故的车辆，更容易从底盘看出破绽，有助于更准确地做出判断。底盘的检查方法主要有静态检查和动态检查。动态的检查主要是判断高速有没有跑偏现象，悬架是否有异响，转向盘的反应等，根据这些情况，对车辆的底盘做出详细的判断。

底盘的静态检查主要针对车身底部、传动系统、转向系统、行驶系统、制动系统进行检查，底盘检测是车辆评估的重要内容，底盘技术状况的检查内容见表 3 - 2。

表 3 - 2   底盘技术状况的检查项目

序号	底盘技术状况检查内容
1	检查车身是否有结构损伤或碰撞的痕迹
2	检查驱动轴挠性连接圆盘、万向节和中央支承轴承
3	检查废气排放系统。确保所有连接件和支撑件正确安装
4	检查驻车制动器拉线的完好性
5	检查所有制动管路
6	检查制动卡钳、制动片和制动盘
7	检查悬架以及减振器/减振器支柱
8	检查前后橡胶支承垫和衬套
9	检查前轴球形节
10	紧固转向器螺栓
11	检查轮胎的磨损是否正常
12	检查车轮螺栓紧固力矩
13	检查备胎

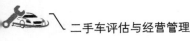
（1）车身底部检查

使用举升机将车辆升起，观察前后纵梁是否有变形、切割、褶皱以及焊接的地方。纵梁的主要作用是吸收碰撞时的能量，约占总碰撞能量的60％，如果发现纵梁有褶皱痕迹，说明车辆可能发生过碰撞事故，如果发现有变形的地方，说明车辆散热器有过损伤。检查车辆后悬架有没有修复的痕迹，减振器有没有渗漏。检查发动机、变速器有没有拆解或漏油的情况。检查底盘托底是否严重，排气管有无受损，车底零部件有无缺少或变形。检查轮胎磨损是否正常，有无鼓包和破裂，是否需要更换。检查制动片磨损是否正常，是否需要更换。检查车辆尾部有没有修复的痕迹。图3-23所示为车底的横梁和元宝梁有焊接的痕迹。图3-24所示为车身底部配件连接处有锈蚀、斑痕，有泡水历史的检查。

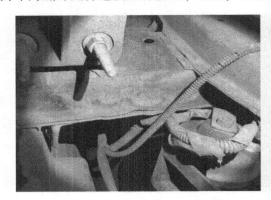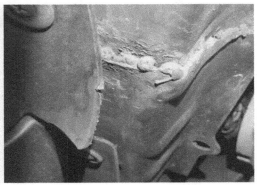

图3-23　检查案例：车底的横梁与元宝梁有焊接的痕迹

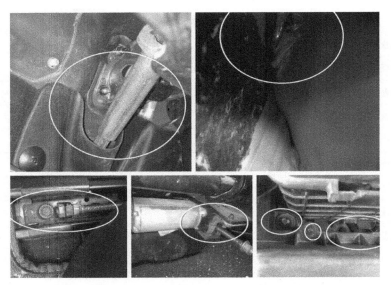

图3-24　检查案例：车身底部配件连接处有锈蚀、斑痕，有泡水历史

（2）传动系统的检查

传动系统是发动机到汽车驱动轮之间传递动力的装置，主要由离合器、变速器、万向传

动装置、主减速器和差速器组成。判断传动系统性能的好坏可以在测功机上进行检测，滑行距离检测前要求发动机运行至正常温度，变速器置于空档，滑行到车辆停止，测出滑行距离和滑行时间即可。在测出车轮输出功率之后，立即踩下离合器踏板，即可测出在一定车速下的传动系统消耗功率。检测离合器打滑的目的主要是检查离合器踏板自由行程是否符合规定，离合器打滑会使发动机动力不能有效地传递到驱动轮上，并且使离合器磨损加剧，过热，烧焦甚至损坏，用离合器频闪测试仪即可检测。

底盘具体检查内容见表 3 – 3。

表 3 – 3　底盘具体检查项目

类别	检查内容	检查常见问题范围
传动系统的检查	检查离合器	离合器摩擦片装反、油污或被烧焦、铆钉松动、压力弹簧疲劳折断、膜片弹簧疲劳开裂、分离拨叉支点磨损、分离轴承磨损等。还应该检查液压操纵机构的离合器是否漏油
	检查变速器	变速器漏油；换档机构调整不良、连接磨损等
	检查传动轴、中间轴及万向节	检查传动轴、中间轴以及万向节是否有裂纹、松动；传动轴弯曲、传动轴轴管凹陷；万向节轴承磨损松旷，万向节凸缘盘连接螺栓松动等
	检查驱动桥、桥壳体	铸造缺陷或裂纹；驱动桥漏油，通气孔堵塞等
	检查固定螺栓	飞轮、离合器、变速器、传动轴及驱动桥的固定螺栓松动
转向系统的检查	转向盘与转向轴	转向盘与转向轴的连接部位松旷
	转向器、转向节与主销	垂臂轴与垂臂、纵横拉杆球头，纵横拉杆臂与转向节的连接部位松旷；转向节与主销之间松旷，无润滑油或缺润滑油，配合过紧或缺润滑油；纵、横拉杆球头连接部位调整过紧或缺润滑油
	转向轴	弯曲、套管凹瘪
	动力转向系统	动力转向泵驱动带松动、转向油泵安装螺栓松动、动力转向系统油管及管接头处损伤或松动等
行驶系统的检查	车辆的车架	弯、扭、裂、断、锈蚀；车架上的螺栓、铆钉有松脱或缺失
	车辆前、后桥	车辆前、后桥墩是否有变形、裂纹等
	车辆钢板弹簧	裂纹、断片和碎片；两侧钢板弹簧的厚度、长度、片数、弧度、新旧程度不一致；钢板弹簧 U 形螺栓和中心螺栓松动；钢板弹簧销与衬套的配合松旷；减振器漏油，减振弹簧裂纹
	车桥和悬架	车桥和悬架之间的各种拉杆和导杆变形，各接头、衬套松旷、移位
	车轮轮毂轴承	车轮轮毂轴承松旷，轮胎螺母和半轴螺母有松脱或缺失，同一轴上的轮胎型号和花纹不一致
	轮胎	轮胎的磨损（轿车轮胎胎冠上的花纹不得小于 1.6mm；其他车辆转向轮的胎冠花纹不得小于 3.2mm，其余轮胎胎冠花纹不得小于 1.6mm。当磨损量超过正常限度时，磨损标记就会显露出来，说明已磨损到极限状态，应更换）
	车轮的横向和径向摆动量	总质小于或等于 4.5t 的汽车车轮的横向和径向摆动量不得大于 5mm，其他车辆不得大于 8mm

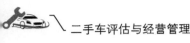

（续）

类别	检查内容	检查常见问题范围
制动系统的检查	制动踏板	自由行程应符合技术规定
	液压制动系统	液压制动系统的总泵、分泵、管路或管路接头漏油，油管凹瘪。制动软管不应与其他部件干涉且不应有老化、开裂、被压扁、鼓包等现象
	制动液	制动液变质
	真空助力装置	真空管有无损伤
	气压制动系的储气筒气压	储气筒气压应达到规定气压，气压制动管路凹瘪
	驻车制动系统	检查驻车制动系统的缆线有无卡滞、锈蚀等

4. 电气设备技术状况的静态检查

汽车上的电气系统只要有一根导线接触不良或者损坏，车辆就会出现故障。线路的老化根本不是肉眼可以判断的，大多数故障需要使用诊断设备进行深度检查。仪表板的检查项目包括发动机转速表、车速表、里程表、燃油表、冷却液温度表、百公里油耗以及各种故障指示灯等。

电气设备技术状况静态检查的主要内容见表 3-4。

表 3-4   电气设备技术状况静态检查

类别	检查内容	检查常见问题范围
电气设备的检查	汽车电路线束	插接器、电缆线的型号和尺寸应相互匹配，无烧焦或破损，连接和固定应正常；各线束插接器应无脏污、氧化；电路线束应当无碰到过热、转动部件或无被发动机排出的废气吹到的可能；线束有足够的伸缩余地，穿过金属板孔时应该有护套保护
	照明	照明、信号、仪表装置应当齐全，型号、规格符合要求，仪表板应当是原装的
	仪表板	仪表及各种开关上的标志应该清晰
	辅助电器	刮水器、洗涤器、音响装置、玻璃升降器、电动后视镜及转向柱倾斜、升降机构等应当工作正常
	空调	空调设备制冷应当正常

仪表板的检查应当侧重检查各个仪表、电器、控制台、通风口等部件的边隙，检查有没有拆装痕迹，装配间隙是否均匀。检查仪表板、转向盘及转向柱的各个开关及显示灯是否完好。主电源线束里面的导线有无老化，尤其要注意有无自行搭线，若有搭线，很可能线束里面的导线有断路短路故障。

发动机自检指示灯：接通点火开关后亮约 3~4s 后熄灭，发动机正常。不亮或长亮表示发动机故障，应及时进行检修。

安全气囊检测指示灯：接通点火开关后亮，约 3~4s 后熄灭，表示系统正常。不亮或常亮表示系统存在故障。

ABS 检测指示灯：接通点火开头后亮，约 3~4s 后熄灭，表示系统正常。不亮或长亮则表示系统故障。

如图 3-25 所示，在简易检查电气系统时可以将钥匙拧到 ACC 档，检测灯光、收音机等常通电部件是否正常。

钥匙拧到 ON 档，系统各功能模块依次进行自检，并将状态显示到仪表上，比如，刚自检的时候，充电指示灯、气囊灯、ABS 灯等会被点亮，接着部分指示灯会熄灭。钥匙拧到 ST 档，起动车辆，车辆起动后，部分指示灯会被点亮，有些会灭，比如充电指示灯会熄灭。现代汽车电气系统自带的检测功能是比较完善的，可以通过自检检测车辆电气系统是否正常。

如果每次都不自检直接起动，使用时间长了轻则发动机怠速不稳，积炭严重等，重则汽车抛锚都有可能。在热车期间，可以检查车上的各种电气设备是否使用正常，空调制冷效果、天窗能否开合、变速器能否顺利地挂入档位等。车热以后，检查发动机的声音是否清脆干净，发动机有无异响、不正常抖动。

然后再踩加速踏板试听发动机中高转速的声音，看加速是否顺畅，在中高转速的时候可以保持几秒钟不松加速踏板，同时注意看转速表指针的上升和回落速度。

如图 3-26 所示查看里程表。里程表的数据仅供参考，并不能完全相信。一般来说，家庭用车一年行驶 2 万~3 万 km 是比较正常的。对年份老的车来说，里程表累积数据过少不一定是好现象，因为里程表可能被调过。

图 3-25 电气系统检查

图 3-26 里程表检查

如图 3-27 所示，对仪表板的检查要看各接缝处的缝隙是否均匀，有无拆装的痕迹。注意观察安全气囊的表面是否有不平整或破裂的痕迹。如果起动发动机，气囊警告灯一直亮着，则说明气囊可能有故障。

图 3-27 气囊外观检查

检查汽车各电器的功能是否正常，如空调、天窗、音响系统的操作与运行等，如图3-28所示。

图3-28　检查音响系统与天窗运行是否正常

将车辆停放在平坦的地方，左右转动转向盘，从中间位置向左或向右转动时，转向盘游动间隙不应该超过15°。如果是带转向助力的车，起动发动机后做检查。上下左右摇动没有松旷感，如果很松，需要调整转向轴承、横拉杆、直拉杆等。在路试时做几次转弯测试，检查转动转向盘时是否有沉重感，如果有，则可能是横拉杆、前车轴、车架弯曲变形，以及转向节轴承缺油等原因。如果在路试时，发现前轮摆动、转向盘抖动，有可能是转向系统的轴承过松、横拉杆球头磨损松旷、轮毂轴承松旷、车架变形或者是前束过大造成的。

5. 车身外观技术状况的静态检查

（1）二手车车身外观检查

二手车外观检查的主要目的是判断车辆是否为事故车。在汽车制造厂，汽车车身及各部件的装配位置是经过严格调试后装配的，技术要求高、安装精确，而维修企业对车身的修复则是靠维修人员目测和手工操作，和原厂的装配相比会存在差异。车身外观技术状况检查项目见表3-5。

表3-5　车身外观技术状况检查项目

序号	车身外观技术状况检查内容
1	检查前部所有零部件安装状况是否正常
2	雾灯和前照灯是否有擦伤或破裂，装配是否正常
3	检查前部进气格栅、发动机舱盖外部表面是否有损伤，装配是否正常
4	检查前保险杠外部表面是否有损伤与二次喷涂的痕迹，装配是否正常
5	检查风窗玻璃装配是否正常，有无损伤或经过维修处理
6	目视检查汽车车身的面漆是否有缺陷、瑕疵或损伤
7	使用仪器检查漆膜的厚度与质量是否正常（包括车顶）
8	检查天窗玻璃表面是否有擦伤或损伤
9	检查车门工作状况和装配是否正常
10	检查外部后视镜工况与外表是否正常
11	检查加油口盖是否有碎屑等

（续）

序号	车身外观技术状况检查内容
12	检查后窗玻璃是否正常
13	检查行李舱盖工作状况
14	检查尾灯灯罩是否有更换、裂纹或破裂
15	检查后保险杠外部表面是否有损伤与二次喷涂的痕迹，装配是否正常
16	检查行李舱是否漏水、随车应急工具与附件是否齐全
17	检查行李舱盖的开启与关闭工作状况、密封性能是否正常
18	检查地毯的污垢或磨损状态是否正常
19	检查 CD 机的运行状态是否正常
20	检查外部饰件是否有缺陷（包括迎宾踏板、车标、亮条等）
21	检查中央门锁控制系统、红外线车锁、警报装置是否正常
22	敞篷车应检查硬顶、软顶篷和后车窗是否正常

　　车辆外观检查顺序是左前翼子板、左前门、左后门、左后翼子板、行李舱、右后翼子板、右后门、右前门、整体底盘、发动机舱内部，如图 3 - 29 所示。

　　汽车车身表面的检查有目测法与检测仪法两种方法。车身是否发生过碰撞，可以通过目测法在车的前部观察车身各部的中心对正、对称技术要求，特别注意观察车身各接缝，如出现接缝不直，缝隙大小不一，线条弯曲，装饰条有脱落或新旧不一，说明该车可能出现事故或修理过。二手车的外观检查应当先从车头、车门、行李箱等处查起。例如汽车前部的检查，要仔细查看与翼子板的密合度、发动机舱盖与左右翼子板的缝隙是否一致，发动机舱盖与前照灯是否平整、装配间隙是否一致，发动机舱盖与风窗玻璃之间的间隙是否一致或是否留有原车的胶漆等都是检查的重点。

　　1）油漆色差检查。检查钣金表面折角的光亮与油漆的颗粒，如图 3 - 30 所示。汽车在喷漆的过程中，常见缺陷有针孔、雾化、色差、表面发花、渗色、鼓泡、起云、开裂、灰尘、失光、起皱、咬底、流淌、砂纸痕、橘皮、塑料件脱漆和细裂纹等。

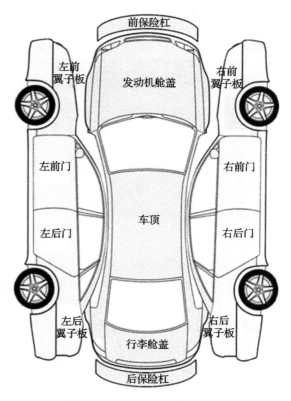

图 3 - 29　整车检查的位置

　　主机厂生产线喷涂的油漆要经过 150℃ 以上的高温烘烤，固化后的漆膜硬度较高，折光率就高，漆面显得比较亮，油漆的颗粒游离比较均匀。后喷的油漆从理论上讲不可能与原厂的油漆一致，都会存在色差，油漆的颗粒细看可以看出差异，例如，抛光后的漆面比较光滑，

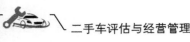

原厂的漆面能够清楚地看到表面的游离颗粒分布状态。

多次修补的漆膜较厚，可以用一个小磁铁放在漆面上，小磁铁的吸附能力较差，说明漆膜的下面可能填充过原子灰，漆面被修补过；或使用手指轻轻敲打钢板的表面，声音较清脆的地方说明没有被维修过，声音沉闷为后期修补过。漆膜厚度还可以用膜厚仪检测，膜厚仪操作比较简单。通过漆面质量检查，可以评估车辆的漆面修补面积有多大，车身可能受过多

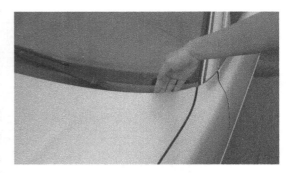

图 3 – 30　检查钣金表面折角的光滑度

大的损伤。如果车辆未被撞过，发现油漆表面有龟裂，则说明该车使用的时间较长，车辆的使用年限可能快到了。

喷漆的检查还可以检测接口、接缝的位置是否有虚漆，或者有不均匀的残留油漆、残边痕迹。喷涂作业前通常都需要使用遮蔽胶带、遮蔽纸进行遮蔽，但接口、接缝的位置无法完美遮蔽，喷涂作业完成将遮蔽膜或遮蔽纸拆除后，在接口、接缝的位置会留下涂装痕迹，如图 3 – 31 所示。

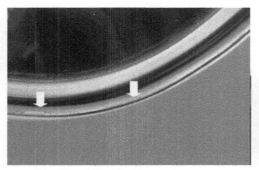

图 3 – 31　检查喷漆的接口与虚边

2）汽车侧面的检查。首先看车身表面的油漆是否有喷漆的痕迹。碰撞损伤面积较大时，刮涂原子灰的面积就会比较大，原子灰的表面在打磨时通常都会有细微的不平，因此补过漆的油漆表面，从侧面看有凹凸不平的波浪纹。如图 3 – 32 所示，站在距车 1 ~ 2m 的正前方或正后方，查看车身两边的轮廓、窗口是否一致、线条是否相互平行，如果不一致，说明该车是事故车，维修时没有修好。观察车辆左右两边的弧线是否平顺、腰线是否齐平、高度是否一致，如果两边不一致则说明是事故维修车辆。

检查左右两边的装配缝隙，特别是门缝间隙。车身外观钣金件的安装一般通过简单的调整可以达到原厂的装配质量要求。但是在维修过程中，结构部件的关键尺寸没有完全恢复时，两边的缝隙、接口的装配就会不均匀，甚至车身的腰线高低不平齐。

对于侧面车门的检查，如果没有拆卸过的车门，在车身密封性能较好时，正常关闭时虽然会有一点轻微的阻力，但是车门应该能轻松关闭。车门锁和车窗玻璃接收到信号后启动自如，不应有自动开启现象，门锁应牢固可靠。

图3-32　车身侧面重点查看车门腰线的平顺度，对比完好一面的弧线

　　检查侧面结构有没有维修历史时，可以沿着门框的边缘小心地揭开安装在门框上面的防水密封胶条，检查焊接的焊点是否是原厂的焊点，如图3-33所示。如果出现异常说明此车可能维修过并重新烤过漆。如图3-34所示，门窗应密封良好，在冲洗试验时无漏水现象。车静止时，所有车门（儿童锁锁止时除外）都应当能从车内打开，关门时费力说明车门或门柱可能存在变形，如图3-35所示。经过多次拆装的车门需要检查车门上面所有的密封条。

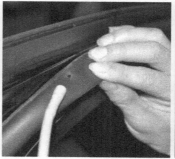

图3-33　焊点检查　　　　　图3-34　检查密封条性能　　　　图3-35　检查车门开启

　　关于车门的密封性或密封不良的检查，还有一种办法，可以用一张A4纸夹在车门与密封条之间，关上车门，再尝试将A4纸抽出。多点位置进行类似实验，分析抽出纸的力度，看是否有异常现象。

　　对于车门连接的检查也可以把车门密封条拉下来，检查门框与门柱的焊接与连接情况，焊点应该是比较匀称且呈挤压的圆形状态，如果焊点粗糙且排列不均，且A柱、B柱、C柱的两侧油漆存在色差，可以肯定这辆车应该是个事故车。

　　查看汽车上的玻璃是否为新换的玻璃。通过汽车玻璃上的识别编码与标识判断是否为原装玻璃，汽车玻璃识别的方法如下：

　　①看玻璃标。如图3-36所示，多数情况下，汽车玻璃在更换后，新玻璃上的标和原厂玻璃会有很大的不同。一般原厂玻璃标上不仅有汽车品牌的标识，还会有玻璃品牌的标识。由于汽车生产厂家的一些政策规定，导致在市面上零售的配套厂商禁止使用该汽车品牌商标。在大多数后换的玻璃上只有玻璃品牌标而没有汽车品牌标。

　　②看生产日期。如图3-37所示，在正常情况下，全车玻璃的生产日期与整车生产日期

接近，如果其中一块玻璃与其他玻璃生产日期差距较大，则说明该块玻璃被更换过。汽车玻璃计算日期单位是月份。

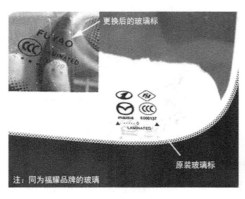

图 3-36　玻璃标的比较

图 3-37　汽车玻璃生产日期

③看生产厂家代码。如图 3-38 所示，通过查看玻璃上的生产厂家代码编号，可以看出玻璃出自哪个生产企业。一般汽车生产厂家都是批量采购玻璃，不会出现太多品牌或同品牌不同产地的情况。

④检查汽车玻璃的外观。如图 3-39 所示，通过观察玻璃及四周外观来断定该玻璃是否被更换过。检查玻璃胶条是否平整、玻璃与两边 A 柱的距离间隙是否一致、前后风窗缝隙内的车漆是否有细微划伤、前后风窗缝隙内是否存在挤出玻璃胶的情况，如果出现以上的问题说明玻璃被更换过。

图 3-38　汽车玻璃生产厂家代码

图 3-39　汽车玻璃的外观

另外，有很多前风窗玻璃经过注胶修补，裂痕被修复后继续使用，如图 3-40 所示，检查时可以查看玻璃的透明度与浅色块，重新修复的风窗玻璃上的树脂是否残留有气泡或是不平整问题。

3）后部检查。车辆的后部主要检查是否有过追尾事故。看是否有过修复、锈蚀，备胎工具是否齐全，密封条是否原装、有无修复痕迹。如图 3-41 所示，查看行李舱开口处左右两边的钣金件或与后保险杠的接合处时，可先翻开行李舱下的地毯，检视该处有无烧焊过的痕迹。虽然现在的钣金技术已经非常进步，但只要细心观察还是能够分辨出是否进行过钣金维修，这一点非常重要，如果车辆维修得比较粗糙，可能存在下雨天行李舱漏水。

图 3 - 40 玻璃裂纹维修与修复后的检查

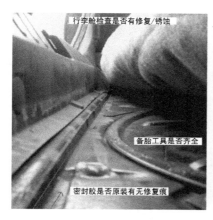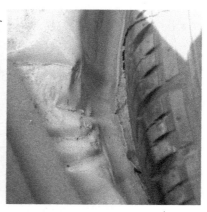

图 3 - 41 备胎槽位置检查

4）灯具的检查。检查车上所有灯具，通常经过长时间的使用，灯具表面有一定程度的老化或磨损是正常的，但所有灯具表面的老化程度应差不多。如果发现某一个灯具特别新，或者塑料泛黄特别严重的话就需要格外留意了。如果是特别新的前照灯，就要怀疑这个部位近期是否发生过碰撞，汽车的灯具是否被更换过。看看灯罩内是否有水汽、破损或变色现象，如果颜色发黄或异常，说明该车灯可能因损坏而更换了副厂配件，如果灯具出现问题，大多数都需要更换总成，维修的成本会很高。车灯的品质对比如图 3 - 42 和图 3 - 43 所示。

图 3 - 42 品质差的车灯　　　　　　**图 3 - 43 品质好的车灯**

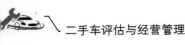

（2）橡胶件与汽车内饰的检查

车内重点检查内容见表3-6。

检查车辆橡胶件和内饰件的颜色、塑料件硬化脆化程度，查看座椅的新旧程度，座垫是否下凹，座椅表面应清洁、完好，无破损、无划伤。

车辆中内饰件和橡胶零部件的老化和磨损一般随着使用时间的增加而加剧，并且使用条件越差其老化磨损的进程越快，因此可作为判断车辆使用损耗的指标。

表3-6 车内检查内容

序号	检查项目	检查内容
1	灯光检查	打开车门确保所有相应的车内照明灯亮起 关闭车门后，确保所有相应的车内照明灯关闭 打开前照灯、雾灯、制动灯、驻车灯等，检查它们的工作状态
2	洗涤系统	风窗玻璃刮水器/清洗系统 前照灯清洁系统和后车窗刮水器/清洗系统 检查覆盖范围是否正确 刮水器刷条功能是否正常
3	车门检查	关闭车门，确保中央门锁系统动作正常 操作外部电动后视镜
4	内饰	检查所有内饰情况，例如仪表板、车门镶板、座椅套、木饰、顶篷等 放低前遮阳板并检查其外观/状况 抬起梳妆镜盖，查看灯是否亮 将手放在后视镜上的光线传感器上，确保其调光正常
5	座椅	检查座椅安全带的拉紧力和工作状态 检查前排座椅安全带的高度调节功能 提起前排座椅中央扶手盖，查看储物盒，检查是否工作正常 依次操作前后排所有座椅的调节功能以检查是否工作正常
6	仪表板	检查仪表板的各功能开启是否工作正常 检查转向柱调节功能和记忆功能是否工作正常 检查喇叭是否工作正常 运行收音机，操作所有收音机功能，检查是否工作正常 依次进行所有车窗操作，检查车窗安全开关是否工作正常 检查后车窗除霜器
7	电气设备	检查熔丝，确定安装到位并且工作正常 测试所有开关的功能是否正常 检查电动天窗是否工作正常 检查空调是否工作正常

1）座椅及地毯检查。前排座椅可前后自由移动，并有多个位置可固定，供乘客自由选择适当的乘坐位置。如果卖主提供了座椅套，务必察看一下原始的椅垫。如果座椅有严重的凹陷，绒布点或皮质表面有明显磨损，表示车辆使用频率较高。如图3－44所示，如果座椅松动或严重磨损、凹陷，说明经常行驶在高负荷的工况下。

检查地毯时，表面磨损过重说明车辆的使用时间较长，最好掀开地毯看看下面是否有水渍或生锈的迹象，如果有这些情况，则表示该车有泡过水的嫌疑。

图3－44　座椅检查

2）离合器踏板检查。如图3－45所示，离合器踏板的磨损程度可以直接反映车辆的使用时间。在二手车的作假手段中，行驶里程数的显示可以调整，但是离合器踏板调不了，除非变形，离合器踏板磨损得越多，说明车辆使用的时间越长。当踩下离合器踏板时，应感觉轻松自如，并有一小段自由行程。另外，离合器踏板和制动踏板的踏脚胶皮是否磨损过度，通常一块踏脚胶皮寿命是3万km左右，如果换了新的，则说明此车已行驶了3万km以上。

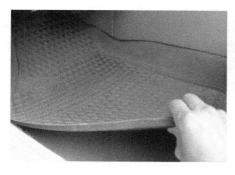

图3－45　脚踏板位置检查

3）制动踏板的检查。踩下制动踏板到底时，制动踏板应保持一定安全高度，若制动踏板缓慢下移，说明制动系统有泄漏现象。

4）加速踏板检查。踩下加速踏板时，加速踏板不应有卡、沉重、不回位的现象，腿、脚放在加速踏板上时，脚腕应自然舒适。

5）车门饰板和顶篷检查。车门饰板和顶篷检查大多是靠闻气味来辨别，特别是甲苯的味道，闻闻多个不同位置的味道，看是否有不同的气味。如果闻到一股很浓的漆味，说明内饰翻新过。出现图3－46～图3－49情况，说明车辆使用较多，老化现象严重。进入车内，检查车门、车内的软化内饰板装配情况，拆装或维修次数过多，经常会出现卡夹、装配不到位的问题，手推下去不应松脱。

图 3-46　车顶及边板漏雨

图 3-47　车顶掉顶

图 3-48　边板损坏

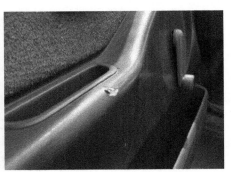

图 3-49　车门饰板损坏

6）密封性能检查。可以用鼻子闻闻车内是否有发霉的味道，如果有，说明可能曾经进水或漏水。检查车身密封时，可以使用淋水的方法检查。把车辆移到洗车房，用水枪冲洗，查看车身密封性，掀开地板垫，仔细检查车室内及行李舱内是否被淋湿。淋水后，检查各密封件是否完好，并注意观察车灯内部是否有水雾。

7）车轮检查。对于轮胎的检查可以先环车检查一下轮胎是否有亏气。如果出现亏气，说明这辆车库存时间较长。正常情况下轮胎的寿命在 3 年左右，行驶里程在 6 万 km 左右。轮胎磨损程度检查首先看其磨损程度，以及磨损是否匀称，是否已经达到磨损极限（图 3-50）。若轮胎的外侧边缘有较大磨损，说明轮胎经常处于充气不足的状态，即压力不够。若轮胎内侧磨损，且外层边缘呈毛刺状，表明轮胎变形、两个轮胎的对称性已经受到影响，因此，对这类情况一定要注意是否存在异常磨损，有可能该车曾经发生过碰撞。如果轮胎着地部分的两侧呈现凸状磨损，而且周边磨损呈波纹状，则说明车的减振器、轴承及球形万向节等部件的磨损程度较为严重。如果轮胎着地部分的中心磨损较为严重，表明轮胎经常处于充气过满的状态。轮胎花纹若已摩得比较平滑，那么该车估计开的时间和路程都比较长了。

前轮检查时，如果左右轮的花纹磨损不均匀，有可能是前束或者外倾不正确，也可能是转向器间隙过大，或转向机构连接松旷导致，也不排除因为事故引起某个配件变形的可能。

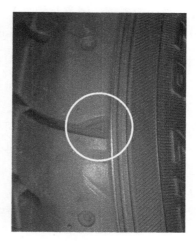

图 3 - 50　汽车轮胎磨损极限

（3）检查车身金属锈蚀程度

车身金属的锈蚀程度可一定程度地反映该车的使用时间和行驶里程，同时也可反映车身主要部件的装配情况和密封效果。使用时间长、修复后的车辆，将不可避免地出现密封不严与相应的潮湿或生锈。车身金属的锈蚀程度是判断车辆的重要使用指标。首先检查防护板、窗户、水槽、底板、各接缝等处，如锈蚀严重，说明该车较旧。打开散热器盖检查冷却液的颜色，如果全是黄色锈水，或散热器外有锈水漏出的痕迹，则要特别注意。打开行李箱盖，查看车厢底板、行李箱是否潮湿或生锈，如果有的话，说明该车密封性下降，下雨时可能漏水。另外，许多国内生产的车辆，钢板锈蚀是因为该车为降低生产成本使用了防腐性能较差的钢板、单面镀锌的钢板，还有就是防腐处理工艺较差。

6. 机动车相关证件真伪识别

二手车交易存在不少的道德风险与安全隐患，除了车况，还有车辆手续。作为一个评估师也需要有识别二手车车辆手续真伪的能力，以便更好地判断二手车整体情况。

1）二手车的证件检查。个人的车辆需要检查身份证，外地人上本地牌照另需有效期内的暂住证（居住证），如果是单位的车辆，需要检查组织机构代码证书原件及公章。

2）在购买流程中，需要查实办理的手续。该车是否抵押、法院封存；查验违章记录，有无欠费纪录；车管所出具同意过户交易单；附加税证变更手续；如有保险费单则须办理转户手续。

3）签订车辆转让合同时需要的有效证件。原车主身份证、新车主身份证、车辆行驶证正/副本、购置税本、车船使用税完税证明、机动车登记证书、机动车刑侦验车单、保险单/卡/发票。以上均需提供原件、保留复印件。

由于新车降价持续不断，很多贷款购买汽车的消费者开始考虑出售手中的车辆。出售贷款车辆的消费者首先到分期付款公司补齐车辆剩下的余款，然后拿回车辆的登记证书，这样才能进行过户。

为防止交易中的风险，在二手车交易中要掌握一定的真伪证件辨别的能力。为规范社会、市场正常秩序与交易行为规范，国家对相关具有法律效力的证件与票据在防止伪造的风险控制中使用了很多防伪制作技术与识别技术，真正的有效证件通常制作精良，技术含量较高。

（1）机动车辆登记证书真伪鉴定

如图3-51所示，真的登记证书纸张表面光滑，纸张质量好，印刷清晰，墨色均匀。数字均使用专用字体，均为公安部加密字体。最明显的特征在数字"0"和"5"上，此类字体在2001年10月以后在全国采用。"0"的中间有一横，这一横乍看像斜的，其实不是，中间这一横由两个小横组成，并且两个小横到中间有一个交叉，这个交叉处是由上下垂直的两针组成。"5"的上面一横也是两部分组成，第一部分先是一横，然后向下弯，然后再向上，向上的程度基本与第一部分"横"持平，假证中一种是没有横直接向下弯，再向上弯，另一种是横，然后直接向上弯，没有向下弯，向上弯的部分超过了"横"。"2""3""6""8"为小头大身体。

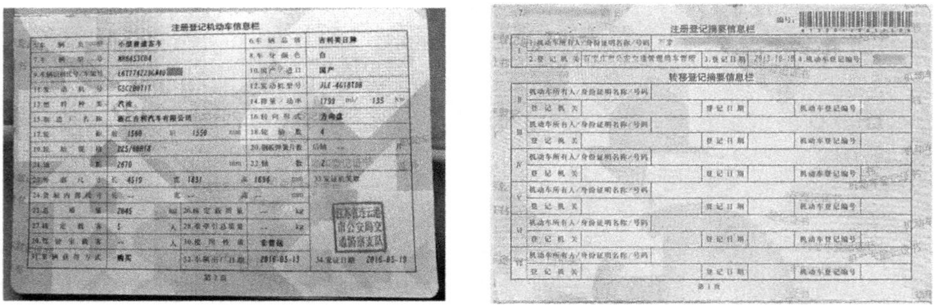

图3-51　真的机动车辆登记书

假登记证做工粗糙，耐磨比较差，印刷模糊，墨色过浓或过淡，纸张和印刷都没有真证那么细腻。真假对比，多看细节，可以进行区别。

注意看第一页的右上角处，有编号和条形码的地方用手触摸，和摸人民币一样，有凹凸不平的感觉，条形码也可以直接去车管所查询。如图3-52所示，登记证书编号、真登记证书中的缝线为荧光材料，使用普通验钞紫光灯照射即可发光，最后一页"重要提示"处同样发光。

图3-52　荧光识别

第二页的右下角处打印着一个发证机关章，有一个空白处，这个地方会盖一个红色的交警支队公章，辨别时看看，真的肯定是登记之后盖上去的，假的会各种各样五花八门，能遇到的很多是没有这个公章的。伪造登记证、国家单位公章都是犯法的。

将登记证的第2、3页这一张纸立起来看，从第2页这一面看向第3页可以清晰地看到"机动车登记证书"这7个黑色的水印，长度基本在10cm左右，由几种语言展示，登记证书里一共有四张纸，每一张都会有这样的一个水印防伪标识。

（2）驾驶证真伪辨别

机动车驾驶证防伪膜采用透视全息影像技术，经二次加密制成，是目前国内最新防伪技术。防伪膜正面由呈立体图案的"古代指南车"和"中国""CHINA""DL"（DRIVING LICENSE 缩写）三种字样按一定规则排列组成。防伪膜背面由"中国驾驶证"和"DRIVING LICENSE"字样组成。

1）联网查询。如图 3-53 所示，真伪识别的方法主要有联网查询与人工识别两种方法。联网查询可以通过联上公安网来查询辨别真假，如果驾驶证是真的，那么在公安网上能查到关于驾驶证的所有信息。没有便利条件时就需要进行人工识别了。

2）字体辨别。如图 3-54 所示，新版驾驶证采用公安部统一设置的防伪针式打印格式，在专用打字机上采用针式技术，打出来的字体必定有针孔，用手能摸出来。数字技术与机动车辆登记证书的字体相同。连接符"—"，真证的是中偏下，而假证是在中间，这也是防伪设计，假证无法打印或只能通过手工添加。准驾车型的英文字母与数字为同一字体。

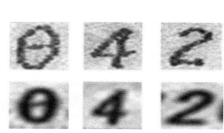

图 3-53　驾驶证的条码与联网识别　　　**图 3-54　字体识别**

真假驾驶证的防伪标识区别很大，真驾驶证的"中国"两个字是点阵图形，是由点组成，很模糊；而假驾驶证是矢量图形，笔画成块状，比较清晰。看驾驶证上的正、副页字迹、颜色、材料是否一致，若不一致，则为假证。证件中除了印刷的字体外，其余字体都是用针式打印机打印上去的，字体中有明显的针眼。另外，也可以看特殊字体，"中华人民共和国机动车驾驶证"下面英文翻译的"China"中的"a"用放大镜就可以看到是特殊字体。

3）激光防伪识别。如图 3-55 所示，在光线下，侧着看就可以很明显地看到，驾驶证右

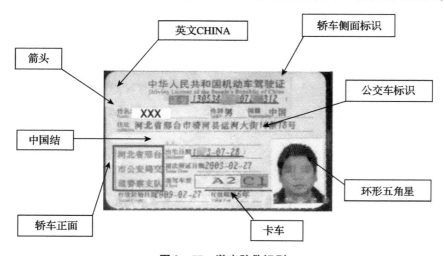

图 3-55　激光防伪识别

上方有中国、CHINA、驾驶证、DRIVINGLICENSE 的字样。驾驶证右下方有个明显的激光五角星压着照片。平安结中间的正方形和菱形以水平轴上下转动驾驶证到 45° 的位置，观察驾驶证的光反射，"平安结"中间方形图案的颜色为黄绿色，"菱形"反射的光的颜色蓝绿色，当证件旋转 90° 后，"平安结"图案中间"正方形"转换成绿蓝色，"菱形"变成黄绿色。

4）驾驶证印章识别。真的驾驶证印章一般采用红色荧光防伪墨印刷，也有部分是手盖章，在看的时候可以注意颜色是否对。而且左下角红色的印章里含有字母，要在放大镜下才能看清。

5）底纹印花。如图 3-56 所示，驾驶证正页上的花纹和副页上的花纹可以上下拼在一起的，若不能，就是假证。驾驶证背面的右侧有金属线，金属线里面也有字母和文字。

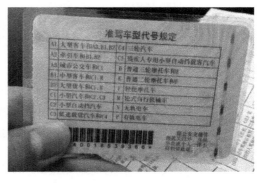

图 3-56　驾驶证印章识别

（3）行驶证的真伪鉴别

如图 3-57 所示，侧光看左上角有"中国CHINA"的字样；行驶证的中心位置有"中国结""直行箭头"靠右侧的"转弯箭头"内有"小轿车"和"货车"及"直行实箭头"的标识；正本的下方的圆圈内有"行驶证"字样。真的证件做工精良，主要是看证件中的菱形底纹是否清楚，四个角是否清楚可见，主页和副页中都有"牌"字，看牌子中"白"字下面一横是否出头，真的是出头的，假的不会出头。副页中的"档"字的第二点是否为长点，真的为长点，假的为短点。

日期的连接符"-"，真证的是中偏下，而假证是在中间，假证无法打印或只能通过手工添加，阿拉伯数字的字体特征与前面介绍的相同。

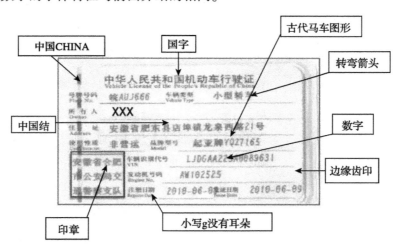

图 3-57　行驶证的真伪鉴别位置

新版行驶证交管部门印章为一排五个字，发证机关为"××省××市公安局 交通警察支队"，一些假证仍使用旧版的印章为"××省××市公安局交通警察支队车辆管理所"，另外印章第一行有汽车的激光花纹的防伪标志。真的证件印章一般采用红色荧光防伪墨印刷，也有部分为手盖章。在查验中要注意颜色是否对，从各个角度看是否清楚，印章的内容与发证日期是否清晰。

"注册登记日期"的英文"RegisterDate"中的"g"是特殊处理的字母；"中华人民共和国机动车行驶证"中的"国"字中的"、"与下面一横的笔划连在一起，而假行驶证一般是分开的。不同的防伪文字还有很多，如图 3-58 中所示文字的不同之处。

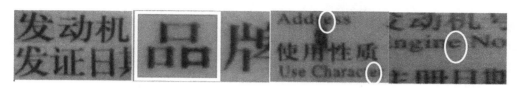

图 3-58　行驶证字体识别

真证的下边缘与副证的上边缘齿印可对接得上；且齿吻合并均匀。

如图 3-59 所示，看副证是否与正证相符，主要是看证件的做工，证件上签注的字体是否相同。如果是补发，正本必须收回，根据《机动车登记规定》第三十条规定，在补发跟换行驶证后，应当回收未丢失或损毁的行驶证，因此不会出现正副证不一样的情况。

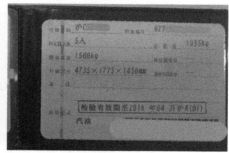

图 3-59　乘用车行驶证

（4）购车发票真伪辨别

1）发票真伪查询。目前机动车销售统一发票认证系统只能认证、识别本地增值税一般纳税人取得的机动车发票真伪。

2）发票纸张鉴别：如图 3-60 所示，新版普通发票的发票联采用专用的防伪水印纸印制，水印图案为菱形，中间标有 SW 字样，其背面印有黑色"SZ"字样，其紫色背涂复写后会脱色，而背面黑色的"SZ"字样在复写后不脱色。

3）荧光反映鉴别。千元版发票的发票联大写金额栏复写后，"千位"栏文字在紫外灯下呈红色荧光反应，其余位数没有荧光反应。万元版发票的发票联大写金额栏复写后，"万位"和"千位"栏文字在紫外灯下呈绿色荧光反映，其余位数没有荧光反应。十万元版、百万元版发票的发票联大写金额栏复写后，其位数最高的两栏文字上半部

图 3-60　购车发票真伪辨别

分呈红色荧光反应，下半部分呈绿色荧光反应，其余位数没有荧光反应。

（5）车牌号的真假辨别

首先从车牌号的字样来观察是否是真的车牌号，因为车牌号的字体都是全国统一的，真的车牌号是独特设计的，而且视觉上的感受也比较好，而伪造的车牌号底色会偏蓝或偏黄，而且字体整体给人的感觉会偏瘦或偏胖，或在字体拐弯处有异常。

如图 3-61 所示，通过号牌的形状来对真假车牌辨别，真的车牌号是经过高科技处理并且采用了一次成型技术的，其成状不错而且视觉感受很自然，但是，假的车牌号则是经过了多次工序完成的，从而造成形状各异、尺寸皆不相同，长短、宽窄、角边等各式各样，会给人形状不流畅的感觉。

图 3-61　假牌照检查识别

从号牌的颜色和反光可以判断号牌的真假，真的号牌着色会比较均匀，而且只有凸出的部分才会着色，但是假的车牌号大多数是用毛笔或刷子刷出来的，不平整，而且不均匀，整体做工比较粗糙。真牌在太阳光照射下不反光，但在灯光直射下却反光。假牌在太阳光照射下站在一定的角度看会发光，但在灯光直射下是暗光，不会反光。

3.1.2　二手车动态检查

? **什么是二手车动态检查？与静态检查比较有哪些不同？如何检查？**

机动车的动态检查是指车辆路试检查。路试的主要目的是在一定条件下，通过机动车各种工况，如发动机起动、息速、起步、加速、匀速、滑行、强制减速、紧急制动，从低速档到高速档，从高速档到低速档的行驶，检查汽车的操纵性能、制动性能、滑行性能、加速性能、噪声和废气排放情况，以鉴定二手车的技术状况。

1. 路试前准备

二手车的动态检测是一项必不可缺的项目。在路试之前首先要检查是否有充足的汽油、机油、制动液、转向液压油、冷却液，警告灯是否正常、胎压是否正常、踏板自由行程和转向盘自由行程是否在正常范围内，车辆状态正常后方可起动发动机，进行路试检查。

路试检查的内容见表 3-7。

表 3-7　路试检查内容

序号	路试检查内容
1	检查所有仪表是否工作正常
2	检查发动机在冷机时怠速的性能
3	检查档位、变速器的工作状况
4	在路试时检查自动恒温控制功能、调节功能和显示功能、定速巡航控制功能、发动机性能、振动和噪声、变速器换档特性、制动系统性能、发动机噪声与风噪、行驶异响等

路试前一定要将准备工作做好，因为只有将路试准备做足才可以保证安全行驶，经检查确认后才可以开始测试。

（1）检查燃油箱的油量

如图 3-62 所示，汽车燃油表可以实时显示汽车油箱内的油量值，依据燃油表的显示做出是否需要加油或者还可以行驶多少里程的判断。燃油存储量低于某一值，汽车燃油表就会报警。点火开关置于 ON，观察燃油表储油量。也可打开油箱盖，观察或用清洁量尺测量。但要注意油箱盖的清洁，避免尘土脏物落入。加油时不建议加满，因为汽油受热膨胀和在夏季高温下挥发成汽油蒸气，需要有空间容纳。如果加得过满没有一点空间，汽油蒸气甚至液体汽油便进入到炭罐储存，炭罐存满了又逸到空气中，不但浪费还污染环境。

图 3-62　检查燃油箱的油量显示是否正常

（2）检查机油油位

点火开关置于 OFF，拉上驻车制动，将变速杆置于空档。打开发动机舱盖，如图 3-63 所示，抽出机油尺，用干净的抹布擦净油迹后，插入机油尺导孔，再拔出检查机油尺的液位，正常的液位应在上限位与下限位之间。机油多了会烧机油，油耗增加，机油如果高出正常液位应当放油直到正常的液位；如果低于下限值，可适当添加机油到正常的液位，机油少了，会影响润滑效果，导致发动机磨损。

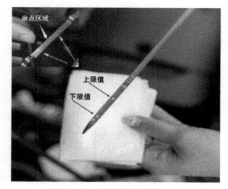

图 3-63　正常的液位

加油时注意不要将机油漏在发动机的外部，加油后等待 10min 后应再次检查确认液位，并检查是否有漏油现象。

（3）检查冷却液液位

检查冷却液要在发动机冷态时进行，拉起驻车制动，打开发动机舱盖，膨胀水箱上面有 Min 和 Max 两条线，如图 3 - 64 所示，正常液位在两条线之间即可，不足时添加（部分车型将冷却液位置刻线直接标注在散热器上面）。

补充冷却液时，应尽量使用软水或同种防冻液。在添加前要检查冷却系统是否有渗漏现象。

需要特别注意的是冷却液需要在发动机冷态时检查，发动机热态时请不要自行打开散热器盖否则有烫伤的危险！

（4）检查制动液液位

如图 3 - 65 所示，正常制动液的液面应位于上、下限刻度线之间。当液位低于下限位置时，应补充新的制动液。添加时要使用同种型号的制动液。制动液本身具有一定的吸湿特点，因此加入的新液一定是封闭瓶装的。加注完成后一定要把制动液盖拧紧，防止吸入空气中的水分，造成气阻和制动失灵。如发现制动液量显著减少，应查找渗漏部位，及时修复，防止制动失灵。制动液有腐蚀性，要避免其沾到皮肤和车漆上。

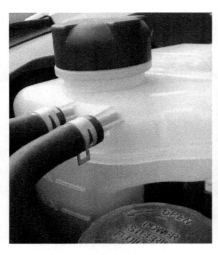

图 3 - 64　冷却液液位检查　　　　图 3 - 65　检查制动液液位

（5）检查离合器液压油液位

如图 3 - 66 所示，检查离合器液压油，液位应在储油罐的上限与下限标尺线之间。离合器液压油具有高压吸附性及持久的传输性能。若液位低于 MIN 标记，应补充加入新的液压油至 MAX 标记位置。

添加的方法：松开离合器分离缸的排气螺栓，慢慢踩下离合器踏板，直至空气完全排出。让助手将踏板完全踩下并保持，拧紧排气螺栓。然后补充离合器液压油。

重复前面的操作，直到系统排出的离合器液压油干净且不含有气泡，最后确认离合器工作是否正常。

（6）检查动力转向助力油

检查动力转向助力油，液位应在储油罐的上限与下限标尺线之间。如图3-67所示，检查动力转向助力油之前首先将储液罐的外表擦干净，然后再将加油口盖从储液罐上取下，用干净的布块将油标尺上的油擦干净，重新将油标尺装上，然后取下油标尺，检查液位，如果液位高度低于油尺下限刻度，则需要添加同种的转向助力油，直到上限刻度为止。在添加之前应检查动力管路是否有渗漏现象。在检查或添加转向助力油时，应检查油质的污染情况，发现变质或污染时应更换。需要注意的是，助力油的成分必须相同，否则会出现排斥。

图3-66　检查离合器液压油液位

图3-67　检查动力转向助力油

（7）检查转向盘游动间隙

如图3-68所示，将汽车处于直线行驶的位置，左右转动转向盘，最大游动间隙由中间位置向左或向右应不超过15°。如果间隙超过标准，说明转向系统的各部间隙过大，需要对转向系统进行调整。两手握住转向盘，将转向盘上下、前后、左右方向摇动推拉，应无松旷的感觉。如果有松旷的感觉，说明转向器内轴承需要调整。左右转动转向盘，察看转向器摇臂、横拉杆，直拉杆、转向臂球销固定螺母，应无松脱现象，开口销无缺损，否则应予拧紧配齐。

（8）检查制动踏板行程

如图3-69所示，制动踏板自由行程过大，会减弱制动效果而给行车带来危险，而自由

图3-68　检查转向盘游动间隙

图3-69　检查制动踏板行程

行程过小，会使汽车制动拖滞，造成功率损耗。用手轻压制动踏板，自由行程应在 10～20mm 范围内，若没有，则应调整踏板自由行程；踩下制动踏板全程时，制动踏板与地板之间应有一定的距离。踩下液压制动系统的制动踏板时，踏板反应要适当，过软说明制动系统有故障。如果是空气制动系统，空气制动系统气路中的工作气压必须符合规定。

（9）检查冷却风扇传动带

如图 3－70 所示，风扇传动带应该保持松紧适当，必要时应予以调整。风扇传动带过松，风扇带轮转速会降低，散热器散热能力减弱，发动机机工作温度会升高，同时发电机输出电流会降低或不稳定。风扇传动带过紧会使轴承负荷过大，磨损加剧，功率消耗增加，同时也会使水泵轴弯曲，传动带拉长变形，寿命缩短。

检查风扇冷却传动带的松紧度。用拇指以 9～10kg 的力按下传动带中间部位时，挠度应为 10～20mm。如果不符合要求，则说明冷却风扇传动带松旷，会打滑，应通过调节发电机支架固定螺栓来调整冷却风扇传动带的张紧度。

（10）检查轮胎气压

胎压不正确可能导致燃油里程欠佳、轮胎偏磨或是爆胎。轮胎气压检查必须在轮胎处于冷却状态下进行，在 B 柱下方的标签中可以找到厂家标示的气压值。如图 3－71 所示，拧开轮胎气嘴的防尘帽，用轮胎气压表测量轮胎气压，轮胎的气压应符合规定。若胎压过高，需要按压胎压表上的泄气阀按钮；若胎压过低，则需要及时充气。轿车的标准气压是 2.4～2.8kg/cm^2。

图 3－70　冷却风扇传动带的检查

图 3－71　检查轮胎气压

2. 发动机工作性能检查

（1）检查发动机的起动性能

检查发动机起动是否容易，判断发动机工况。正常情况下发动机起动 3 次内一般就会成功起动，而且每次起动时间不会超过 5～10s。如果发动机不能正常起动则说明发动机的起动性能不良。发动机的起动性能不良往往是由气路、电路、油路、机械故障四个方面造成的。像常见的空滤堵塞、供油不畅、点火系统漏电、气门关闭不严等都能造成发动机起动困难。

（2）检查发动机怠速性能

如图 3 – 72 所示，发动机正常工作时，怠速一般在 800r/min 左右，怠速平稳且发动机振动波动小。如果在正常怠速情况下发动机转速升高（开空调的情况除外）、降低、抖动等，说明发动机怠速异常。

图 3 – 72 检查发动机怠速性能

（3）检查发动机的急加速性能

待冷却液温度、油温正常后，用手拨动节气门拉索滑轮，使发动机进入急加速模式，此时观察急加速性能，然后突然松开节气门拉索滑轮，再观察发动机是否会突然熄火或者工作不稳。通常急加速性能好的汽车，在急加速时会发出强劲且具有节奏感的轰鸣声。

（4）听发动机的噪声情况

如图 3 – 73 所示，正常情况下，发动机起动后发动机不会出现尖啸声，只会听见均匀平稳的"突突"声，除此之外没有其他的噪声。可以拨动节气门拉索滑轮，使发动机转速升高，在此种情况下观察发动机是否存在异响。假如在检查过程中听见发动机传出尖叫声、爆燃声、金属敲击声、隆隆声等复杂的异响，该车发动机多半存在故障甚至已经到了必须大修的情况。

（5）检查发动机窜油的情况

可以用一张白纸测试。将白纸放在离加机油口 5cm 的地方，然后加油。若发动机窜油，白纸上会有油迹，窜油严重时油迹会变大。

（6）检查曲轴箱窜气量

如图 3 – 74 所示，检查曲轴箱窜气量可以间接地反映出发动机的使用情况。打开发动机曲轴箱通风口，通过拨动节气门拉索滑轮来逐渐加大发动机转速，然后观察曲轴箱的窜气量（正常窜气量为 10 ~ 20L/min）。正常情况下，曲轴箱窜气量较少且无明显的汽油味道。假如在测试过程中闻到浓重的机油气味，则说明气缸与活塞磨损严重，汽车行驶里程长，发动机需要大修。

图 3 – 73 发动机的噪声检查

图 3 – 74 检查曲轴箱窜气量

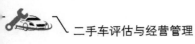

（7）观察尾气颜色

通过观察汽车尾气颜色也可以直观的判断发动机状况。正常的汽油发动机排出的气体是无色的，在严寒的冬季可见白色的水汽；柴油发动机带负荷运转时，发动机排出的气体一般是灰色的，负荷加重时，排气颜色会深一些。无论汽油发动机还是柴油发动机，如果大力深踩加速踏板时发现汽车尾气为蓝色，证明这辆车烧机油，机油窜入燃烧室。若机油液位不高，最常见的是气缸与活塞密封出现问题，即活塞、活塞环因磨损与气缸的间隙过大。如果汽车尾气为黑色，则说明汽车混合气过浓或汽油发动机点火时刻过迟，不能完全燃烧，混合气过浓可能直接导致催化转化器损坏。如果发现尾气是白烟，则说明发动机燃烧室进水了，也很有可能是机体存在裂痕造成的。

（8）测试排气流辨车况

检测时，将手放在排气口 10cm 左右的地方，发动机工作良好的汽车排气流会很小。假如感觉到排气流呈现周期性或不规律间断性的喷溅，那么这辆车可能存在间断性的失火。如果手的敏感度不够还可以用一张纸代替手，正常情况下纸会不间断的被气流吹开。如果出现排气口吸附纸片，则证明汽车配气系统出现故障。

3. 路试检查

通过一定里程的路试，检查汽车的技术状况，汽车路试一般行驶 20km 左右。

（1）离合器性能检查

离合器应该接合平稳，分离彻底，工作时不得有异响、抖动和不正常打滑现象。踏板自由行程符合汽车技术条件的有关规定。自由行程大小，一般说明离合器摩擦片磨损严重。离合器踏板力应与该型号汽车的踏板力相适应，各种汽车的离合器踏板力应大于 300N。

在发动机怠速状态下，踩下离合器踏板几乎触底时，才能切断离合器。踩下离合器踏板，感到挂档困难或变速器齿轮出现刺耳的撞击声，或挂档后不抬离合器踏板，车辆开始行驶，这都表明该车的离合器分离不彻底。

（2）检查制动性能

1）如图 3-75 所示，汽车起步后，先检查是否有制动。将车加速至 20km/h 时作一次紧急制动，检查制动是否可靠，有无跑偏、甩尾现象；再将车加速至 50km/h，先用点制动的方法检查汽车是否立即减速、是否跑偏，再用紧急制动的方法检查制动距离和跑偏量。

2）如图 3-76 所示，如果制动时车辆跑偏，很可能是同一车桥上的两个车轮制动力不等；或者是制动力不能同时作用在两个车轮上导致的。

3）检查制动效能。如果在行车时进行制动，减速度很小，制动距离又很长，说明该车的制动效能不佳。其原因可能是摩擦片与制动盘的间隙很大、制动踏板自由行程过大、制动油管内有空气、制动总泵或分泵有故障或是制动油管漏油等。在行车中出现制动失效，不能使车辆减速或停止，其原因可能是制动液渗漏、制动总泵和分泵有严重故障。

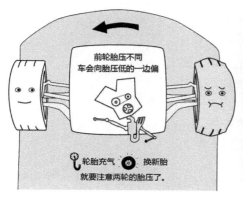

图3-75 车辆跑偏检查

图3-76 检查制动性能

4）检查驻车制动。检查驻车制动时，可以在坡路上拉紧驻车制动器，如果此时出现溜车，说明驻车制动有故障。可能是驻车制动器拉杆调整过长、摩擦片与制动盘间隙过大或有油污、摩擦片磨损严重或打滑、制动盘与摩擦片接触不良等造成的。

（3）检查转向操纵性能

如图3-77所示，在路试二手车时，做几次转弯测试，检查转动转向盘时是否感到很沉重。如果有，则可能是横拉杆、前车轴、车架有弯曲变形，前轮的定位不准确，轮胎气压不足造成的，转向节轴承缺油。

有助力的二手车，在行进中如果感到转向沉重说明转向助力系统是有故障。有可能是油路中有空气，或是油泵压力不足，或是驱动带打滑。

图3-77 检查转向操纵性能

路试二手车时，发现前轮摆动、转向盘抖动，这种现象称为摆振。可能的原因是转向系统轴承过松，横拉杆球头磨损松旷，轮毂轴承松旷，车架变形，或者是前束过大。

如果在路试中，挂空档松开转向盘出现跑偏，有可能是以下原因导致的：悬架系统故障，其中一侧的减振器漏油，或是螺旋弹簧故障；前轮定位不好，或是两边的轴距不准确；还可能是车架受过碰撞而变形。

转向时如果动力转向系统出现噪声，很可能是以下故障造成的：油路中有空气；制动液储液罐液面过低需要补充；油路堵塞或是油泵噪声。

（4）检查变速器

1）挂档检查

①检查所有前进档及倒车档。如果每次挂档都磨齿轮，则可能是离合器液压系统或变速器本身有故障。

②检查是否能正常入档。如图 3－78 所示，如果发现不能正常挂档或有齿轮撞击声，又或是挂上后很难推回空档等，说明变速器换档困难，在熄火后可用手握住变速杆，如果很松垮能任意摆动，可能是定位失效造成的。如果不松垮时也出现换档困难，很可能是同步器故障造成换档时的撞击。出现这类故障后要修理。

③检查有无跳回空档。如果在行驶中变速杆跳回空档，可能是齿轮和齿套磨损严重，致使轴承松旷或轴向间隙过大，需要专业人员查看齿轮啮合状况。

④变速器漏油。有可能是密封垫密封不良或变速器输出轴的油封损坏。润滑油过多或通气孔不畅也会引起漏油。

图 3－78　挂档检查

2）变速器异响检查。如果在发动机怠速状态下变速器处于空档位置且有异响，可能是曲轴和变速器第一轴安装的同轴度有偏差，在踩下离合器踏板时可消失。如果在入档后有异响，可能是相互啮合的齿轮工作时有撞击造成的，说明变速器壳体有损伤，或者是部分齿轮有损害造成啮合过程中的撞击。

3）自动变速器失速检查。失速试验是检查发动机、液力变矩器及自动变速器中有关换档执行元件工作是否正常的一种常用方法。不同车型的自动变速器都有其失速转速标准，大部分自动变速器的失速转速标准为 2300r/min 左右。若失速转速高于标准值，说明主油路油压过低或换档执行元件打滑；若失速转速低于标准值，则可能是发动机动力不足或液力变矩器有故障。失速检查应在发动机和自动变速器均达到正常工作温度及自动变速器油面高度正常的情况下进行。

4）自动变速器时滞检查。发动机怠速运转时将变速杆从空档拨至前进档或倒档后，需要有一段短暂时间的迟滞或延时才能使自动变速器完成档位的接合，这一短暂的时间称为自动变速器换档的迟滞时间。自动变速器时滞检查根据迟滞时间的长短来判断主油路油压及换档执行元件的工作是否正常。

5）自动变速器的油压检查。自动变速器油压正常是自动变速器正常工作的先决条件，油压过高，会造成自动变速器换档时冲击过大，液压系统也容易损坏。油压过低，会使离合器、制动器等换档执行元件打滑，影响自动变速器的正常工作，且加速离合器和制动器摩擦片的磨损，严重时会导致摩擦片烧坏。

（5）检查传动系统间隙

将汽车加速至 40～60km/h 迅速松抬加速踏板，检查有无明显的金属撞击声。如果有，说明传动间隙大。

（6）检查汽车动力性

通过道路试验分析汽车动力性能，其结果接近于实际情况，汽车动力性在道路试验中的检测项目一般有超车时间、起步加速时间、最高车速、陡坡爬坡车速、长坡爬坡车速。有时为了评价汽车的拖挂能力，进行汽车牵引力检测。有时为了分析汽车动力的平衡问题，采用高速滑行试验测定滚动阻力系数和空气阻力系数。

（7）检查转向系统与行驶系统的动平衡

汽车在任何车速下都不应抖动，如果汽车在某一车速范围内抖动，说明汽车的转向系统或行驶系统平衡出现问题，应检查轮胎、传动轴、悬架、零部件装配、间隙等。

（8）检查传动效率

在平坦的路面上，作汽车滑行试验。将汽车加速至 50km/h 左右，空档滑行。根据经验，通过滑行距离可以判断汽车的传动效率。

（9）检查轮胎的平衡性

尤其是维修后的事故车，车速超过 100km/h 时，能明显地感受到转向盘的抖动，车速达到 120km/h 时，抖动最为明显。用频率分析仪测定抖动最严重时的频率与计算的频率比较接近时，说明车辆行驶到一定车速时会产生共振，会引起共振破坏。

4. 路试后的检查

路试后，需要对车辆进行路试后的检查。检查冷却液温度、油温是否在合理范围内，同时还要检查车辆是否有"四漏"，即是否有漏水、漏油、漏气、漏电现象。

（1）检查各部件温度

1）检查油和冷却液温度。检查冷却液温度、机油和齿轮油温度（冷却液温度正常不应超过 90℃，机油温度不应高于 90℃，齿轮油温不应高于 85℃）。

2）检查运动机件过热情况。查看制动鼓、轮毂、变速器壳、传动轴、中间轴轴承、驱动桥壳（特别是减速器壳）等，不应有过热现象。

3）检查自动恒温控制系统是否有余热，采暖功能是否正常。

（2）检查"四漏"现象

1）在发动机运转及停车时，散热器、水泵、气缸、缸盖、暖风装置及所有连接部位均应无明显渗漏现象。

2）机动车连续行驶距离不小于 10km，停车 5min 后观察，不得有明显渗漏油现象。检查机油、变速器油、主减速器油、转向液压油、制动液、离合器油、液压悬架油等相关处有无泄漏。

3）汽车的进气系统、排气系统有无漏气现象。

4）发动机点火系统有无漏电现象。

3.1.3　二手车仪器设备检查

❓ **怎么使用车辆检测仪器与设备对二手车进行检查？**

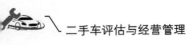

利用静态检查和动态检查，可以对汽车的技术状况进行定性的判断，即初步判定车辆的运行情况是否基本正常、车辆各部分有无故障及故障的可能原因、车辆各总成及部件的新旧程度等。当对车辆各项技术性能及各总成、部件的技术状况进行定量、客观的评价时，通常会借助一些专用仪器、设备进行。

1．汽车性能检测指标、检测设备与检测标准

对二手车进行综合检测，需要检测车辆的动力性、燃料经济性、转向操作性、排放污染、噪声等整车性能指标，以及发动机、底盘、电子器件等各部件的技术状况，汽车主要检测内容及对应采用的仪器设备见表3-8。主要性能检测标准见表3-9和表3-10。

表3-8 车辆性能检测指标与检测设备

检测项目			检测仪器设备
整车性能	动力性	底盘输出功率	底盘测功机
		汽车直接加速时间	底盘测功机（装有模拟质量）
		滑性性能	底盘测功机
	燃料经济性	等速百公里油耗	底盘测功机、油耗仪
	制动性	制动力	制动检测台、轮重仪
		制动力平衡	制动检测台、轮重仪
		制动协调时间	制动检测台、轮重仪
		车轮阻滞力	制动检测台、轮重仪
		驻车制动力	制动检测台、轮重仪
	转向操作性	转向轮横向测滑量	侧滑检验台
		转向盘最大自由转动量	转向力—角仪
		转向操纵力	转向力—角仪
		悬架特性	底盘测功机
	前照灯	发光强度	前照灯检测仪
		光束照射位置	前照灯检测仪
	排放污染物	汽油车急速污染物排放	废气分析仪
		汽油车双急速污染物排放	废气分析仪
		柴油车排气可污染物	不透光仪
		柴油车排气自由加速烟度	烟度计
	喇叭声级		声级仪
	车辆防雨密封性		淋雨试验台
	车辆表示值误差		车速表试验台

（续）

检测项目			检测仪器设备
	发动机功率		1. 无负荷测功仪 2. 发动机综合测试仪
发动机部分	气缸密封性	气缸压力	气缸压力表
		曲轴箱窜气量	曲轴箱窜气量检测仪
		气缸漏气率	气缸漏气量检测仪
		进气管真空度	真空表
	起动系统	起动电流 蓄电池起动电压 起动转速	1. 发动机综合测试仪 2. 汽车电器万能试验台
	点火系统	点火波形 点火提前角	1. 专用示波器 2. 正时枪
	燃油系统	燃油压力	燃油压力表
	润滑系统	机油压力 润滑油品质	1. 机油压力表 2. 机油品质检测仪
	异响		发动机异响诊断仪
底盘部分	离合器打滑		离合器打滑测定仪
	传动系统游动角度		游动角度检验仪
行驶系	车轮定位		四轮定位仪
	车轮不平衡		车轮平衡仪
空调系统	系统压力		空调压力表
	空调密封性		卤素检漏灯
电子设备			微机故障检测仪

表 3 - 9　汽车主要性能检测标准 (1)

检测项目			一级	二级	三级	检测设备
动力性	驱动轮输出功率	额定转矩工况	$\eta_{VM} \geqslant \eta_{Mr}$（额定值）	$\eta_{VM} \geqslant \eta_{Ma}$（允许值）		底盘测功机
		额定功率工况	$\eta_{VP} \geqslant \eta_{Pr}$（额定值）	$\eta_{VP} \geqslant \eta_{Pa}$（允许值）		
	发动机功率	技术评定	≥额定功率85%	≥额定功率75%		发动机综合分析仪
		二级维护	≥额定功率80%			
燃料经济性	等速百公里油耗		≤原厂规定值103%	≤原厂规定值110%		油耗仪

（续）

检测项目			一级	二级	三级	检测设备
整车质量			≤原厂规定整备质量105%			轴（轮）荷仪
制动性	制动力和	乘用车	前轴≥60%　　后轴≥20%			制动试验台
		总质量≤3.5t货车				
	制动力平衡	前轴	前轴≤16%		前轴≤20%	
	后轴力和≥60%		后轴≤20%		后轴≤24%	
	后轴力和<60%		后轴≤5%（轴荷）		后轴≤8%（轴荷）	
	车轮阻滞力		≤2.5%（轴荷）	≤5%（轴荷）		
	驻车制动力	$\dfrac{总质量}{整备质量}≥1.2$	≥20%（整车质量）			
		$\dfrac{总质量}{整备质量}<1.2$	≥15%（整车质量）			
	制动协调时间		液压：≤0.35s　　气压：≤0.56s			
转向操纵性	转向轮横向侧滑量		前轴非独立悬架汽车≤5m/km			侧滑试验台
			前轴独立悬架汽车：前轮定位参数符合原厂规定			
	转向盘最大自由转动量	最大设计车速≥100km/h	≤15°	≤20°		转向力角测试仪
		最大设计车速<100km/h	≤20°	≤30°		
	转向盘操纵力		路试：≤150N　　原地：≤120N			
悬架特性	悬架检测台	最大设计车速≤100km/h 轴载质量≤1500kg	车轮吸收率≥40%，同轴左右轮吸收率差值≤15%（不分车型）			悬架检测台
	平板检测台		悬架效率≥45%，同轴左右悬架效率差值≤20%			平板检测台
前照灯	远光束	发光强度	15000cd（二灯制）　　12000cd（四灯制）			前照灯仪
		水平位置	左灯：向左≤170mm，向右≤350mm 右灯：向左≤350mm，向右≤350mm			
		中心高度	乘用车：$0.85H-0.95H$，其他车：$0.8H\sim0.95H$			
	近光束	水平位置	向左≤170mm，向右≤350mm			
		中心高度	乘用车：$0.7H-0.9H$，其他车：$0.6H\sim0.8H$			

（续）

检测项目		一级	二级	三级	检测设备
噪声	喇叭声级	90～115 dB（A）			声级计
整车装备等	车速表示值误差	车速表示值误差根据 GB 7258—2012 的要求，当该机动车车速表的指示值（V₁）为40km/h 时，车速表检验台速度指示仪表指示值（V₂）为32.8km/h–40km/h 范围内为合格；当车速表检验的速度指示值（V₂）为40km/h 时，读取该机动车车速表的指示值（V₁），当 V₁ 的读数在 40～48km/h 范围内时为合格			车速表试验台
	离合器踏板自由行程	符合原厂规定值			直尺、卷尺等检视工具
	制动踏板自由行程	符合原厂规定值			
	车门、车窗（包括玻璃）	完好无损	无缺损		
	车架、车身、驾驶室	表面无锈迹、无脱掉漆		表面完整	
	车体左右对称部位最大高度差	≤20mm	≤40mm		
	最大轴距差	≤1.2‰	≤1.5‰		
	轮胎胎冠最小花纹深度　微型车辆	≥3.2mm		≥1.6mm	
	轮胎胎冠最小花纹深度　轿车、挂车	转向轮≥3.5mm 其他轮≥2.5mm		转向轮≥3.2mm 其他轮≥1.6mm	
	轮胎胎冠最小花纹深度　其他车辆				

表 3-10　汽车主要性能检测标准（2）

外廓尺寸			汽车类型	车长/mm	车宽/mm	车高/mm
汽车	货车及半挂牵引车		最高设计车速小于70km/h 的四轮货车	6000	2000	2500
		二轴	最大设计总质量≤3500kg	6000	2500	4000
			最大设计总质量＞3500kg，且≤8000kg	7000		
			最大设计总质量＞3500kg，且≤8000kg，货厢与驾驶室整体分离且货厢为整体封闭式	8000		
			最大设计总质量＞8000kg，且≤12000kg	8000		
			最大设计总质量＞8000kg，且≤12000kg，货厢与驾驶室整体分离且货厢为整体封闭式	9000		
			最大设计总质量＞12000kg	9000		
			最大设计总质量＞12000kg，货厢与驾驶室整体分离且货厢为整体封闭式	10000		
		三轴	最大设计总质量≤20000kg	11000		
			最大设计总质量＞20000kg	12000		
		四轴		12000		
	乘用车及客车		乘用车及二轴客车	12000	2500	4000（定线行驶双层客车4200）
			三轴客车	13700		

（续）

外廓尺寸	汽车类型			车长/mm	车宽/mm	车高/mm
挂车	半挂车	一轴		8600	2500	4000
		二轴	二轴	10000		
			整体封闭式厢式半挂车、集装箱半挂车，以及组成五轴汽车列车的罐式半挂车	13000		
		三轴	三轴	13000		
			2008 年 1 月 1 日起，在高等级公路上使用的整体封闭式厢式半挂车	14600		
	中置轴（旅居）挂车			8000		
	其他挂车	最大设计总质量≤10000kg		7000		
		最大设计总质量＞10000kg		8000		

另外，对于汽车尾气排放的检测要求，中国从 2020 年 7 月 1 日零时开始，在全国开始实施"国六"排放标准。GB 18352.6—2016《轻型汽车污染物排放限值及测量方法（中国第六阶段）》也称为"国六标准"，在该标准中，Ⅰ型试验被定义为常温下冷起动后排气污染物排放检测，要求所有汽车均应进行此项检测。将汽车放置在带有负荷和惯量模拟的底盘测功机上，按规定的测试循环、排气取样和分析方法、颗粒物取样和称量方法进行试验。每次检测测得的排气污染物排放量，应不大于下列两表中规定的限值（见表 3－11、表 3－12）。

表 3－11　Ⅰ型试验尾气排放限值（6a）

分类		测试质量（TM）/kg	限值						
			CO（mg/km）	THC（mg/km）	NMHC（mg/km）	NO_x（mg/km）	N_2O（mg/km）	PM（mg/km）	$PN^{(1)}$/（个/km）
第一类车	–	全部	700	100	68	60	20	4.5	6.0×10^{11}
第二类车	Ⅰ	TM≤1305	700	100	68	60	20	4.5	6.0×10^{11}
	Ⅱ	1305＜TM≤1760	880	130	90	75	25	4.5	6.0×10^{11}
	Ⅲ	1760＜TM	1000	160	108	82	30	4.5	6.0×10^{11}

[1] 2020 年 7 月 1 日前，汽油车适用 6.0×10^{12} 个/km 的过渡极限值。

表 3－12　Ⅰ型试验尾气排放限值（6b）

分类		测试质量（TM）/kg	限值						
			CO（mg/km）	THC（mg/km）	NMHC（mg/km）	NO_x（mg/km）	N_2O（mg/km）	PM（mg/km）	$PN^{(1)}$/（个/km）
第一类车	–	全部	500	50	35	35	20	3.0	6.0×10^{11}

（续）

分类		测试质量（TM）/kg	限值						
			CO（mg/km）	THC（mg/km）	NMHC（mg/km）	NO_x（mg/km）	N_2O（mg/km）	PM（mg/km）	$PN^{(1)}$/（个/km）
第二类车	I	TM≤1305	500	50	35	35	20	3.0	$6.0×10^{11}$
	II	1305＜TM≤1760	630	65	45	45	25	3.0	$6.0×10^{11}$
	III	1760＜TM	740	80	55	50	30	3.0	$6.0×10^{11}$

$^{(1)}$2020 年 7 月 1 日前，汽油车适用 $6.0×10^{12}$个/km 的过渡极限值。

在《GB 18352.6—2016 轻型汽车污染物排放限值及测量方法（中国第六阶段)》中，I型检测应符合 6b 限值要求。对于混合动力电动汽车，使用纯发动机模式要求进行检测。

2. 用故障诊断仪读取故障码

作为一名二手车评估师，除了能够评估车辆价格，了解汽车故障也是很重要的工作。而汽车故障诊断仪作为诊断汽车故障的重要工具，在二手车评估师进行评估作业时会发挥很大作用。现代电喷车都提供故障自诊断功能，汽车正常运行时，电子控制单元（ECU）输入、输出信号的电压值都有一定的变化范围，当某一信号的电压值超出了这一范围，并且这一现象在一段时间不消失，ECU 便判断这一部分信号电路有故障。ECU 把这一故障以故障码的形式存入内部随机存储器，同时点亮仪表板上的故障指示灯，提醒驾驶人。维修人员则利用读出的故障码，很容易知道故障所在。维修中利用电喷车自诊断系统的方法可分人工读码和仪器读码两种。人工读码一般采用跳线的方法，即通过与诊断座相应插孔短接，从相应的故障指示灯、LED 灯、万用表指针读出故障码。这种方法无须专门的检测设备，但会遇到一些困难，诊断车辆的故障比较麻烦，下面以故障诊断仪为例介绍故障诊断方法。

故障诊断仪是汽车维修中非常重要的工具，其功能主要有读取故障码、清除故障码、读取发动机动态数据流、示波功能、元件动作测试、匹配、设定和编码等以及其他的一些辅助功能等。

（1）汽车故障诊断仪的使用方法

①在车上找到诊断座。

②选用相应的诊断接口。

③根据车型，进入相应诊断系统。

④读取故障码。

⑤查看数据流。

⑥诊断维修之后清除故障码。

如果故障不属于电路，检测仪不能检测。发动机要分清是机械故障还是电路故障，尤其自动变速器，要分清是机械、油路还是电路的故障。比如起动系统、充电系统、点火系统的高压电路，一般不属于电控系统，因而不能检测。自诊断系统一般只能监视信号的范围，不能监视传感器特性的变化。因而如果只是信号的特性发生了变化，并不能产生故障码。例如，

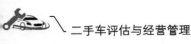

发动机冷却液温度传感器的阻值有一个正常的工作范围，一旦阻值超出此范围，自诊断系统马上会产生故障码；但是假如该传感器的特性（指温度和阻值的对应关系）发生变化，但阻值依然在此范围内，发动机会工作不良，故障指示灯却并不会亮，仪器当然读不出故障码。维修人员不应因为无故障码，就认为肯定无故障，以免走弯路。一般地，自诊断系统所诊断的为电路短路、开路、接触不良、串线等故障。

自诊断系统监视的往往是某一电路，而非某一元件，如某传感器相应线路故障、某电磁阀相应线路故障。如果检测仪显示的是"进气温度传感器故障"，实际指该传感器相应的电路故障，包括进气温度传感器、进气温度传感器与ECU间的连线（含插头和插座）、进气温度传感器的搭铁、ECU及其供电和搭铁情况。一些维修人员对故障码所揭示的故障范围不甚清楚，以致只按所提示的故障码含义的字面含义来检修，必然会走弯路。

当出现故障码时除了电路故障之外，也有可能会出现如下问题：

1）假故障。在维修时，虽然排除了故障，但是没有消除历史故障码，这个故障码会一直保存在汽车ECU的储存器中；另外，在发动机运行或点火开关打开时，维修人员拔插相关电路的器件和插头，ECU的自诊断系统也会自动识别到故障码并保存。例如，逐缸检查点火或喷油器，有时碰到故障码显示几个缸的喷油器都有故障。在检修故障时，应先消除故障码（消码前记下故障码，防止第二次读出的故障码漏掉一些故障）、然后运行、再测试，第二次读出的码才真正说明有无故障。故障码反映了系统存在故障，但实际上只是相应电路的故障。因此，检查故障码，除了电路，必要时也要想到会不会是机械、气路等部分出现了问题。

2）故障灯亮，却读不出故障码。自诊断系统发现故障时，通常是ECU内部搭铁有问题，可检查故障灯电路有无搭铁。也有可能是诊断座与ECU之间的通信有问题，也不排除诊断设备本身有故障。有些故障不一定能通过诊断仪读出故障码来，但可以通过动态数据流来分析。如果故障类型是开路、短路、接触不良或低阻抗搭铁，应使用低压脉冲法进行测试。如果是高阻故障，则应采用高压冲击法。如果故障类型不能确定，则可以使用波形比较法。例如，动态测试中有的可以用曲线反映节气门的开度情况，缓缓匀速地踩下加速踏板时，应该有近似直线的图形显示，否则与节气门相关的方面可能有问题；动态测试中往往有点火提前角的显示，点火提前角应该随着节气门的开度或发动机转速的变化而增大或减少，等等。

（2）波形分析仪的使用方法

将设备附带的电缆接到测试仪的输出端口上，打开仪器电源开关，将模式选择开关选择到脉冲模式上，屏幕右上角显示"脉冲"。按"测量范围"键，将测量范围调到大于标准电缆的长度。按"脉冲"键发送测试脉冲，屏幕上得到反射波。按"◄或►"键将光标移到反射波的拐点；如果反射波不好辨别，应调节增益旋钮改变波形幅度，再按"脉冲"键，重新发送脉冲。按"波速"键和"◄或►"键，修改波速值，直到测得的距离值大致等于标准电缆的长度为止，然后记下此值以备使用。

3. 发动机燃油压力检测

1）先拔下燃油泵熔丝、继电器或油泵插头，再起动发动机，直至发动机自行熄火后，再次起动发动机2~3次，然后拆下蓄电池负极。

2）将燃油压力表串接在进油管中。在拆卸油管时要用一块毛巾或棉布垫在油管接口下，防止燃油泄漏在地上。把燃油压力表安装到燃油压力表适配器上，压力表一般安装于汽油滤清器的出油口或燃油分配管的进油口处，带测压口的车辆可将燃油压力表连接至测压口处。

检测方法：将点火开关转到 ON 位置，检查燃油是否泄漏。起动发动机，检查燃油是否泄漏。读取燃油压力表上的读数。怠速时一般为 0.25MPa 或参考相关车型技术规定。检测怠速工作压力时，拔下真空管时油压应上升至 0.3MPa。否则，应更换油压调节器。关闭发动机，检查燃油压力表读数的变化，5min 内压力表读数应不变。

3）检测油压。通过燃油压力表检测发动机静态油压、怠速油压、最大油压、剩余油压。燃油油压检查方法见表 3 - 13，测量的参考值见表 3 - 14。

表 3 - 13　燃油油压检查

燃油油压测试	燃油油压测试操作方法
静态油压	不起动发动机，用跨接线连接油泵诊断接头上的两个端子，将点火开关转至 ON 位置，让油泵工作，这时静态油压为 300kPa
怠速油压	装复燃油泵熔丝或继电器，起动发动机，使燃油泵在怠速下运转，此时油压表读数为怠速工作油压，为 200 ~ 300kPa
最大油压	用包有软布的钳子夹住回油管，此时油压表读数为油泵最大供油压力，一般为正常工作油压的 2 ~ 3 倍。
剩余油压	松开油管夹钳，发动机熄火，燃油泵停止运转 10min 后，油管保持压力应大于 150kPa

表 3 - 14　测量参考值

发动机工况（以桑塔纳 2000 为例）		燃油压力/kPa
怠速	未拔下调压器真空管	250 ± 20
	拔下调压器真空管	300 ± 20
急加速		300 ± 20
熄火后 10min 内		不低于 150

油压表读数主要有油压为零、油压正常、油压过高和油压过低四种情况。

如果油压为零时应当先检查油箱存油量及油道是否泄漏、燃油滤清器是否堵塞。如果上述问题正常，油压依然为零，检查燃油系统的控制电路，如熔丝、继电器、油泵电路线束、油泵配件是否出现故障等。

如果油压过高，检查压力调节器顶部的真空管是否松脱或破裂漏气，或油压调节器回油管是否堵塞等。

当燃油压力过低，或油泵停止工作 2 ~ 5min 内油压迅速下降，如果油路正常，说明喷油器有泄漏、燃油压力调节器故障、燃油滤清器堵塞、油泵故障。

4. 气缸压缩压力检测

气缸压力表由表头、导管、单向阀和接头等组成。气缸压力表接头有螺纹管接头、锥形或阶梯形橡胶接头两种。螺纹管接头可以拧在火花塞或喷油器的螺纹孔中，橡胶接头可以压紧在火花塞或喷油器孔中。单向阀处于关闭位置时，可保持测得的气缸压缩压力读数；单向阀打开时，可使压力表指针回零，以用于下次测量。

气缸压缩压力检测的条件是发动机运转至正常工作温度，冷却液的温度85～95℃，用起动机带动已拆除全部火花塞或喷油器的发动机运转，其转速应符合原厂规定。

如图3－79所示，拆下发动机空气滤清器，用压缩空气吹净火花塞或喷油器周围的脏物，拆下全部火花塞或喷油器，并按气缸顺序放置。然后，把气缸压力表的橡胶接头插在被测缸的火花塞或喷油器孔内，扶正压紧。将节气门置于全开位置，用起动机转动曲轴3～5s，不少于四个压缩行程，待气缸压力表指针指示并保持最大压力后停止转动。

取下气缸压力表，记录读数，按下单向阀使气缸压力表指针回零。

图3－79　用压力表测发动机气缸压力

按上述方法依次测量各缸，每缸测量不少于二次，每缸测量结果取算术平均值。发动机各气缸压力应不小于原设计规定值的85%，每缸压力与各缸平均压力的差应不大于8%，大修竣工发动机的气缸压力应符合原设计规定。如果第二次测量结果比第一次高，接近标准压力，表明是气缸、活塞环、活塞磨损过大或活塞环对口、卡死、断裂及缸壁拉伤等原因造成了气缸不密封。第二次测量结果与第一次略同，即仍比标准压力低，表明进排气门或气缸衬垫不密封。若两次测量结果均表明某相邻两缸压力都相当低，说明两缸相邻处的气缸衬垫烧损窜气。

气缸压力的测量结果不但与气缸内各处的密封程度有关，而且还与曲轴的转速有关。只有当曲轴转速超过1500r/min以后，气缸压力曲线才变得比较平缓。但在低转速范围内，即使较小的转速变化也能引起气缸压力测量值较大的变化。不同型号的发动机，由起动机带动曲轴的转速不可能一致，即使同一型号的发动机，由于蓄电池、起动机和发动机的技术状况不一，其检测转速也不可能完全一致。为防止出现较大的误差，在检测气缸压力时，应该用转速表监测曲轴转速。

5. 进气管真空度检测

发动机进气管的真空度，是随进气管的密封性和气缸密封性的变化而变化的。因此，在确认进气管自身密封良好的情况下，利用真空表检测进气管的真空度，或利用示波器观测真空度波形的变化，可用来分析、判断气缸密封性，并能诊断故障。进气管真空度是一项综合性很强的诊断参数，真空表检测真空度是目前公认的最重要、最实际和最快速的诊断方法之一。下面就以真空表检测为例说明真空度检测的方法，若进气管真空度符合要求，不仅表明气缸密封性符合要求，而且也表明点火正时、配气正时和空燃比等也都符合要求。

如图3－80所示，真空表由表头和软管组成，

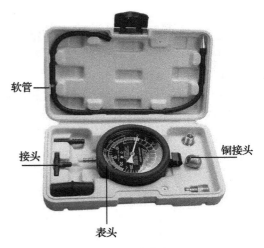

软管

接头

铜接头

表头

图3－80　真空表

表头与气缸压力表表头一样，多为鲍登管。当真空进入表头内弯管时，弯管更加弯曲，于是，通过杠杆和齿轮机构等带动表头指针动作，在表盘上指示出真空度的大小。真空表表头的量程为 0~101.325kPa，软管的一头固定在表头上，另一头连接在节气门后方的进气管专用接头上。

真空表使用方法：

① 发动机预热到正常工作温度。

② 把真空表软管连接在节气门后方的进气管专用接头上。

③ 发动机怠速运转。

④ 读取真空表上的读数。

考虑到进气管真空度有随海拔增加而降低的现象（一般海拔每增加 1000m，真空度将减少 10kPa 左右），因此真空度检测应根据所在地海拔修正真空度诊断参数标准。在相当于海平面高度的条件下，发动机怠速运转时，真空表指针稳定地指在 57~71kPa 范围内，表示气缸密封正常。当迅速开启并立即关闭节气门时，真空表指针随之摆动在 6.8~84kPa 之间，表明气缸组技术状况良好。真空表指针在 50.6~67.6kPa 之间摆动，表示气门黏滞或点火系统有问题。怠速时，若真空表指针低于正常值，可能是活塞环、进气管漏气，也可能与点火过迟或配气过迟有关。怠速时真空表指针在 33.8~74.3kPa 之间缓慢摆动，且随发动机转速升高加剧摆动，表示气门弹簧弹力不足、气门导管磨损或气缸衬垫泄漏。真空表指针有规律地跌落，表示某气门烧毁。每当烧毁的气门工作时，指针就跌落。真空表指针逐渐跌落到 0，表示排气消音器或排气系统堵塞。指针快速地在 27~67.7kPa 之间摆动，发动机升速时指针反而稳定，表示进气门杆与其导管磨损松旷。

6. 汽车尾气排放检测

燃油车的排放物主要包括氮氧化合物、碳氢化合物、碳氧化合物、硫化物、颗粒排放物、金属化合物、有机化合物和水等。汽车尾气排放是造成大气污染的重要原因之一，氮氧化合物在阳光下与碳氢化合物发生反应容易形成烟雾，矿物不完全燃烧产生的一氧化碳是一种危害很大的有毒气体，硫化物容易与水反应形成酸雨，而二氧化碳则被公认为是引起全球变暖的罪魁祸首。

如图 3-81 所示，对机动车的排放情况进行检测，监测其污染物的排放水平，判断排放污染物是否合格或超标。对电喷车、装有三元催化转化器的电喷车通过汽车尾气排放状态检测诊断，可以检测到其电控系统、燃烧系统、催化转化器工作是否正常，达到发现问题、解决问题的目的。经过尾气排放分析的结果，可以检测汽车排放系统是否存在泄漏、破损。包括燃烧情况、点火能量、进气效果、供油情况、机械情况等发动机故障。

在进行汽车尾气排放检测时要求：

①排气系统不得有泄漏。

②发动机应达到规定的热状态。

③按规定调整怠速和点火定时。

图 3-81　汽车尾气排放检测

检测的方法：

1）连接取样管、前置过滤器、短管、取样探头、连接油温传感器、转速传感器。

2）接通电源，启动汽车尾气分析仪预热约 10min。

3）预热完成后，按功能键 K 键开始自动检漏，检测仪气密性检查完毕之后，将直接进入自动调零阶段。

4）将汽车尾气分析仪探头取下探头保护罩后插入受检车辆排气管内取样，深度约为 400mm。

5）将尾气收集管按在已插入取样探头的排气管上，将受检汽车排出的尾气及时导出。

6）起动汽车进行双怠速测量

①按 K 键进入 HC 残留物检测，检测出 HC 残留物的成分。

②进行高怠速测量。将发动机转速调到 2500r/min，待检测仪数据稳定后，按 S 键锁定数据。

③将检测数据打印。

④进行怠速测量。将发动机转速调到 1500r/min，待数据稳定后，按 S 键锁定数据，然后将检测数据打印。

7）将检测结果与国家标准进行对比，检查受检车辆尾气排放是否符合国家标准。参考标准见表 3-15。

表 3-15　车辆尾气排放国家标准参考

标准等级	CO/（g/km）	HC/（g/km）	NO$_x$/（g/km）	HC + NO$_x$/（g/km）	PM/（g/km）	PN/（g/km）
柴油						
Euro 1	2.72（3.16）	—	—	0.97（1.13）	0.14（0.18）	—
Euro 2	1.0	—	—	0.7	0.08	—
Euro 3	0.64	—	0.5	0.56	0.05	—
Euro 4	0.5	—	0.25	0.3	0.025	—
Euro 5	0.5	—	0.18	0.23	0.005	—
Euro 6	0.5	—	0.08	0.17	0.005	—
汽油						
Euro 1	2.72（3.16）	—	—	0.97（1.13）	—	—
Euro 2	2.2	—	—	0.5	—	—
Euro 3	2.3	0.2	0.15	—	—	—
Euro 4	1.0	0.1	0.08	—	—	—
Euro 5	1.0	0.1	0.06	—	0.005	—
Euro 6	1.0	0.1	0.06	—	0.005	—
国内汽油标准						
国 4	1.0	0.1	0.08	—	—	—
国 5	0.5	—	1.8	0.23	4.5	6
国 6A.0.7	—	0.6	0.12	4.5	6	—
国 6b	0.5	—	0.35	0.7	4	6

7. 汽车前照灯检测

汽车前照灯检测方法有屏幕检测法和前照灯检测仪检测法。

屏幕检测法就是在屏幕上检查。检查用的场地应平整，屏幕与场地应垂直。被检验的车辆应在空载、轮胎气压正常、乘坐一名驾驶人的条件下进行。

目前，各汽车检测机构和维修企业通常使用前照灯检测仪检测。

专业的二手车鉴定估价人员在拿来前照灯检测不合格的报告后，通常要对不合格项目进行认真分析。

如图 3-82 所示，无论哪种检测仪都是由接受前照灯光束的受光器、使受光器与汽车前照灯对正的找正装置、前照灯发光强度的指示装置及光轴偏斜量指示装置等组成的。

图 3-82　汽车灯光检测

（1）检测仪的准备

1）在前照灯检测仪不受光状态下，检查光度计和光轴偏斜指示计的指针是否能对准机械零点。若指针失准，可用零点调整螺钉将其调整在零点上。

2）检查聚光透镜和反射镜的镜面有无污物或模糊不清的地方。若有，可用柔软的布或镜头纸等擦拭干净。

3）检查水准器的技术状况。若水准器无气泡，要进行修理；若气泡不在红线框内时，可用水准器调节装置或垫片进行调整。

4）检查导轨是否沾有泥土或小石子等杂物，要保证导轨干净。

（2）车辆的准备

1）清除前照灯上的脏污。

2）轮胎气压应符合汽车制造厂的规定。

3）汽车蓄电池应处于充足电状态。

（3）检测开始

1）将汽车尽可能地与导轨保持垂直方向驶近检测仪，使前照灯与检测仪受光器相距 3m。

2）将车辆摆正找准，使灯光检测仪与汽车对正。

3）开亮前照灯，接通检测仪电源，用上下、左右控制开关移动检测仪位置，使前照灯光束射到受光器上。然后根据测试结果调整前照灯至正常。

8. 汽车动力检测

汽车动力性是汽车在行驶中能达到的最高车速、最大加速能力和最大爬坡能力，是汽车的基本使用性能。汽车行驶遇到的阻力有滚动阻力、空气阻力、坡度阻力和加速阻力。在汽车动力检测过程中，当被测车辆的检测结果低于标准值时，说明驱动输出功率不足。其原因

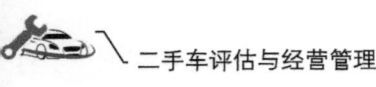

主要有两个方面：一是发动机技术状况不良，本身输出功率低；二是传动系统的功率损失大。发动机的功率可用无负载测功方法检查，传动系统的功率损失点可能在离合器、变速器（分动器）、中央制动器、万向传动机构、主减速器、差速器和轮毂等处。如果是滑行距离不足，说明底盘技术状况不良。

汽车使用中，机械效率随着传动系统技术状况的变化而变化。新车的机械效率并不是最高，只有在传动系统完全走合后，各部调整到最佳时，才使机械效率达到最大值，滑行距离最长。但是，随着车辆的继续使用，磨损逐渐扩大、润滑条件变差，配合情况逐渐恶化，摩擦损失也逐渐增加，因而机械效率也就逐渐降低。因此底盘测功能为评价底盘总的技术状况提供重要的参考数据。

汽车底盘输出功率的检测及注意事项：

1）台架举升机应处于上升状态。无举升机者滚筒必须锁定。车轮轮胎表面不得夹有小石子或坚硬之物。

2）汽车底盘测功机控制系统、道路模拟系统、引导系统、安全保障系统等必须工作正常。

3）在动力性检测工程中，控制方式处于恒速控制，起动汽车，逐步加速并换档至直接档，使汽车沿台板上的指示线以 3～5km/h 车速平稳前行，在行进过程中，不允许转动转向盘。当车速达到设定车速并稳定 15s 后，计算机方可读取车速与驱动力数值，并计算汽车底盘输出功率，如图 3-83 所示。

4）转向轮通过台板时，输出检测结果并记录环境状态，当被测车轮从滑动板上完全通过时，察看指示仪表，读取最大值，记下滑动板的运动方向，即区别滑动板是向内还是向外滑动。

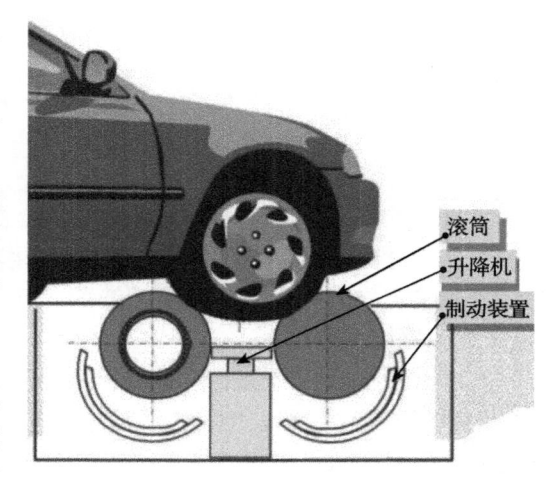

滚筒
升降机
制动装置

图 3-83　汽车底盘输出功率检测

5）检测时不允许超过额定吨位的汽车驶入测功机，以防压坏或损伤易损机件。在测功机上的汽车不得在侧滑台上转向或制动，否则会影响测量精度和检验台的使用寿命。前驱动的汽车在测试时，不应该突然踩踏加速踏板和离合器踏板，这样会改变前轮受力状态和定位角，造成测量误差。

9. 四轮定位检测

由于汽车行驶速度越来越高，汽车的操纵稳定性对汽车安全越来越重要。汽车不仅具有前轮定位要求，有些高速客车和轿车还有后轮外倾角和后轮前束等参数。专业的二手车鉴定估价人员在拿到四轮定位检测不合格的报告后，通常会同专业维修人员对不合格项目进行认真分析。四轮定位修理中，通常的修理方法包括调整、更换部分零部件和车身校正。目前，常用的四轮定位仪有拉线式、光学式、电脑拉线式和电脑激光式四种。四轮定位仪主要由一台电子计算机和四个光学机头组成。每个机头里都有一套红外线发射和接收的光学系统，微机把机头检测来的信息进行处理，把车辆的原厂技术标准数据和测量值进行比较，判断故障原因。

（1）检测步骤

1）如图3-84所示，将车辆开到定位仪上，待检车后轮停在可以横向移动车辆的后轮滑板中心处，在滑板的下面有滚筒支承。

2）安装轮镜。首先，根据轮辋直径调整三个卡爪之间的距离，然后将万能轮镜安装架紧固在轮辋边沿上，再将带有调整盘的轮镜安装在该架上，支起车轮并轻轻转动一周。

3）轮镜安装基准调整。轮辋的变形和轮镜安装架的装夹误差，会使装夹在车轮上的镜面不垂直于车轮轴心线，从而造成测量误差，因此，需要进行轮镜安装基准调整，即补偿调整。

图3-84 四轮定位检测

4）将车辆摆正定位。将定位量尺置于待检车辆的左前侧，用量尺的磁性座与投影仪的底座相连，垂直于车轮中心线量出至轮辋最低位置间的距离，运用同样的方法，测出右侧的距离，直到两侧的距离相同为止。

（2）定位参数的测量

1）测量前轮左/右主销内倾角。前轮安装传感器及配件，锁紧前轮传感器，后轮传感器可不用，转盘不锁紧，不用转向盘锁定杆，使用制动顶杆以防车轮滚动。

2）测量前轮左/右主销后倾角。采用与主销后倾角测量相同的操作过程，只是不需要使用制动杆就可读出数据。

3）测量左（右）后轮前束角/外倾角。测量后轮前束角和外倾角时，要使用四个传感器，使用转向盘锁定杆防止车轮转向，使用制动杆防止车轮滚动。

4）测量左（右）前轮前束角/外倾角。测量前轮前束角和外倾角的方法与测量后轮前束角和外倾角的方法完全相同。

3.2 实践训练

🔧	实训任务	对二手车进行静态检查、使用设备对车辆使用性能进行检查
📋	实训准备	旧机动车2~6辆、汽车综合诊断仪、工具车（含常用工具）、防护三件套、翼子板布、手电筒、手套等
📋	训练目标	能够掌握二手车的静态检查方法 能够掌握二手车的设备仪器检查方法
🕐	训练时间	90min
ⓘ	注意事项	如有拆装的零部件，需要妥善保管 注意车辆的保护 注意实训环境安全与个人安全，实训中不得串岗

任务：使用设备对二手车进行静态与使用性能检查

任务说明

对二手车进行静态检查、使用设备对车辆使用性能进行检查，并完成下列表中的任务。

实训组织与安排

教师活动	准备好实训设备设施，分配学生任务，在学生的实训过程中指导学生完成实训，全程督导学生的实训安全
学生活动	以小组为单位，按照实训要求进行各项检查，并完成实训任务表格

任务准备

1. 训练物品准备

请列举完成此项任务所需要的工具、设备、资料与辅料。

_____

_____

_____

2. 知识点准备

请查阅合适的资料，写下完成此项训练任务需要的知识。

_____

_____

_____

任务操作

1. 车辆证件真伪鉴别

检查机动车登记证、机动车行驶证、税费证		
序号	检查项目	检查结果
1	机动车登记证	
2	机动车行驶证	
3	税费证	

2. 车身的技术状况静态检查

检查车身是否有碰撞受损		
序号	检查项目	检查结果
1	检查车门	
2	检查保险杠有无明显变形、损坏，有无校正、重新补漆的痕迹	
3	检查车门、车窗	
4	检查车身金属零部件锈蚀情况	
5	检查车身油漆	
6	检查后视镜和车窗玻璃	
7	检查灯具是否齐全	

驾驶舱和车厢内部检查		
序号	检查项目	检查结果
1	驾驶人座椅、乘员座椅安装应牢固可靠	
2	查看座椅的新旧程度，座椅表面应平整、清洁、无破损	
3	车顶的内篷是否破裂，车辆内部是否污秽发霉	
4	检查地毡或地板胶是否残旧	
5	揭开地毡或地板胶，查看车厢底板是否有潮湿或生锈的痕迹，是否有烧焊的痕迹	
6	检查行李舱	
7	检查仪表板是否原状	
8	检查里程表	
9	检查离合器踏板、制动踏板、加速踏板有无弯曲变形、干涉现象及踏板有无弹性	

发动机检查		
序号	检查项目	检查结果
1	检查发动机外部清洁状况	
2	检查发动机舱盖	

附属装置检查		
序号	检查项目	检查结果
1	刮水器	
2	CD 收音机	
3	仪表	

（续）

附属装置检查		
序号	检查项目	检查结果
4	后视镜	
5	加热器	
6	灯具	
7	转向信号灯	
8	洗涤装置	
9	空调设备	

车辆底盘检查		
序号	检查项目	检查结果
1	检查发动机固定是否可靠，检查发动机与传动系统的连接情况；燃油箱及燃油管路应固定可靠，不得有渗油、漏油现象，燃油管路与其他部件不应有磨蹭现象；软管不得有老化开裂、磨损等异常现象	
2	检查传动轴中间支撑轴承及支架、万向节等有无裂纹和松旷现象	
3	检查转向节臂、转向横拉杆有无裂纹和损伤，有无拼接现象	
4	检查车架是否有裂纹和影响车辆正常行驶的变形，螺栓和铆钉不得缺少和松动，车架不得进行焊接加工	
5	检查前、后桥是否有变形、裂纹	
6	检查钢板弹簧有无裂纹、断片和缺片现象，减振器是否漏油，车架与悬架之间的各拉杆和导杆有无松旷和移位现象	
7	检查排气管、消音器是否齐全及固定，有无破损和漏气现象	
8	检查制动总泵、分泵、制动管路，不得有漏气、漏油现象；软管不得有老化开裂、磨损异常等	
9	检查减振器和悬架	

常用量具检查		
序号	检查项目	检查结果
1	车体周正检测	
2	车轮轮胎检测	
3	车轮的横向和径向摆动量检测	
4	车外廓尺寸检测	
5	汽车后悬检测	
6	最小离地间隙检测	

3.3 探讨验证

二手车技术状况动态检查

发动机检查		
序号	检查项目	请探讨并写下研讨的结果
1		
2		
3		
4		
5		
6		

转向系检查		
序号	检查项目	请探讨并写下研讨的结果
1		
2		
3		
4		
5		
6		

路试检查

制动性能检查		
序号	检查项目	请探讨并写下研讨的结果
1		
2		
3		
4		
5		
6		

离合器检查		
序号	检查项目	请探讨并写下研讨的结果
1		
2		
3		
4		
5		
6		

（续）

变速器检查		
序号	检查项目	请探讨并写下研讨的结果
1		
2		
3		
4		
5		
6		

转向操纵检查		
序号	检查项目	请探讨并写下研讨的结果
1		
2		
3		
4		
5		
6		

汽车的动力性检查		
序号	检查项目	请探讨并写下研讨的结果
1		
2		
3		
4		
5		
6		

传动系统间隙检查		
序号	检查项目	请探讨并写下研讨的结果
1		
2		
3		
4		
5		
6		

机械传动效率检查		
序号	检查项目	请探讨并写下研讨的结果
1		
2		
3		

（续）

动态试验后的检查		
序号	检查项目	请探讨并写下研讨的结果
1		
2		
3		
4		
5		

3.4 项目小结

本项目的学习目标你已经达成了吗？请通过以下问题进行结果检验。

序号	问题	自检结果
1	检查二手车性能与技术状态的方法有哪些？	
2	二手车查验的手续有哪些？	
3	对于二手车，应当重点排查哪些车辆？	
4	在静态检查中，发动机的检查内容有哪些？	
5	二手车底盘检查的内容有哪些？	
6	车身的外观应如何进行检查？	
7	如何进行路试？有哪些要求？	
8	什么是动态检查？动态检查的内容有哪些？	
9	使用设备对车辆的性能进行检测时主要检查哪些内容？	
10	四轮定位的作用是什么？	
总评得分（每题10分，总计100分）		

3.5 项目练习

单项选择题：

1. 二手车静态检查是指在 （   ）情况下，根据评估人员的经验和技能，辅之以简单的量具，对二手车的技术状况进行直观检查。

    A. 发动机运转   B. 静态   C. 直观   D. 变形

2. 在二手车鉴定时要求手续齐全，首先要检查 （   ）。

    A. 车辆的归属地、手续、行驶证、环保检验、车主的合法身份

    B. 交强险标志、VIN 码、车辆登记证、查看车主是否有犯罪历史

C. 手续、行驶证、环保检验、交强险标志、VIN 码、车辆登记证

D. 以上都对

3. 家庭用车一年行驶（　　）万 km 是正常的。

A. 3～4　　　　　B. 1～2　　　　　C. 2～3　　　　　D. 4～5

4. 传动系统的检查内容主要包括（　　）。

A. 汽车底盘的通过性、抗振性能、减振弹簧裂纹、轮胎型号

B. 传动系统、转向系统、行驶系统、制动系统

C. 汽车的爬坡能力、挂档能力、制动性能、发动机的工况

D. 以上都对

5. ABS 检测指示灯接通点火开关后点亮，约 3～4s 后熄灭，表示系统正常。不亮或长亮则表示（　　）。

A. ABS 出现故障　　　　　　　　B. 该换制动片了

C. 轮胎亏气　　　　　　　　　　D. 以上都对

问答题：

二手车在鉴定时，车身的底部应当重点检查哪些问题？

_____

_____

_____

_____

思考与讨论：

1. 二手车动态检查的内容有哪些？

_____

_____

_____

_____

2. 怎么检查事故车？

_____

_____

_____

_____

项目四　事故车辆鉴定与评估基础

学习目标

完成本项目的学习后，能够达到以下目标：

- 知道车辆碰撞后的损伤种类并掌握分析方法
- 掌握二手车事故修复的技术鉴定与检查方法
- 知道二手车维修的修换标准
- 了解二手车维修内容与维修费用

4.1　基础知识学习

本项目学习的主要内容为事故车的鉴定，这部分是非常重要的内容，想要正确地对事故车进行判断，必须先掌握汽车损伤的受力分析。

学生准备

学生在正式上课之前，应当做好如下准备：

- 预习老师安排的教学内容，完成老师推送的学习任务。
- 准备好在课堂上需要向老师提出的本项目内容范围的问题。

4.1.1　事故车辆损伤类型与鉴定

❓ 事故车的损伤类型有哪些？如何进行分析？

1. 事故车辆损伤类型分析

汽车在使用中出现故障的原因主要有内因与外因两个部分，其外部原因主要由环境、人为、时间三个因素构成，内因主要由物理、化学、机械的变化导致。

汽车在正常运行中其外部环境对车辆的影响是非常复杂的。外界施加于汽车的各种条件、客观环境称为环境因素，主要包括各种复杂的力、运动与碰撞产生的能量、内部工况与外部气候的诱因、车辆本身与行驶条件带来的振动、污染等因素，这些因素随时间的变化对汽车

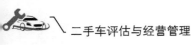

性能将会产生影响，并且人为导致的损伤将会是非常致命的。常见的例如车门铰链的磨损、外部覆盖件的变形、承载结构体出现的裂纹、断裂等。车身损伤主要有以下三种情况：

①车身板件或结构件的腐蚀。

②车身板件或结构件的疲劳损伤。

③车辆碰撞损伤。

汽车在使用过程中，车架和车身发生损坏的因素是多方面的。不仅是由于受到大的载荷作用而造成的，也可能因为车门等部件磨损或者因为氧化等其他因素导致的腐蚀，使各部件经常处于非正常工作状态而造成的，但多数情况下，是因为冲击、翻覆等事故，使局部受到较大的载荷作用后造成的弯曲、扭转、凹陷等损伤。

必须对事故车不同区域进行检查，查找有哪些损坏，见表4-1。

表4-1 事故车损伤检查

序号	检测部分	可见的损伤情况
1	外部损坏 目视检查	①变形损坏 ②间隙的大小，如车门、保险杠、发动机舱盖、行李舱周围。间隙改变了，说明车身变形，此时需要进行测量 ③较小的变形，如凹痕、大表面上的翘曲，这些都可以通过不同的灯光反射进行鉴别 ④玻璃损坏、漆面损坏、裂纹、接缝变宽
2	底板总成 目视检查	如果发现底板总成有镦粗变形、翘曲、扭曲，或均匀的偏差，则必须对汽车进行测量
3	内部损坏 目视检查	①翘曲、镦粗变形（通常必须拆下装饰板进行这两种变形检查） ②安全带张紧系统是否触发 ③安全气囊是否触发 ④失火损坏 ⑤灰尘或脏污
4	其他部件损坏 目视检查	如散热器、轴、发动机、变速器、车桥、悬架、转向系统、ECU，电缆线等

从有无车架判断出汽车是全车架式、部分车架式还是承载车身式。

根据汽车碰撞时产生的伤痕，通过目测来确定碰撞点。

根据碰撞点伤痕的位置、形状和波及范围，分析碰撞力的方向及大小。

根据碰撞力的作用点、大小和方向，确定损坏是局限在车身上，还是涉及其他机械部件，如车轮、悬架、发动机等；沿碰撞力作用路径检查受损部件，直到无损坏处。对有类似特征的二手车利用测量工具或设备，对车身主要部位进行测量，将实测的车辆车身尺寸与车身维修手册的标准值加以对比，找到误差，可以判断损伤程度。

即使两种情况下发生撞击时的车辆重量和速度均相同，破坏程度也会随车辆撞击物体的不同而存在明显不同的损伤情况。碰撞所造成的车身损伤程度，虽然主要取决于碰撞力，但车身着力点的状况也对车身损伤起决定性的作用。

如图 4-1 所示，随总撞击面积的加大，单位面积的撞击力变小，变形量也相应减小，但破坏面积加大。如果撞击面积较小，如撞击电线杆时，则单位面积的撞击力较大，变形量也相应较大。

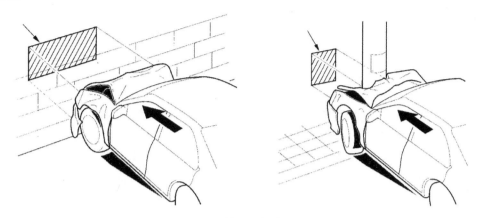

图 4-1 碰撞面积与车辆损伤

碰撞对车辆造成的损伤，直接碰撞力是主要因素，但也有碰撞而产生的其他力。例如，在惯性作用下引起的二次撞击。车辆在行驶时具备一定的惯性，来自车辆自身和载重。由于惯性作用对车身具有冲击力，会造成车内人员与车辆的二次损伤。乘客和载货在惯性作用下对车身产生的二次冲击影响到车顶、行李舱盖、仪表板、前风窗玻璃和车内座椅、饰件等。车载总成等也会由于惯性作用而对车身造成损伤。

车辆与非固定物体的碰撞时，被撞物体在惯性作用下会翻倒并可能滚过车身的整个上部，对车身上部非直接撞击的部位造成砸伤。或者车辆直接撞击到向前倾斜的物体引起部分碰撞力向下挤压而引起变形。在二手车评估时要非常注意以下几个方面：

1）事故车辆的车型结构、车辆基本尺寸等。

2）碰撞时的车速。

3）碰撞的准确位置、碰撞力的方向和角度等。

4）车辆的载重情况，人员或货物的数量和位置等。

5）车身材料也可能出现断裂或裂纹。

目前常采用的车身钣金修理方法如下：板件损伤的整形修复、板件的局部挖补、加热校正、焊接、板件或结构件的变形校正维修、更换和填充成形等。对车身结构件的校正通常采用车身校正仪来修复。车身在维修时必须注意三大问题：

1）车身维修工艺与技术处理复杂程度比较高。

2）车身材料类型与强度不一、多样，这会提高维修的难度。

3）因为维修中热影响与各种性能的不同程度不可避免地被破坏，所以车身修复后的质量也不容易确定。

所以在二手车检查时，任何碰撞过的车都不可能恢复到原厂的状态。车身整体结构损伤超过30%，会存在安全隐患，车辆的驾驶性能将不再有保障，比如材料会丧失二次防护的性能，车辆的再次碰撞对人员防护会存在很大的安全隐患。所以为了避免人员受伤的风险，凡车身整体损伤超过30%的车身，必须更换。

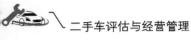

2．事故车辆的技术鉴定与检查

机动车发生事故无疑会极大损害车辆的技术性能，但车辆在交易以前往往会进行整修、修复，因此正确判别车辆是否发生过事故对于准确判断车辆技术状况、合理评定车辆交易价格具有重要意义。

对二手车进行检查时，准确地鉴定车辆事故状况需要进行全面的检查，通过仔细的检查可以发现一些较大的问题（图4-2~图4-5），如车身严重碰撞时产生的波纹损伤、间接隐性损伤、车身车架锈蚀或者结构性损坏、发动机或传动系的严重磨损、车舱内部设施装配不良或功能失常、损坏维修费用较大等问题，这些可以为价值评估提供有力的依据。细节的检查可以查看排气管、镶条、窗户四周和轮胎等处是否有多余的油漆。如果有，说明该车已做过油漆或翻新。用一块磁铁沿车身周围移动，如遇到突然减少磁力的地方，说明该局部补了原子灰，做了油漆。为更好地理解事故车检查的手段，我们可以通过下列事故车辆维修的图片案例来掌握二手车被"隐藏"的相关技术鉴定特征。

图4-2　事故车辆在维修中的实际情况一

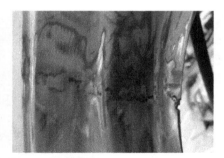

图4-3　事故车辆在维修中的实际情况二

图4-4　事故车辆在维修中的实际情况三

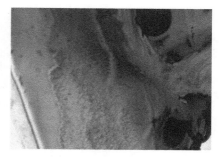

图 4 – 5 二手车鉴定检查时的发现

在正常情况下车身上的连接件装配技术较好,车身板件的连接没有多余焊缝,线束、仪表部件等应安装整齐、新旧程度接近。在二手车的底盘进行技术鉴定时应认真观察车底有是否漏水、漏油、漏气,锈蚀程度如何;板件上是否有焊接痕迹;车辆转向节臂、转向横直拉杆及球销有无裂纹和损伤,球销是否松旷,连接是否牢固可靠;车辆车架是否存在弯、扭、裂、断、锈蚀等损伤,螺栓、铆钉是否齐全、紧固;车辆前后是否有变形、裂纹;固定在车身上的线束是否整齐,新旧程度是否一致。这些都可以作为判断车辆是否发生过交通事故的线索。

(1) 汽车前部事故技术检查

检查前后车牌,车牌因碰撞造成扭曲之后完全修复是不可能的,会有一些凹凸痕迹。仔细观察发动机舱盖与两边翼子板的密合情况是否良好,以及发动机舱盖与风窗玻璃之间的缝隙是否一致或保留有原车的胶漆,如果有扭曲错合、大小不一,脱漆或重新烤漆等情况,均说明该车受过碰撞损伤。打开发动机舱盖检查标示规格等贴纸与贴牌,通常前方撞击过的车辆因为要重新钣金喷漆,所以这类的贴纸、贴牌都会被撕掉,重新喷漆后再粘贴上。

检查一下发动机舱有没有喷过漆的痕迹,发动机舱内不会随便喷漆,除非是碰撞维修、改色等作业。检查发动机前部的散热器框架,如果框架变形,散热器和冷凝器的安装与前照灯的安装会出现异常,要特别注意检查零部件的安装孔是否被修改过,如图 4 – 6 所示。

图 4 – 6 检查零部件的密封胶与安装孔

如图 4 – 7、图 4 – 8 所示,检查散热器框架有没有被修复或者螺栓被拧过的痕迹。前方撞击发生后散热器框架接合处就有明显的异常,就算是重新喷过漆,发动机舱内的结构零件只要扭曲就无法恢复成原本的样貌,撞击后的痕迹也无法隐藏。

图 4-7　检查前翼子板上梁

图 4-8　检查散热器框架

如图 4-9 所示，原厂的发动机舱盖背面的密封胶线条比较顺滑，如果是维修后重新涂敷的新胶剂，线条不顺且工艺较差，拆开隔热棉，查看里面是否有维修的痕迹或有再喷漆的痕迹，查看是否有钢印编号或记号，防止该部件被更换过。

图 4-9　检查发动机舱盖

对于防火墙，须重点检查车架的编码是否被更改过，然后检查防火墙是否被切割过，查看车架号钢印是否有被修改的痕迹。

前翼子板检查。重点查看翼子板内侧和轮旋的下部有没有被修复的痕迹，翼子板的螺栓有没有被拧过的痕迹。轮旋上的防腐胶是不是涂抹得均匀整齐，翼子板内侧和避振器底板上面的密封胶是否是原车的工艺。

检查前照灯。重点检查有没有料号标签，原厂不会有料号标签。固定前照灯的螺栓会有紧固时留下的痕迹，比较螺栓的材质、样式、外观新旧是否相同等。

如果从外部可以看到事故车维修后的损伤痕迹，可以直接断定此车发生过碰撞。为确保损伤判断的数据差值，可以使用对角测量或直接将车移动到专用测量台上进行深度检查。如图 4-10、图 4-11 所示，参考车身前部的控制点，测量图中所标位置的尺寸，并与标准车身尺寸比对来判断碰撞产生的形变量。维修与鉴定的尺寸数据可以通过维修手册确定。

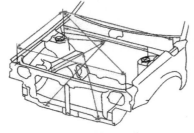

图 4-10　通过数据检查车身的受损情况

图 4-11　检查发动机舱盖的缝隙

如图 4 - 12、图 4 - 13 所示，观察前减振器上座部分，仔细检查左右两边的钣金，外形是否对称，同时查看侧面翼子板的螺栓。前减振器上座在检查时要重点检查接缝位置的焊点与密封胶剂。

图 4 - 12　螺母的表面没有损伤　　　　　　　图 4 - 13　更换过减振器

如图 4 - 14 所示，检查汽车纵梁时，重点检查纵梁的关键数据。前纵梁因为承受较大的撞击，应观察大梁是否有扭曲或焊接的情形。在纵梁上安装的都是非常重要的部件，为了加强汽车在发生碰撞时能更好地吸收破坏能量，车身许多支架上设计有圆形的工艺孔。前纵梁在检查时要细心查看纵梁上的圆孔是否失圆或变形，如果有变形说明车辆被碰撞后维修过。

图 4 - 14　前纵梁碰撞受损区剖析

（2）汽车乘客舱事故技术检查

乘客舱是车身结构中最重要的位置，也是二手车作假最隐蔽的位置。如图 4 - 15 所示，要细心检查 A 柱、B 柱、C 柱、车门槛板、前风窗玻璃框架等是否存在变形。可用量具测量两边的数据判断，确定侧围变形情况。通过焊点的检查也可以确定该车辆的侧围是否被更换了新件。通常，在维修时，为提高焊接后的整体强度，需要在原厂焊点的基础上多增加 30% 的焊点，原厂的点焊点压痕与维修时产生的压痕有差异。当然也要注意该车在维修时保留了原车的焊接区域，在旁边进行了切割，遇到这种情况，首先观察有没有重新做过喷漆，或直接使用膜厚仪检查油漆漆膜的厚度。

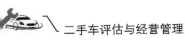

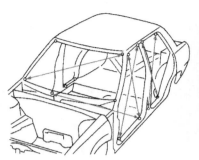

图 4 - 15　检查车身侧面关键数据

　　对于车门的检查，如图 4 - 16 所示，可以反复开启与关闭车门看是否灵活，检查车门铰链的连接处及螺栓有无异常现象。要重点检查车门关闭时的密封性，如图 4 - 17 所示，检查车门缝隙是否密合、平整、均匀。利用光线在车门表面的折射查看板面的平整度，如果车门表面有凹凸不平，则说明车门曾经撞伤或更换过。如图 4 - 18、图 4 - 19 所示，重点查看车门框的焊点是否为原厂焊点，如果出现被修整的痕迹，则可以判定为事故车。

图 4 - 16　检查车门铰链安装　　　　图 4 - 17　检查车身接缝

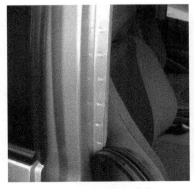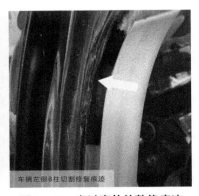

图 4 - 18　正常的焊点状况　　　　图 4 - 19　有过事故的整修痕迹

（3）汽车后部事故技术检查

如图4-20所示，使用量尺测量左右行李舱测量点的尺寸，将数据与原车数据进行比较，判断后部车身是否变形，并检查行李舱盖开关的灵活程度，以及关闭后结合的密封性，然后拆开密封条检查里面的金属是否有修焊的痕迹与锈蚀等。

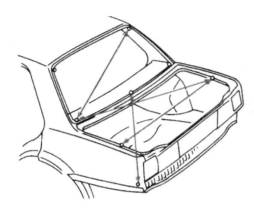

图4-20 检查后部尺寸

检查行李舱盖与尾灯和两侧后翼子板之间的缝隙是否均匀，左右是否对称。检查尾灯的新旧程度是否一致，灯位缝隙是否整齐，左右是否对称。打开行李舱，检查防水胶边是否损坏脱落，车门周边的密封条是否硬化。根据这些部位的检查情况判断车辆的使用时间和技术状况。如图4-21所示，检查行李舱底板、后尾板处是否有切割焊接的痕迹，后翼子板和后减振器支架的内衬板以及接缝线处是否有焊接的痕迹。

图4-21 锈迹斑斑的痕迹表明汽车曾经被水淹

检查是否有烧焊或浸水的痕迹。掀开行李舱下的地毯，检视行李舱开口处左右两侧的钣金部分是否有钣金维修的痕迹，或者与后保险杠的接合处有无烧焊的痕迹，这些细节非常重要。如果有，说明该车发生过交通事故，重新焊接过，倘若车辆维修质量不过关，可能存在雨天行李舱漏水的隐患。

4.1.2　事故车辆维修费用

❓ **汽车维修的费用如何进行评估？**

决定二手车价格的因素主要有车辆的使用年份、车辆行驶里程、车辆机械状态的好坏、车辆外观的好坏及有无修理的痕迹、车辆配置的高低、车辆排量的大小、车辆颜色是否符合该品牌客户的普遍喜好、车辆是否属于知名品牌、是否符合当地车辆的环保政策、同类车辆在二手车市场库存的多少、同品牌新车价格波动幅度的大小等。为保证再次销售的二手车价格的公平公正，需要对车辆的实际维修情况进行仔细的检查与分析，如果检查到车辆存在故障与维护的问题，将会产生额外的费用，这些维修与维护费用主要包括更换的零配件与维修工时费等。在进行二手车回收时应当将这些费用在总价中扣除。

国家计委、交通部出台的《汽车维修行业工时定额和收费标准》中汽车维修工时单价标准：一类维修企业每工时 10 元，二类维修企业每工时 8 元，三类维修企业每工时 5 元，机加工、车辆急修每工时 14 元。其中一、二类维修工时单价不含辅料费，三类和机加工、车辆急修含辅料费。

维修费的具体构成是维修费＝工时费＋材料费＋其他费用
工时费＝工时定额×工时单价

材料费是指维修过程中实际消耗的外构件费（含配件、漆料、油料、辅助材料等）和自制配件费。漆料、油料应按实际消耗量结算。

其他费用包括外加工费及材料服务费等。

外加工费是指在维修过程中，发生在厂外加工的费用，按实际外加工费结算。

材料服务费是指材料的采购过程中发生的装卸、运输、保管、损耗等费用。

换件的标准如下：

1）修复后的配件确定不能恢复原有性能需要予以更换。

2）修复后技术指标不能达到使用要求与标准的零配件。

3）修复后不能恢复原外观，如亮条、饰条。

4）骨架、立柱、轮槽严重变形，修复后会漏水，漏气。

5）覆盖件损坏面积超过 50% 以上，恢复难度较大。

6）恢复件费用达到换件的 50% 以上。

7）能修复但无厂家修复的，如大梁、工字梁、后桥等。

8）无法修复的，如玻璃制品、橡胶件。

9）影响安全的部件，如横切托杆、平衡杆、球头转向器等。

10）商品车，3 个月内的新车。

在计算作业工时时，要考虑附加工时。主要考虑的附加工时如下：

1）准备时间。用于切割、拉伸、压缩等方法拆卸严重损坏的零件。

2）防腐抗锈材料的处理时间。

3）碎玻璃的清理时间。

4）检修电气元器件的时间。

5）必要的拆卸和安装时间。包括接线、线束和计算机模块。

6）在断电进行修理时，应重新启动记忆模块功能的时间。

7）车架调整的时间。

8）清洗零件上的锈迹和腐蚀物所需的时间。

9）测量和检验的时间。如检测承载式车身结构损伤。

10）塞堵和修整孔的时间。安装时，塞堵零件上不需要的孔。

11）修理和校准的时间。相邻零件被更换时。

12）修复零件的时间。

13）清洗润滑油和润滑脂的时间。

14）移装时间。将旧零件上的支架、托架或加强件焊接或焊接到新零件上。

4.2 实践训练

	实训任务	现场察看事故车，对碰撞后的车辆，进行损伤检查，并做出报价
	实训准备	事故车辆 2～3 辆、拆检用工具车（含常规工具）、维修手册、配件查询电脑 3 台、配件报价单
	训练目标	通过实训能够掌握车辆的损伤分析与修换原则 能够掌握车辆维修费用与维修工时的计算方法
	训练时间	60min
	注意事项	做好车辆的保护，在拆检时应注意工作安全 报价完成后应将拆卸的部件重新装回 为防止零部件损坏，在拆卸之前应查阅维修手册

任务：对事故车辆进行检查并写出鉴定后的配件清单

任务说明

现场察看事故车，对碰撞后的车辆，进行损伤检查，并做出报价。

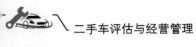

实训组织与安排

教师活动	准备好实训设备设施，分配学生任务，全程督导学生的实训安全 组织学生查看实训车辆，指导学生进行拆检并填写需要更换与维修的车辆，并评估维修的费用与维修工时
学生活动	查看事故车，检查车辆并报价 以小组为单位，按照实训要求进行各项检查，并完成要求填写的内容

任 务 准 备

1. 训练物品准备

请列举完成此项任务所需要的工具、设备、资料与辅料。

_____

_____

_____

2. 知识点准备

请查阅合适的资料，写下完成此项训练任务需要的相关知识。

_____

_____

_____

任 务 操 作

汽车维修报价单

车辆信息	车牌号	车型	VIN	发动机号	里程数

互动检查	车身状况漆面检查，损伤部位下图标注	检查结果	
		车身检查	
		车内检查	
		发动机舱	
		底盘检查	
		客户故障描述：	

（续）

维修项目		维修备件	材料费	工时费	小计
	1				
	2				
	3				
	4				
	5				
	6				
	7				
	8				
	9				
	10				
	11				
	12				
	13				
	14				
	15				
	16				
	17				
	18				
	19				
	20				
	21				
	22				
	23				
	24				
	25				
	26				
	27				
	28				
	29				
	30				

维修费用：

二手车评估与经营管理

4.3 探讨验证

教师活动	组织学生对报价的清单进行点评，让学生在讲台上对小组成果进行展示。引导学生进行问题探讨
学生活动	将小组完成的报价单进行讲解，并完成老师提出的探讨问题

请写下补充内容或更正信息

序号	维修备件	材料费	工时费	小计
1				
2				
3				
4				
5				
6				
7				
8				
9				
10				
11				
12				
13				
14				
15				

问题探讨

问题1	什么是汽车的有形损耗和无形损耗？	点评记录
问题2	对二手车技术状况鉴定的过程中，车辆底部主要检查哪些项目？	点评记录

120

（续）

	对二手车技术状况鉴定的过程中，车箱内部及附属装置检查哪些项目？	点评记录
问题3		

4.4 项目小结

本项目的学习目标你已经达成了吗？请思考以下问题进行结果检验。

序号	问题	自检结果
1	汽车损伤的类型与原因有哪些？	
2	碰撞力的三要素是什么？	
3	碰撞面积与损伤程度的关系是什么？	
4	事故车辆在二手车评估时要注意哪几个方面？	
5	当用手敲击车身时，如敲击声发闷，说明有什么问题？	
6	车架的编码如何检查？	
7	如何快速判断二手车碰撞产生的形变量？	
8	汽车行李舱的技术性能指标应当如何检查？	
9	二手事故车换件的标准有哪些？	
10	二手车维修时产生的工时应如何计算？	

4.5 项目练习

单项选择题：

1. 汽车在使用过程中出现故障的外部原因主要有（　　）三个因素构成。

　　A. 汽车操作习惯、老化、交通膜　　　　B. 环境、人为、时间

　　C. 驾驶路况、车辆使用时间、习惯　　　D. 以上说法都对

2. 汽车在使用过程中出现故障的内因主要由（　　）导致。

　　A. 风吹、日晒、雨淋　　　　　　　　　B. 机器运转、路况、天气、环境

　　C. 物理、化学、机械的变化　　　　　　D. 以上都对

3. 撞击接触面积越大，破坏的范围就会（　　）。

　　A. 越大　　　　　　　　　　　　　　　B. 越小

　　C. 随着碰撞的力度加大　　　　　　　　D. 以上都不对

4. 维修与维护费用主要包括更换的（　　　）。

    A. 利润与维修工时费   B. 零配件与维修工时费

    C. 零配件与管理费   D. 以上都对

5. 为了避免人员受伤的风险，凡车身整体损伤超过（　　　）的车身，必须进行更换。

    A. 10%   B. 30%   C. 50%   D. 60%

问答题：

车身损伤最常见的主要有哪几种？

_____

_____

_____

_____

思考与讨论：

1. 如何对事故车辆进行技术鉴定与检查？

_____

_____

_____

_____

2. 评估二手事故车辆维修工时要考虑哪些时间？

_____

_____

_____

_____

项目五　二手车评估方法

学习目标

完成本项目的学习后，能够达到以下目标：

- 掌握二手车成新率的估算方法
- 利用重置成本法对二手车的价格进行估算
- 利用收益现值法对二手车的价格进行估算
- 利用现行市价法对二手车的价格进行估算
- 利用清算价格法对二手车的价格进行估算
- 掌握汽车残值与折旧的计算方法
- 了解不同车辆价格估算方法以及评估时如何选用
- 掌握二手车鉴定评估报告书撰写的规范

5.1　基础知识学习

本项目主要学习二手车的价格评估，影响二手车价格的因素很多，包括年份、车况、手续等直接因素，另外品牌知名度、新车价格变动、维修、配件、油耗也都是影响二手车价格评估时的重要因素。

学 生 准 备

学生在正式上课之前，应当做好如下准备：

- 预习老师安排的教学内容，完成老师推送的学习任务。
- 准备好在课堂上需要向老师提出的本项目内容范围的问题。

❓ 二手车的价格与残值如何计算？

我国二手车估价方法主要参照资产评估方法，按照五种方法进行：重置成本法、收益现值法、现行市价法、清算价格法、快速折旧法。以上评估方法通常需要先计算出车辆的成新率。

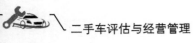

1．成新率的估算方法

（1）成新率的估算方法

成新率是指被评估车辆新旧程度的比率。旧机动车成新率是表示旧机动车的功能或使用价值占全新机动车的功能或使用价值的比率。成新率和有形损耗率的关系如下：

$$成新率 = 1 - 有形损耗率$$

成新率的估算方法主要有使用年限法、综合分析法、行驶里程法、部件鉴定法、整车观测法、综合成新率法。

1）使用年限法。使用年限法是指被评估二手车的尚可使用年限与规定使用年限的比值。二手车在规定的使用年限期间，实体性损耗与时间呈线性递增关系，二手车价值的降低与其损耗大小成正比。国家标准中现行各类机动车使用年限规定见表5-1。

表5-1　国家标准中现行各类机动车使用年限规定

车类	使用年限	延缓使用年限	延期后检验次数
营运大客车	10年	不超4年	半年一检
大型货车	10年	可延缓不超4年	半年一检
旅游客车，9座以上非营运客车	10年	不超10年	半年一检
9座以下非营运客车（含9座）	15年	自动延缓，不需审批，无限期。	使用15年至20年内半年一检，从第21年起每年检4次
轻型载货汽车，（总质量1.8t以上6t以下）	10年	初登日期从90.7.7起可使用10年并可延缓不超5年，90.7.6以前使用8年，不能延期	半年一检
右方向汽车	10年	不能申请延缓使用	
特种车（消防、吊车、钻探车）	10年	延缓使用不超4年，但根据使用情况可再延缓使用	半年一检
19座以下营运客车	8年	不能延缓使用	
矿山作业车，各类出租车，带拖挂载货汽车，总质量1.8t以下微型载货汽车（包括越野型）	8年	不能延缓使用	
大中型拖拉机	15年	不能延缓使用	
三轮农用运输车	5年	不能延缓使用	
四轮农用运输车	8年	不能延缓使用	
两轮摩托车	10年	可延缓使用。10年后每半年检验1次，最长使用期限不超13年	半年一检
三轮摩托车	8年	不能延缓使用	

运用已使用年限指标评估时，应特别注意车辆的实际使用情况，而不是简单地看日历天数。例如，利用滴滴平台参与出租业务的车辆，其实际使用时间为正常使用时间的 1.5 倍，因此该车辆的已使用年限，应是车辆从开始使用到评估基准日所经历时间的 1.5 倍。

折算年限 = 总的累计行驶里程/年平均行驶里程

已使用年限一般取该车从新车时在公安交通管理机关注册登记日起至评估基准日所经历的时间，通常以月计。

成新率 = (规定使用年限 – 已使用年限) ÷ 规定使用年限 × 100%

计算公式为 $C_y = \dfrac{Y_g - Y}{Y_g} \times 100\%$

式中　C_y——使用年限成新率；

　　　Y——二手车实际已使用年限，年或月；

　　　Y_g——车辆规定的使用年限，年或月。

案例：2012 年款宝马汽油机 520i 3.0L 的汽车，手续、规费、年检标志齐全。

车辆配置：自动档变速器、真皮座椅、ABS、自动空调、电动门窗、电动后视镜、安全气囊、氙气前照灯、前后电动车窗。

静态检查：车外观良好，部分油漆处有伤痕，车门开合良好，车架连接正常，焊点清晰，密封状况良好；车辆 A、B、C 柱没有任何损伤，驾驶舱内顶线整洁，操控部件位置正常，使用良好，玻璃升降器检查没有问题。发动机舱内线路整齐加装氙气前照灯，连接部分良好，螺栓等位置正常，没有更换过的痕迹，发动机没有渗漏痕迹，没有清洗过，车灯、转向正常，连接线良好。底盘状况正常，制动盘、片磨损正常，轮胎正常磨损。

动态检查：发动机无渗油现象，起动发动机运转正常，急速时发动机运转稳定，加速时涡轮介入动力强劲，排气声正常；空调效果非常好，除雾迅速；换档过程顺畅精准舒适，有德系车的吸入感；转向助力轻盈，手感非常不错，方向感清晰；制动非常好，悬架在行驶过程中比较硬朗，高速不发飘。

按我国现行的机动车强制报废标准，该车报废年限为 15 年（180 个月）。该车初次登记日期为 2012 年 4 月，评估基准日为 2018 年 12 月，已使用 6 年 8 个月（80 个月）。

根据公式计算，该车的成新率为

$$C_y = (1 - 80/180) \times 100\% = 56\%$$

2）行驶里程法。行驶里程法评估二手车的尚可行驶里程与规定行驶里程的比值。

车辆规定行驶里程参考《机动车强制报废标准》规定的行驶里程见表 5-2。此方法与使用年限法相似，在按照行驶里程法计算成新率时，一定要结合旧机动车本身的车况，判断里程表的记录与实际的旧机动车的物理损耗是否相符，防止由于人为变更里程表所造成的误差。由于里程表容易被人为变更，因此，在实际应用中，较少采用此方法。

表 5-2　我国各类汽车年平均行驶里程

汽车类别	年平均行驶里程/万 km
微型、轻型货车	3 ~ 5
中型、重型货车	6 ~ 10

（续）

汽车类别	年平均行驶里程/万 km
私家车	1 ~ 3
行政、商务用车	3 ~ 6
出租车	10 ~ 15
租赁车	5 ~ 8
旅游车	6 ~ 10
中、低档长途客运车	8 ~ 12
高档长途客运车	15 ~ 25

行驶里程法计算成新率的前提条件是车辆里程表的记录必须是原始的，不能人为更改。行驶里程法成新率计算公式为

$$C_s = \frac{S_g - S}{S_g} \times 100\%$$

式中　C_s——行驶里程成新率；

　　　S——二手车实际累计行驶里程，km；

　　　S_g——车辆规定的行驶里程，km。

案例：以 2012 年款宝马汽油机 3.0L 的汽车为例，该车使用了 6 年 8 个月行驶 16 万 km，符合家用车的使用标准，可以使用行驶里程法进行评估。根据机动车强制报废标准，该车报废里程为 45 万 km。

由行驶里程法计算成新率为

$$C_y = (45 - 16/45) \times 100\% = 64\%$$

3）综合分析法。综合分析法是以使用年限法为基础，综合考虑车辆的实际技术状况、维护保养情况、原车制造质量、工作条件及工作性质等多种因素对旧机动车价值的影响，以系数调整成新率的一种方法。使用综合分析法鉴定评估时要考虑的因素包括：车辆的实际运行时间、实际技术状况，车辆使用强度、使用条件、使用和维护保养情况，车辆的原始制造质量，车辆的大修、重大事故经历，车辆外观质量等。综合分析法较为详细地考虑了影响二手车价值的各种因素，并用一个综合调整系数指标来调整车辆成新率，评估值准确度较高，因而适用于具有中等价值的二手车评估。这是旧机动车鉴定评估最常用的方法之一。

综合分析法成新率计算公式为

$$C_z = C_n \times K \times 100\%$$

式中　C_z——综合成新率；

　　　C_n——使用年限成新率；

　　　K——综合调整系数。

在使用年限法、行驶里程法计算成新率时，还应当考虑二手车的技术状况（K_1）、使用维修状态（K_2）、原始制造质量（K_3）、工作性质（K_4）、工作条件（K_5）等五个方面因素，根据经验，各自的权重为

$$K = K_1 \times 10\% + K_2 \times 10\% + K_3 \times 10\% + K_4 \times 10\% + K_5 \times 10\%$$

二手车成新率综合调整系数请参考表5-3。

表5-3　二手车成新率综合调整系数

影响因素	因素分级	调整系数	权重（%）
技术状况	好	1.0	30
	较好	0.9	
	一般	0.8	
	较差	0.7	
	差	0.6	
维护	好	1.0	25
	一般	0.9	
	较差	0.8	
制造质量	进口车	1.0	20
	国产名牌车	0.9	
	走私罚没车、国产非名牌车	0.7	
工作性质	私用	1.0	15
	公务、商务	0.9	
	营运	0.7	
工作条件	较好	1	10
	一般	0.9	
	较差	0.8	

各调整系数的选取请参考表5-4。

表5-4　调整系数的选取

调整系数	调整系数选取方法
车辆技术状况系数 K_1	车辆技术状况系数 K_1 是基于对车辆技术状况鉴定的基础上对车辆进行的分级，然后取调整系数来修正车辆的成新率，技术状况系数取值范围为0.6~1.0，技术状况好的取上限；反之取下限
车辆使用和维护状态系数 K_2	车辆使用和维护状态系数 K_2 是反映使用者对车辆使用、维护的水平，不同的使用者，对车辆使用、维护的实际执行情况差别较大，直接影响到车辆的使用寿命和成新率，使用和维护状态系数取值范围为0.8~1.0
车辆原始制造质量系数 K_3	原始制造质量系数取值范围在0.8~1.0。确定该系数时，应了解车辆是国产还是进口以及进口国别，是国产的应了解是名牌产品还是一般产品。一般来说，国家正规手续进口车质量优于国产车，名牌产品优于一般产品，但又有较多例外，故在确定此系数时应较慎重。对依法没收领取牌证的走私车辆，其原始制造质量系数建议视同国产名牌产品考虑

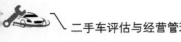

（续）

调整系数	调整系数选取方法
车辆工作性质系数 K_4	车辆工作性质系数取值范围为 0.7～1.0。车辆工作性质不同，其繁忙程度不同，使用强度亦不同。把车辆工作性质分为私人工作和生活用车、机关企事业单位的公务和商务用车、从事客货运输和城市出租的营运用车。以普通小轿车为例，一般来说，私人工作和生活用车每年最多行驶约 2.5 万 km；公务、商务用车每年不超过 4 万 km；而营运出租车每年行驶有些高达 12 万 km
车辆工作条件系数 K_5	由于各地自然条件差别很大，车辆的工作条件对其成新率影响很大。把工作条件分道路条件和特殊使用条件 　　1）道路条件：可分为好路、中等路和差路三类 　　2）特殊使用条件：主要指特殊自然条件，包括寒冷、沿海、风沙、山区等地区 　　根据上述工作条件可适当取值，车辆长期在道路条件为好路和中等路行驶时，工作条件系数分别取 1 和 0.9；车辆长期在差路或特殊使用条件下工作，其系数取 0.8 　　从上述影响因素中可以看出，各影响因素关联性较大。一般来说，其中某一影响因素加强时，其他项影响因素也随之加强；反之则减弱。影响因素作用加强时，对其综合调整系数不要随影响作用加强而随之无限加大，一般综合调整系数取值不要超过 1

案例：某人于 1997 年花 13.5 万元购置了一辆普桑作为个人使用，于 2001 年 2 月，在某省二手车交易市场交易，评估人员检查发现，该发动机排量 1.8L，初次登记为 1997 年 8 月基本做为个人市内交通使用，累计行驶里程超过 7 万 km。维护保养一般，路试车况较好。2000 年 12 月，该车市场新车价 11.0 万元，请用综合分析法，计算其成新率。

解：已使用年限：3 年 6 个月 =42 个月，即 $Y=42$

规定使用年限：15 年，即 180 个月，则 $G=180$

该车路试车况较好，取车辆技术状况系数：$K_1=1.0$

维护保养一般，取车辆使用与维护状态系数：$K_2=0.9$

桑塔纳轿车为国产名牌车，取车辆原始制造质量系数：$K_3=0.9$

该车为私人用车，且累计行驶里程超过 7 万 km，则取车辆工作性质系数：$K_4=1.0$

该车为个人市内交通使用，取车辆工作条件系数：$K_5=0.9$

则综合调整系数为

$$K = K_1 \times 30\% + K_2 \times 25\% + K_3 \times 20\% + K_4 \times 15\% + K_5 \times 10\%$$
$$= 1.0 \times 30\% + 0.9 \times 25\% + 0.9 \times 20\% + 1.0 \times 15\% + 0.9 \times 10\%$$
$$= 0.945$$

该车的综合成新率为

$$C_z = \left(1 - \frac{Y}{G}\right) \times K \times 100\%$$
$$= \left(1 - \frac{42}{180}\right) \times 0.945 \times 100\%$$
$$= 72.45\%$$

4）部件鉴定法。对二手车评估时，先按其组成部分对整车的重要性和价值量的大小来加权评分，最后确定成新率的一种方法。将车辆分成若干个主要部分，根据各部分制造成本占车辆制造成本的比重，按一定百分比确定权重。以全新车辆各部分的功能为标准，若某部分功能与全新车辆对应部分的功能相同，则该部分的成新率为100%；若某部分的功能完全丧失，则该部分的成新率为0。

根据若干部分的技术状况给出各部分的成新率，分别与各部分的权重相乘，即得某部分的权分成新率。将各部分的权分成新率相加，即得到被评估车辆的成新率。在实际评估时，应根据车辆各部分价值量占整车价值的比重，调整各部分的权重。在确定二手车各组成部分技术状况的基础上，按其各组成部分对整车的重要性和价值量的大小加权评分，最后确定成新率。

部件鉴定法成新率计算公式为

$$C_b = \sum_{i=1}^{n} (c_i \times \beta_i)$$

式中　C_b——部件鉴定法二手车成新率；

c_i——二手车第 i 项部件的成新率；

β_i——二手车第 i 项部件的价值权重。

机动车总成、部件价值权重分配见表5-5。

表5-5　机动车总成、部件价值权重分配

总成名称	权重（%）		
	轿车	客车	货车
发动机及离合器总成	25	28	25
变速器及传动轴总成	12	10	15
前桥及转向器前悬总成	9	10	15
后桥及后悬架总成	9	10	15
制动系统	6	5	5
车架总成	0	5	6
车身总成	28	22	9
电器仪表系统	7	6	5
轮胎	4	4	5

部件鉴定法费时费力，车辆各组成部分权重难以掌握，但评估值更接近客观实际，可信度高。它既考虑了车辆的有形损耗，也考虑了车辆由于维修或换件等追加投资使车辆价值发生的变化。这种方法一般用于价值较高车辆的价格评估。

案例：宝马730i，进口，排量/功率：4.3L；2014年7月购买，重置购价150万元，评估时间2018年12月，使用时间为4年5个月；手续、规费情况：机动车登记证、车船税、交强险及年检标志齐全。

配置：5座，汽油，手自一体变速器，防爆轮胎，胎压监测，18in铝合金轮毂，行李舱盖自动开启，智能卡，车门自动吸合，倒车影像，液晶仪表，大屏导航，底盘升降，三区空调，电动全景天窗，后窗电动遮阳帘，丝绒脚垫，前排电动座椅带记忆功能，细线纹高级木饰带高光铝金属效果，前后电子眼，HIFI音响系统，自动空调，LED前照灯。

静态检查：从外观上看，四个车门漆面平整，底盘完好无损。车内所有部件齐备还带有

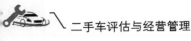

油亮的光泽，淡黄色的真皮座椅经历一年多的使用，基本上看不出明显频繁使用过的痕迹。打开发动机舱盖后，可以观察到发动机处没有渗油痕迹，线路整齐。

动态检查：在驾驶过程中，档位切换顺畅，制动及转向系统正常。动力强劲，操控性保持较高水准，特别是在高速状况下，整部车相当稳健。

该车为高档轿车，故可用部件鉴定法计算其成新率，该车的成新率见表5-6。

表5-6 宝马730i成新率参考

汽车部件名称	价值权重（%）	成新率（%）	加权成新率（%）
发动机及离合器总成	26	72	18
变速器及传动轴总成	11	73	8.05
前桥、转向器及前悬架总成	10	72	7.3
后桥及后悬架总成	8	72	5.7
制动系统	6	72	4.32
车架总成	2	72	1.5
车身总成	26	70	19
电气及仪表系统	7	72	5
轮胎	4	50	2
合计	100		70.87

5）整车观测法。采用人工观察的方法，辅助简单的仪器检测，对被评估车辆的技术状况进行鉴定、分级，判定被评估二手车的技术等级以确定成新率。整车观测法观察和检测的技术指标主要包括二手车的现时技术状态、使用时间及行驶里程、主要故障经历及大修情况、整车外观和完整性等。运用整车观测法估测车辆的成新率，要求评估人员必须具有一定的专业水平和相当的评估经验。这是运用整车观测法准确判断车辆成新率的基本前提。整车观测法的判断结果没有部件鉴定法准确，一般用于中、低价值车辆成新率的初步估算，或作为利用综合分析法确定车辆成新率调整系数的参考依据。

二手车成新率评估见表5-7。

表5-7 二手车成新率评估

车况等级	新旧情况	有形损耗率（%）	技术状况描述	成新率（%）
1	使用不久	0~10	刚使用不久，行驶一般在3万~5万km，在用状态良好，能按设计要求正常使用	100~90
2	较新车	11~25	使用1年以上，行驶15万km左右，一般没有经过大修，在用状态良好，故障率低，可随时出车使用	89~65
3	旧车	36~60	使用4~5年，发动机或整车经过一次大修，大修较好地恢复了原设计性能，在用状态良好，外观受损，恢复情况良好	64~40

（续）

车况等级	新旧情况	有形损耗率（%）	技术状况描述	成新率（%）
4	老旧车	61 ~ 85	使用5~8年，发动机经过二次大修，动力性能、经济性能、工作可靠性能都有所下降，外观油漆脱落受损、金属件锈蚀程度明显。故障率上升，维修费用、使用费用明显上升。但车辆符合《机动车安全技术条件》，在用状态一般或较差	39 ~ 15
5	待报废处理车	86 ~ 100	基本到达或到达使用年限，通过《机动车安全技术条件》检查，能使用但不能正常使用，动力性、经济性、可靠性下降，燃料费、维修费、大修费用增长速度快，车辆收益与支出基本持平，排放污染和噪声污染到达极限	15 以下

　　五种成新率估算方法的应用场合：使用年限法、行驶里程法一般适用于价值较低车辆的评估；综合分析法一般适用于中等价值车辆的评估；部件鉴定法适用于价值较高机动车辆的评估；整车观测法则主要用于中、低等价值旧机动车的初步估算，或作为综合分析法鉴定估价要考虑的主要因素之一。

　　6）综合成新率法。为了全面的反映旧机动车的新旧状态，我们在对旧机动车进行鉴定评估时，可以采用综合成新率来反映旧机动车的新旧程度，即将使用年限成新率、行驶里程成新率和现场查勘成新率分别赋以不同的权重，计算三者的加权平均成新率。这样，就可以尽量减小使用单一因素计算成新率给评估结果所带来的误差，因而是一种较为科学的方法。综合成新率 N 数学计算公式如下：

$$N = N_1 \times 40\% + N_2 \times 60\%$$

式中　N_1——机动车理论成新率；$N_1 = \eta_1 \times 50\% + \eta_2 \times 50\%$

　　　　N_2——机动车现场查勘成新率，由评估人员根据现场查勘情况确定；

　　　　η_1——机动车使用年限成新率

　　　　$\eta_1 = （机动车规定使用年限 - 已使用年限）\div 机动车规定使用年限 \times 100\%$

　　　　η_2——机动车行驶里程成新率

　　　　$\eta_2 = （机动车规定行驶里程 - 已行驶里程）\div 机动车规定行驶里程 \times 100\%$

　　可见，综合成新率的确定，必须以现场技术查勘、核实为基础。实际操作时，把被评估车辆的基本情况、技术状况的主要内容和查勘鉴定结论编制成"车辆状况调查表"，由评估人员查勘后填写。有了"车辆成新率评定表"，就可以确定综合成新率。

　　（2）其他因素对成新率的影响

　　1）车辆大修。机动车经过一段时间的使用后会产生磨损，磨损的处理方法就是修理，当某零部件完全丧失功能而又无法修理时，必须换件以恢复其功能作用。当主要总成的技术状况下降到一定程度时，需要用修理或更换车辆零部件的方法，以恢复车辆的动力性、经济性、工作可靠性和外观的完整美观性，这样对车辆的追加投入增加了车辆的使用寿命，因此，对成新率的估算值可适当增加。

2）重大事故。重大事故通常是指车辆因碰撞、倾覆而造成车辆主要结构件的严重损伤，尤其是承载式车身的车辆发生过重大事故后，往往存在严重的质量缺陷，并且不易修复，对其价值有重大影响，必须非常重视。因此，出现重大事故的二手车应给予一定的折扣率。

2. 重置成本法

重置成本法也称成本法，是指在资产评估时按被评估资产的现时重置成本扣除其各项损耗来确定被评估资产价值的方法。在现实条件下重新购置或建造一个全新状态的评估对象所需的全部成本，减去评估对象的实体性陈旧贬值、功能性陈旧贬值和经济性陈旧贬值后的差额，以作为评估对象的现实价值。重置成本法是国际上公认的资产评估三大基本方法之一，具有一定的科学性和可行性，特别是对于不存在无形陈旧贬值或贬值不大的资产，只需要确定重置成本和实体损耗贬值。

（1）重置成本法的使用要点

1）重置核算法。重置核算法也称为直接法，以现行市价为标准，对于中大型的城市，在网上或者市场上面可以很简单地获得现在的价格。但是由于不同地域，售价也可能不同，不同的时间也不一样，这就需要多对比，多收集资料才能更可靠的获得最合理的重置成本。重置成本的构成可分为直接成本和间接成本两部分。直接成本是指直接可以构成车辆成本的支出部分。具体来说是按现行市价的买价，加上运输费、购置附加费、消费税、人工费等。间接成本是指购置车辆发生的管理费、专项贷款发生的利息、注册登记手续费等，如购置车辆发生的管理费、专项贷款发生的利息、洗车费、美容费、停车管理费等。

在实际的评估作业中，间接成本可忽略不计，以直接法取得重置成本。无论国产或进口车辆，尽可能采用国内现行市场价作为车辆评估的重置成本全价。市场价可通过市场信息资料或向车辆制造商、经销商询价取得。在重置成本全价中，评估人员应该注意区别合理收费和无依据收费，如果存在地方性的、违背国家收费政策的收费项目，这些费用不能计入重置成本全价。

2）物价指数法。这个方法在上述基础上多加了物价的变化，多乘以一个物价指数比率（物价指数比率＝评估时物价指数/购车时物价指数）。

物价指数法是在二手车原始成本基础上，通过现时物价指数确定其重置成本。计算公式为

$$车辆重置成本 = 车辆原始成本 \times (1 + 物价变动指数)$$

当被评估车辆是已停产或是进口车辆，无法找到现时市场价格时，这是一种很有用的方法。

（2）二手车贬值对定价的影响

二手车价格与新车最大的区别就是二手车价格是新车贬值后的价格，贬值主要有实体性贬值、功能性贬值、经济性贬值。

1）二手车的实体性贬值。实体性贬值也叫有形损耗，是指机动车在存放和使用过程中，由于物理和化学原因而导致的车辆实体发生的价值损耗，即由于自然力的作用而发生的损耗。全新的车实体性贬值为0，报废的车实体性贬值为100%，其他正常使用的二手车在0～100%

之间，计量二手车实体有形损耗时，主要根据已使用年限进行分摊。

2）二手车的功能性贬值。功能性贬值是由于科学技术的发展导致的车辆贬值，即无形损耗。这类贬值又可细分为一次性功能贬值和营运性功能贬值。例如：造车技术的更新使市场上的车卖得也越来越便宜了，制造相同的车需要的成本低了，或者某一项技术或功能在现在看来不是高科技了，导致这一配置并不能给二手车增加价格，也就相当于贬值了。

3）机动车辆的经济性贬值。经济性贬值是指由于外部经济环境变化所造成的车辆贬值，与车辆本身无关，车是无辜的。所谓外部经济环境，包括宏观的国家经济政策、市场需求、通货膨胀、环境保护、生活习惯等等。外界因素对车辆价值的影响不仅是客观存在的，而且对车辆价值影响还相当大。

（3）实体性贬值的估算

机动车的实体性贬值是指由于使用和自然力损耗导致的贬值。实体性贬值的估算一般可采取以下四种方法。

1）观察法。指评估人员根据自己的专业知识和工作经验，通过对二手车实体各主要部件进行观察以及使用仪器测量等方式进行技术鉴定，并综合分析车辆的设计、制造、使用、磨损、维护、修理、改装情况和经济寿命等因素，将评估对象与全新状态相比较，考察由于使用磨损和自然损耗对资产的功能、使用效率带来的影响，从而判断被评估车辆的实体性贬值的一种方法。主要通过查阅车辆的资料，了解车辆的使用情况，维修保养情况等，并询问驾驶人车辆的使用条件、使用性质、使用强度以及故障率等，然后再进行评估。

观察法计算公式为

$$车辆实体性贬值 = 重置成本 \times 有形损耗率$$

2）使用年限法。指通过确定被评估车辆已使用年限与车辆预期可使用年限的比率来判断其实体性贬值率（程度），进而估测资产的实体性贬值的方法。

使用年限法公式为

$$车辆实体性贬值 = (重置成本 - 残值) \times 已使用年限/规定使用年限$$

式中　残值——汽车在报废时净回收的金额。

3）修复费用法。也称功能补偿法，指通过确定被评估车辆恢复原有的技术状态和功能所需要的费用补偿，来直接确定二手车的有形损耗。这种方法常用于交通事故车辆的评估。其数学公式表达为

$$车辆有形损耗 = 修复后的重置成本 - 修复补偿费用$$

4）行驶里程法。按照各使用期车船行驶里程的比例计提固定资产折旧的一种方法。行驶里程折旧法适用于车辆、船舶等运输设备。

行驶里程法计算公式为

$$车辆的实体性贬值 = (重置成本 - 残值) \times 已行驶里程/规定行驶里程$$

式中　残值——二手车辆在报废时净回收的金额，在鉴定评估中一般忽略不计。

（4）功能性贬值的估算

功能性贬值是指新技术的推广和运用，使企业原有资产与社会上普遍推广和运用的资产相比较，技术明显落后、性能降低、其价值也就相应减少。这种损耗称为资产的功能性损耗，

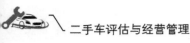

也称功能性贬值。功能性贬值包括一次性功能贬值和营运性功能贬值。

1) 一次性功能贬值的估算。功能性贬值属无形损耗的范畴，指由于技术陈旧、功能落后导致二手车相对贬值。在实际评估工作中，通常采用更新重置成本（即市场价）来考虑其一次性功能贬值。

2) 营运性功能贬值的估算。首先选定参照物，并与参照物对比，找出营运成本有差别的内容和差别的量值，再确定原车辆尚可继续使用的年限，查明应上缴的所得税率及当前的折现率，通过计算超额收益或成本降低额，最后计算出营运性陈旧贬值。

（5）经济性贬值的估算

经济性贬值是由机动车辆外部因素引起的。外部因素不论多少，对车辆价值的影响不外乎两种：一是导致车辆闲置。在这种情况下，可通过估计车辆未来闲置的时间及其资金成本来估算其经济性贬值。二是造成运营成本上升。造成车辆经济性贬值的外部因素很多，并且造成贬值的程度也不尽相同，因此在评估时应在统筹考虑这些因素的基础上适当地确定经济性贬值的数额。

（6）重置成本法评估的步骤

重置成本法作为一种二手车评估的方法，是从能够重新取得被评估车辆的角度来反映二手车的交换价值的。只有当被评估车辆处于继续使用状态下，再取得被评估车辆的全部费用才能构成其交换价值的内容。重置成本法评估步骤如图 5-1 所示。

图 5-1 重置成本法评估步骤

（7）重置成本法的计算方法

重置成本法基本计算公式为

$$被评估车辆的评估值 = 重置成本 - 实体性贬值 - 功能性贬值 - 经济性贬值$$
$$被评估车辆的评估值 = 重置成本 \times 成新率$$

评估计算公式为

$$P = B \times C$$

式中　P——被评估二手车的评估值；

　　　B——被评估二手车的现时重置成本；

　　　C——被评估二手车的现时成新率。

重置成本是购买一辆全新的与被评估车辆相同的车辆所支付的最低金额。

计算案例 1： 2012 年款宝马汽油机 520i，3.0L 的汽车，手续、规费、年检标志齐全。初始购买价格为 58 万元，现行市价经查询同款车型新车价格为 48 万元，按我国现行的机动车强制报废标准，该车报废年限为 15 年（180 个月）。该车初次登记日期为 2012 年 4 月，评估基准日为 2018 年 12 月，已使用 6 年 8 个月（80 个月）。

根据公式计算，该车的成新率为

$$C_y = (1 - 80/180) \times 100\% = 56\%$$

评估值 = 重置成本 × 成新率 = 48 万元 × 56% = 26.88 万元

计算案例 2： 奔驰 ML350，排量 3.5L，行驶里程 12.5 万 km，购买时间为 2012 年 12 月，购车价为 170 万元，评估时间为 2018 年 7 月，现行市价为 95 万元。手续、规费情况：登记证书、行驶证、购置附加税本保险单。为私人轿车，其报废年限为 15 年，即 180 个月，已经使用 5 年 7 个月。

该车属于交易类业务，故重置成本不计车辆购置税等附加费用，选用重置成本法进行评估：

原厂配置：自动 7 档变速器、行李架、电动天窗、真皮内饰、前后车底防划护板、油底壳保护板、铝外观踏板、深色运动型尾灯、两级雨水传感器、主动保养提示系统、驻车定位系统、全时 4 轮驱动、速度感应式动力转向系统。

静态鉴定：围车查看此车外表漆面，可以查看全车有部分补漆的地方，查看各车门没有发生过侧面碰撞。进入车内观察内饰，座椅及转向盘都保养得较佳，天花板、地毯都维持着崭新感。门把手没有任何损坏的痕迹。由于原车底盘较高，观察后发现车况保持得很好，没有任何刮花的现象。

动态鉴定：起动发动机，感觉声音沉稳，没有杂音，悬架正常，坐在车上整台车如同一座小山般，安全且平稳。制动系统灵敏度较高，四个轮胎磨损程度显得一般。

由于该车型为高档车型，故可采用部件鉴定法估算该车的成新率。根据对该车的检查结果，其成新率的估算明细见表 5-8。

表 5-8　成新率的估算明细

序号	车辆各主要总成，部件名称	价值权重（%）	成新率（%）	加权成新率（%）
1	发动机及离合器总成	23	55	12.65
2	变速器及万向传动装置总成	12	55	6.6
3	前桥、前悬架及转向系总成	9	55	4.95
4	后桥及后悬架总成	9	55	4.95
5	制动系	7	55	3.85
6	车架	2	55	1.1
7	车身	24	50	12
8	电器仪表	6	55	3.3
9	轮胎	8	50	4
	合计	100		53.4

此车没有进行大件更换而产生附加费用，部件鉴定法计算的成新率不应高于使用年限法计算的成新率 C_y，即

$$C_y = (1 - Y/Y_g) = (1 - 67/180) \times 100\% = 62.78\%$$

评估值 = 重置成本 × 成新率 = 95 万 × 62.78% = 59.64 万元

3. 收益现值法

收益现值法是将被评估的二手车在剩余寿命期内的预期收益，折现为评估基准日的现值，

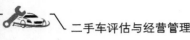

借此来确定二手车价值的一种评估方法。现值为二手车评估值，现值的确定依赖于未来预期收益。收益现值法比较适用于投资营运的二手车，收益现值法把二手车所有者期望的收益转换成现值，这一现值就是购买者未来能得到好处的价值体现。

剩余使用寿命期指从评估基准日到二手车到达报废的年限。如果剩余使用寿命期估计过长，就会高估二手车价格；反之，则会低估价格。因此，必须根据二手车的实际状况对剩余寿命作出正确的评定。

在计量折现率时必须考虑风险因素的影响，否则，就可能过高地估计二手车的价值。一般来说，折现率应包括无风险收益率和风险报酬率。即

$$折现率 = 无风险收益率 + 风险报酬率$$

折现率一般不好确定。其确定的原则应该起码不低于国家银行存款的利率。

因此实际应用中，如果其他因素不好确定时，可取折现率等于利率。

预期收益额预测难度大，受较强的主观判断和未来不可预见因素的影响。

这种二手车价值评价方法是具有局限性的，并不能广泛的使用到家用车范围。

运用收益现值法评估的步骤如图 5-2 所示。

图 5-2　收益现值法评估步骤

利用被评估车辆本身的资料直接推算出的预期收入、预期营运费用或预期净收益，应与类似二手车正常情况下的预期收入、营运费用和净收益进行比较。被评估车辆的评估值等于剩余寿命期内各期的收益现值之和，计算公式为

$$P = \sum_{t=1}^{n} \frac{A_t}{(1+i)^t}$$

$$= \frac{A_1}{(1+i)^1} + \frac{A_2}{(1+i)^2} + \cdots + \frac{A_n}{(1+i)^n}$$

当 $A_1 = A_2 = \cdots = A_n = A$ 时，即 t 从 $1 \sim n$ 的未来收益都为 A 时，则有

$$P = A\left[\frac{1}{1+i} + \frac{1}{(1+i)^2} + \cdots + \frac{1}{(1+i)^n}\right]$$

$$= A\frac{(1+i)^n - 1}{i(1+i)^n}$$

式中　P——评估值；

A_t——未来第 t 个收益期的预期收益额，收益期有限时（机动车的收益期是有限的）；

n——收益年期（剩余经济寿命的年限）；

i——折现期；

t——收益期（一般以年计）。

其中，$\dfrac{1}{(1+i)^t}$ 称为现值系数；$\dfrac{(1+i)^n-1}{i\cdot(1+i)^n}$ 为年金现值系数。

计算案例：2016 年 4 月，某人打算在二手车市场购置一辆桑塔纳 2000 轿车用于出租车运营。该车的基本信息及经营预测如下：

2015 年 1 月购买，车辆手续齐全，已行驶 36 万 km，经过静态检查与动态检查判定车辆技术状况良好，可以出车 300 天。根据市场经营经验，该车型每天平均毛收入约 1000 元，每天耗油费用 150 元，年检、保险及各种应支出费用折合平均每天 75 元，年日常维修保养费用约 10000 元，年平均大修费用约 8000 元，人员劳务费 90000 元。根据目前银行储蓄年利率、行业收益等情况，确定资金预期收益率为 15%，风险报酬率为 5%。计算条件整理见表 5-9。

假设每年的纯收入相同，试结合上述条件评估该车可接受的最大投资额是多少？

表 5-9 计算条件整理

预计年收入/元		$950 \times 300 = 28500$
预计年支出/元	年燃油消耗费用	$150 \times 300 = 45000$
	年检、保险及各种应支出费用	$75 \times 300 = 22500$
	年日常维修保养费用	10000
	年平均大修费用	8000
	人员劳务费	90000
预计年毛收入/元		110000

解：

1）确定每月纯收益。计算年预计纯收入。根据国家个人所得税条例，应缴纳所得税率为 30%，故年预计存收入为：$110000 \times (1-30\%) = 77000$（元）

预期收益额 $A_t =$ 年预计存收入为 77000 元。

2）确定收益年限。该车 2015 年 1 月购买，2016 年 4 月评估，使用时间为 1 年 3 个月，总计 15 个月，按照国家规定，9 座以下运营客车报废时间为 8 年（96 个月），还可以使用时间为 81 个月。

3）确定折现率。

$$\text{折现率}(i) = \text{无风险报酬率} + \text{风险报酬率} = 15\% + 5\% = 20\%$$

4）计算评估值 P。

$$P = A\frac{(1+i)^n-1}{i(1+i)^n} = \frac{77000}{20\%} \times \left(1 - \frac{1}{(1+20\%)^{6.8}}\right) = 296450$$

4. 现行市价法

运用现行市价法，重要的是要能够找到与被评估车辆相同或相类似的参照物，并且参照物是近期的、可比较的。所谓近期，即指参照物交易时间与车辆评估基准日时间相近，一般在一个季度之内。所谓可比，是指车辆在规格、型号、功能、性能、内部结构、新旧程度及交易条件等方面不相上下。

现行市价法计算公式为

被评估车辆价＝参照车的市场价＋被评估车辆与参照车比较的差异金额

被评估车辆价＝参照车价×（1＋调整系数）

还有选择参照物的数量，按照市价法的通常做法，参照物一般要在 3 个以上。因为运用市价法进行二手车价格评估，二手车的价位高低在很大程度上取决于参照物的成交价格水平。而参照物成交价不仅仅是参照物功能自身市场价值的体现，还要受买卖双方交易地位、交易动机、交易时限等因素影响。因此，在评估中除了要求参照物与评估对象在功能、交易条件和成交时间上有可比性，还要考虑参照物的数量。

现行市价法是最直接、最简单的一种评估方法，通过市场调查选择一个或几个与评估二手车相同或类似的二手车作为参照物，分析参照物的构造、功能、性能、新旧程度、地区差别、交易条件及成交价格等，并与评估二手车一一对照比较，找出两者的差别及价格差额，经过调整，计算出旧机动二手车的价格。

案例 1：顾大嫂家有辆长城 M4，近日打算卖掉换新车，顾大嫂上网找了几辆年款、配置、里程、车龄都和自家 M4 几乎一样的二手车，然后将这些二手车的售价取平均值，得出的结果作为自家 M4 的售价，放到网上，没过几天，顾大嫂家的这辆 M4 就顺顺利利的卖出去了。顾大嫂其实使用的就是现行市价法中的直接法（使用年限相同，使用性质相同，配置完全一样，评估基准日与参照物成交日期相近，故所评估车辆的价值取三个参照物的算术平均数）。

运用现行市价法确定单辆车价值通常采用直接法和类比法两种主要方法。

（1）直接法

直接法是指在市场上能找到与被评估车辆完全相同的车辆的现行市价，并依其价格直接作为被评估车辆评估价格的一种方法。计算的公式为

$$P_1 = P_2$$

完全相同是指车辆型号、使用条件和技术状况基本相同，生产和交易时间相近。寻找这样的参照物一般来讲是比较困难的。通常，如果参照车辆与被评估车辆类别相同、主参数相同、结构性能相同，只是生产序号不同，并只进行了局部改动，交易时间也相近，可作为直接评估过程中的参照物。

例如：一辆轿车，二手车市场上获得市场参照物的品牌型号，购置年、月，行驶里程，整车的技术状况基本相同。区别在于：

参照物的左后组合灯损坏需更换，费用 650 元；

被评估车辆改装了一套 DVD 音响，价值 5000 元；

参照物的市场交易价为 225000 元；

则被评估轿车的价值为：225000 + 650 + 5000 = 230650 元。

（2）类比法

类比法是指评估车辆时，在公开市场上找不到与之完全相同的车辆，但能找到与之相类似的车辆，以此为参照物，通过对比分析车辆技术状况和交易条件的差异，在参照物成交价格的基础上作出相应调整，进而确定被评估车辆价格的一种方法。所选参照物与评估基准日在时间上越近越好，若无近期的参照物，也可以选择相对远期的参照物，再作日期修正。

类比法计算模型：

资产评估价值 = 参照物售价 + 功能差异值 + 时间差异值 + …… + 交易情况差异值

资产评估价值 = 参照物售价 × 功能差异修正系数 × …… × 时间差异修正系数

评估价格 = 市场交易参照物价格 + $\sum$ 评估对象比交易参照物优异的价格差额 – $\sum$ 交易参照物比评估对象优异的价格差额

或者是：评估价格 = 参照物价格 × 差异调整系数，即

$$P = P'K$$

计算步骤：

步骤一、收集资料。收集评估对象的有关资料，包括车辆型号、装备性能、生产厂家、购买日期、行驶里程，了解车辆技术状况以及尚可使用的年限。

步骤二、选择三辆车，将选择的车辆进行类比。如果找不到 3 辆以上的车，则要求所选的车辆确实具有代表性，信息类比见表 5 – 10。

表 5 – 10 车辆信息类比

序号	参数	参照车辆 A	参照车辆 B	标的车
1	车型	宝来 1.8 手动档（豪华型）	宝来 1.8 手动档（基本型）	宝来 1.8 自动档（基本型）
2	销售条件	公开市场	公开市场	公开市场
3	行驶里程	12 万 km	15 万 km	13 万 km
4	上牌时间	2004 年 6 月	2004 年 2 月	2005 年 3 月
5	技术状况	良好	良好	良好
6	交易地点	沈阳	沈阳	沈阳
7	付款方式	现金	现金	现金
8	交易时间	2008 年 4 月	2009 年 10 月	2010 年 2 月
9	成新率	74%	60%	待确定
10	规定使用年限	15 年	15 年	15 年
11	物价指数	1	1.03	1.03
12	交易价格	10.8 万元	8.8 万元	待评估

在进行类比时，应注意车辆的结构性能差异及量化、销售时间差异与量化、新旧程度差异及量化、销售数量差异及量化、付款方式差异及量化。

结构性能量化调整值 = 结构性能差异值 × 成新率

新旧程度差异量 = 参照车辆价格 ×（被评估二手车成新率 – 参照车辆成新率）

步骤三、做出评估结论。

采用使用年限法计算成新率：

$$C_y = (1 - Y/Y_g) \times 100\% = (1 - 5/15) \times 100\% = 67\%$$

①以车辆 A 为参照作各项差异量化及调整。

参照车辆 A 为豪华型，被评估二手车为标准型，评估基准时点该项结构价格差异为 8000 元，该项量化调整值为

$$-8000 \times 67\% = -5360 \ （元）$$

销售时间差异量化与调整。参照车辆 A 成交时物价指数为 $I_0 = 1$，被评估二手车评估时物价指数为 $I_1 = 1.03$，该项物价指数调整值为

$$I = \frac{I_1}{I_0} = \frac{1.03}{1} = 1.03$$

新旧程度差异量化与调整，该项调整值为

$$108000 \times (67\% - 74\%) = -7560 \ （元）$$

销售数量和付款方式无差异，不用量化和调整。

因此，以车辆 A 为参照车辆时，被评估二手车的评估值 P_1 为

$$P_1 = (108000 - 5360 - 7560) \times 1.03 = 95080 \ （元）$$

②以车辆 B 为参照作各项差异量化和调整。

参照车辆 B 与标的车的车型相同，结构性能差异量及调整值为 0 元。

新旧程度差异量化与调整值为

$$88000 \times (67\% - 60\%) = 6160 \ （元）$$

销售时间、数量和付款方式无差异，不用量化和调整。

因此，以车辆 B 为参照车辆时，被评估二手车的评估值 P_2 为

$$P_2 = 88000 + 6160 = 94160 \ （元）$$

由于两辆参照车辆与被评估二手车的交易地点相同，且成新率、已使用年限、交易时间等参数均接近，故可采用算术平均法计算被评估二手车评估值 P，即

$$P = \frac{P_1 + P_2}{2} = \frac{95080 + 94160}{2} = 94620 \ （元）$$

5. 清算价格法

清算价格法是以清算价格为依据来估算二手车价格的一种方法，指因某些特定原因，要求在一定期限内将车辆快速变现的价格。通常车辆的清算价格一般小于其重置成本价格和现行市价，例如：企业由于停业、破产或其他原因，要在一定期限内将车辆变现，清算价格往往大大低于现行市场价格，在企业清算之日预期出卖车辆可回收的快速变现。

清算价格法的应用前提：

①企业破产。

②抵押。

③停业清理。

以清算价格法评估车辆价格的前提条件有以下三点：

①具有法律效力的破产处理文件或抵押合同及其他有效文件为依据。

②车辆在市场上可以快速出售变现。

③所卖收入足以补偿因出售车辆导致的附加支出总额。

在二手车评估中，影响清算价格的主要因素包括破产形式、债权人处置车辆的方式、车辆清理费用、拍卖时限、公平市价和参照车辆价格等。

清算价格法评估具体方法：

①评估价折扣法。指对清算车辆，首先应用现行市价法、重置成本法及收益现值法确定

评估车辆的评估价格，然后根据快速变现原则估定一个折扣率并据以确定其清算价格。

②模拟拍卖法（也称意向询价法）。这种方法是根据向被评估车辆的潜在购买者询价的办法取得市场信息，最后经评估人员分析确定其清算价格的一种方法。

③竞价法。是由法院按照法定程序（破产清算）或由卖方根据评估结果提出一个拍卖的底价，在公开市场上由买方竞争出价，谁出的价格高就卖给谁。

例如：北京某区法院将在近期内出售一辆抵扣的国产大众途观，至评估基准日该车已经使用了 2 年 5 个月（计 29 个月），该车辆使用年限为 15 年（计 180 个月）。车况良好，本次评估目的是债务清偿，应采用的评估方法为清算价格法。

被评估车辆技术状况与其新旧程度相符，可以采用使用年限法确定其成新率，被评估车辆成新率为

$$C_y = \left(1 - \frac{Y}{Y_g}\right) \times 100\% = \left(1 - \frac{29}{180}\right) \times 100\% = 84\%$$

根据调查，新购时为 39.8 万元，全新的同型车现行售价为 35 万元。根据相关规定，购置此型车时，要缴纳 10% 的车辆购置税，被评估车辆的功能性损耗及经济性损耗均很小，可忽略不计，故被评估车辆的重置成本全价 B 为

$$B = 350000 \times (1 + 10\%) = 385000 （元）$$
$$P = BC = 385000 \times 84\% = 323400 （元）$$

然后确定折扣率。根据市场调查，折扣率取 80% 时，可在清算日内出售车辆，故确定折扣率为 80%。确定被评估车辆的清算价格为

$$清算价格 = 323400 \times 80\% = 258720 （元）$$

6. 汽车残值与折旧

汽车残值是指汽车在规定的合理使用年限之内所剩余的使用价值。影响汽车残值的因素包括使用时间、行驶里程、驾驶习惯、保养水平以及车辆是否发生过重大事故等，但决定残值的比较决定性的因素有两个，一是技术质量是否成熟，二是市场的品牌认可程度。

汽车残值的估价有许多方法，按照国家规定有四种方法：收益现值法、重置成本法、现行市价法以及清算价格法等四种，其中最为基础，也最为简便易行的是重置成本法。

常用的二手车折旧计算方法有平均年限法、工作量法、双倍余额折旧法、年数总和法和 54321 法。

平均年限法：平均年限法指的是每年折旧额 = 原值/预计使用年限，例如 10 万元的汽车预计使用 10 年，则每年计提 1 万元折旧。

工作量法：工作量法指的是按照行驶里程计算折旧，如 10 万元的汽车预计行驶里程为 10 万 km，那么每行驶 1km 提取 1 元折旧。这两种都是最基本的车辆折旧方法，因没有考虑汽车易耗品属性，只作为车辆价值参考，实际应用不多。

年数总和法：年数总和法则计算折旧额 = 原值 ×（可使用年限/使用年限总和），如 10 万元的汽车使用年限为 15 年，则其使用年限总和 = 15 + 14 + 13 + 12 + 11 + 10 + 9 + 8 + 7 + 6 + 5 + 4 + 3 + 2 + 1 = 120 年，其第一年的折旧额 = 10 ×（14/120）= 11666 元，第二年的折旧额 = 10 ×（13/120）= 10833 元，第三年的折旧额 = 10 ×（12/120）= 10000 元，其第四年的折旧额 = 10 ×（11/120）= 9166 元，其第五年的折旧额 = 10 ×（10/120）= 8333 元，其第六年的折旧额 =

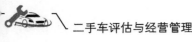

10×（9/120）=7500元，其第七年的折旧额=10×（8/120）=6666元，其第八年的折旧额=10×（7/120）=5833元，其第九年的折旧额=10×（6/120）=5000元，依次类推。

双倍余额递减法：双倍余额递减法折旧额=年初时价值×折旧百分比，折旧百分比=2/预计使用年限，如10万元的预计使用年限为10年，则其折旧百分比=2/10=20%，其第一年的折旧额为10×20%=2万元，其第二年的折旧额为8×20%=1.6万元，其第三年折旧额为6.4×20%=1.28万元，依次类推。

54321法：将汽车行驶有效里程为条件来计算，例如，一部车有效寿命30万km，将其分为5段，每段6万km，每段价值依序为新车价的5/15、4/15、3/15、2/15、1/15。假设新车价20万元，已行驶12万km，第一段折旧额=20万×5/15=66666元，第二段折旧额=20万×4/15=53333元，第三段折旧额为20×3/15=40000元，第四段折旧额为20×2/15=26666元，第五段为20×1/15=13333元。那么该车还值20万元×（3+2+1）÷15=8万元。

知识拓展：

对二手车的评估，在日本有一套通行的计算办法，其公式是

评估价格=基本评估价A-标准维修费用及标准杂费B-各公司调整点C-加减点D

基本评估价A：根据评估协会发布的指导手册，通过一个二手车行情信息系统推算出来的价格。

标准维修费用及标准杂费B：为让该车正常使用而进行的必要的维修费用，该数值由各个公司自行设定，同时加入了约15%的毛利在其中。

各公司调整点C：该数值根据公司的保修期限、公司进货和销售能力等各自确定。

加减点D：根据评估协会制定的基准来确定加减点数。

7. 评估方法的选用

（1）重置成本法的适用范围

重置成本法是二手车鉴定评估中的一种常用方法，它适用于继续使用前提下的二手车鉴定评估。对在用车辆，可直接运用重置成本法进行评估，无须作较大的调整。重置成本法的优点是比较充分地考虑了车辆的损耗，评估结果更趋于公平合理。在不易计算车辆未来收益或难以取得市场参照物的条件下，可广泛地使用。缺点是工作量较大，且经济性损耗也不易准确计算。

（2）收益现值法的选用

二手车的评估多数情况下采用重置成本法，但在某些情况下，也可运用收益现值法。运用收益现值法进行二手车鉴定评估的前提是被评估车辆具有独立的、能连续用货币计量的可预期收益。在车辆的交易中，人们购买的目的往往不在于车辆本身，而是车辆的获利能力，因此该方法较适于从事营运的车辆。收益现值法的优点是与投资决策相结合，容易被交易双方接受，能比较真实准确地反映车辆本金化的价格。缺点是预期收益额预测难度大，受主观判断和未来不可预知因素的影响较大。

（3）现行市价法的选用

现行市价法的运用首先必须以市场为前提，它是借助于参照车辆的市场成交价或变现价

运作的（该参照车辆与被评估车辆相同或相似）。因此，一个发达活跃的车辆交易市场是现行市价法得以广泛运用的前提。

此外，现行市价法的运用还必须以可比性（规格、型号、用途、性能、新旧程度等）为前提。运用该方法评估车辆市场价值的合理性与公允性，在很大程度上取决于所选取的参照车辆的可比性。

采用现行市价法的优点是能够客观地反映车辆目前的市场情况，其评估参数指标直接从市场上获得，评估指标直接从市场上获得，评估值能反映市场的现实价格，评估结果易于被各方面理解和接受。缺点是由于我国汽车交易市场的发育仍不完善，寻找参照物有一定困难。

（4）清算价格法的选用

清算价格法适用于企业破产、抵押、停业清理时要售出的车辆，主要使用在特定条件下。

8. 二手车鉴定评估报告书

二手车鉴定评估报告是指二手车鉴定评估机构按照评估工作制度的有关规定，在完成鉴定评估工作后向委托方和有关方面提交的说明二手车鉴定评估过程和结果的书面报告。如图 5-3 所示，它是按照一定格式和内容来反映评估目的、程序、依据、方法、结果等基本情况的报告书。

二手车鉴定评估规定了评估机构在完成二手车鉴定评估工作后必须按照一定的程序和要求，用书面形式向委托方报告鉴定评估过程和结果。

鉴定评估结果报告书既是二手车鉴定评估机构完成二手车作价意见，提交给委托方的公正性的报告，也是二手车鉴定评估机构履行评估合同情况的总结，还是二手车鉴定评估机构为其所完成的鉴定评估结论承担相应法律责任的证明文件。

撰写二手车鉴定估价报告的基本要求：

①鉴定估价报告必须依照客观、公正、实事求是

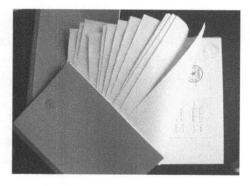

图 5-3 二手车鉴定评估报告书

的原则由二手车鉴定评估机构独立撰写，如实反映鉴定估价的工作情况。评估报告不仅要真实准确地反映评估工作情况，而且要明示评估人员在今后一段时期里对评估的结果和有关的全部附件资料承担相应的法律责任。

②鉴定估价报告应有委托单位（或个人）的名称、二手车鉴定评估机构的名称和印章、二手车鉴定评估机构法人代表或其委托人和二手车鉴定估价师的签字，以及提供报告的日期。

③评估报告中要说明评估报告的有效日期，不得随意更改，特别提示评估基准日的期后事项对评估结论的影响以及评估报告的使用范围等。有效期为 90 天，当评估目的在有效期内实现时，评估结果可以作为作价参考依据；超过 90 天，需重新评估。另外在评估有效期内若被评估车辆的市场价格或因交通事故等原因导致车辆的价值发生变化，对车辆评估结果产生明显影响时，委托方也需重新委托评估机构重新评估。

④鉴定评估报告书的使用权归委托方所有，其评估结论仅供委托方为本项目评估目的使用和送交二手车鉴定评估主管机关审查使用，不适用于其他目的；未经委托方许可，鉴定评

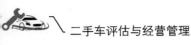

估机构不应将报告书的内容向他人提供或公开。

⑤鉴定估价报告中应写明估价的目的、范围、二手车的状态和产权归属。在整理资料工作完成后，评估工作人员应对评估的情况和初步结论进行分析讨论。如果发现存在提法不妥、计算错误、作价不合理等方面的问题，要求进行必要的调整，最终应在充分讨论的基础上得出一个正确的结论。认真分析委托方提出的问题和意见，在坚持客观、公正、科学、可行的前提下修改评估报告书。

⑥鉴定估价报告应说明估价工作遵循的原则和依据的法律法规，简述鉴定估价过程，写明评估的方法。评估报告是记述鉴定评估成果的文件，是鉴定评估机构向委托方和二手车鉴定评估管理部门提交的主要成果。因此，评估人员编制的报告要思路清晰、文字简练准确、格式规范、有关的取证与调查材料和数据真实可靠。

⑦鉴定估价报告应有明确的鉴定估算价值的结果，鉴定结果应有二手车的成新率，应有二手车原值、重置价值、评估价值等。完成的评估报告应先由项目负责人审核，再报评估机构经理审核签发，再由二手车鉴定评估人员签字并加盖评估机构公章，最后送达客户签收。

⑧鉴定估价报告还应有齐全的附件。附件包括二手车鉴定评估委托书、二手车鉴定评估作业表、车辆行驶证复印件、车辆购置税复印件、车辆登记证复印件、二手车鉴定评估师资格证书影印件、鉴定评估机构营业执照影印件、鉴定评估机构资质影印件和二手车照片等。

填表说明：

1）现时技术状况：必须如实填写车辆技术鉴定结果，客观真实地反映出二手车主要部分（含车身、底盘、发动机、电器、内饰等）以及整车的现时技术状况。

2）鉴定评估说明：应详细说明重置成本的计算方法、成新率的计算方法以及评估价格的计算方法。

案例：撰写凯宴二手车鉴定评估报告书

二手车鉴定评估报告书

×××××二手车鉴定评估有限公司评报字（2022 年）第×××号

一、绪言

×××××二手车鉴定评估有限公司接受×××的委托，根据国家有关资产评估的规定，本着客观、独立、公正、科学的原则，按照公认的资产评估方法，对凯宴 WP1AA×××××，桂 A-×××××（车辆）进行了鉴定评估。本机构鉴定评估人员按照必要的程序，对委托鉴定评估车辆进行了实地查勘与市场调查，并对其在2022 年××月××日所表现的市场价值作出了公允反映。现将车辆评估情况及鉴定评估结果报告如下：

二、委托方与车辆所有方简介

（一）委托方：×××，委托方联系人：×××，联系电话：138×××××××。

（二）根据机动车行驶证所示，委托车辆车主×××。

三、评估目的

根据委托方的要求，本项目评估目的

（ ）交易（ ）转籍（ ）拍卖（ ）置换（ ）抵押（ ）担保（√）咨询（ ）司法裁决。

四、评估对象

评估车辆的厂牌型号（凯宴 WP1AA2×××××）；号牌号码（RK－A－×××××）；发动机号（BFD61×
×××）；车辆识别代号/车架号（WP1AA2×××××××××××）；登记日期（2018－××）。

五、鉴定评估基准日

鉴定评估基准日2022 年××月××日。

六、评估原则

严格遵循"客观性、独立性、公正性、科学性"原则。

七、评估依据

（一）行为依据

旧机动车评估委托书第2022－××号。

（二）法律、法规依据

1.《国有资产评估管理办法》（国务院令第91号）。

2.《摩托车报废标准暂行规定》（国家经贸委等部门令第33号）。

3. 原国家国有资产管理局《关于印发〈国有资产评估管理办法施行细则〉的通知》（国资办发［1992］
36号）。

4. 原国家国有资产管理局《关于转发〈资产评估操作规范意见（试行）〉的通知》（国资办发［1996］
23号）。

5. 国家经贸委等部门《汽车报废标准》（国经贸经［1997］456号）、《关于调整轻型载货汽车及其补充
规定》（国经贸经［1998］407号）、《关于调整汽车报废标准若干规定的通知》（国经贸资源［2000］1202
号）、《农用运输车报废标准》（国经贸资源［2001］234号）等。

6. 其他相关的法律、法规等。

（三）产权依据

委托鉴定评估车辆的机动车登记证书编号：51×××××××××××。

（四）评定及取价依据

技术标准资料：《机动车运行安全技术条件》。

技术参数资料：《汽车技术说明书》《车型技术参数表》《汽车技术参数手册》。

技术鉴定资料：《车辆检测报告单》《交通事故车辆技术鉴定书》。

其他资料：《市场询价资料》《行业协会价格指导手册》。

八、评估方法

（√）重置成本法（　）现行市价法（　）收益现值法（　）其他。

计算过程如下：

本公司接受委托后，对评估对象进行了现场勘察和市场调研，并根据此次评估以咨询为目的，故决定采
取重置成本法为评估方法。

评估价值计算公式：评估价值＝重置成本×成新率

1. 现行市场购置价的确定。

根据市场调查与询价，该车市场综合价为￥×××××××元。

2. 重置成本。

因属咨询类，故重置成本＝市场综合价

3. 综合调整系数的计算：用加权平均法计算综合调整系数。

A 技术状况良好取0.7；

B 维护情况良好取0.7；

C 制造质量属中外合资名牌车取0.8；

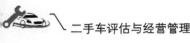

D 工作性质属私家车取 0.7；

E 工作条件良好取 0.7。

综合调整系数：0.7×20% + 0.7×20% + 0.8×23% + 0.7×21% + 0.7×21% = 0.758

4. 成新率的计算：采用综合分析法计算。

成新率 =（1 - 已使用年限/规定使用年限）×综合调整系数×100%

根据《机动车强制报废标准》，该车规定使用年限为15年，已使用年限为35个月。

成新率 = [1 - 35（月）/180（月）] ×0.758×100% = 61%

5. 计算结果。

评估价值 = 重置成本×成新率 = 888000×61% = 541680 元

九、评估过程

按照接受委托、验证、现场查勘、评定估算、提交报告的程序进行。

十、评估结论

车辆评估价格：×××××××元，金额大写：×××××××××××××××。

十一、特别事项说明

现由×××市公安局交通警察支队道路交通事故认定书和维修单作为依据。2020 年 06 月 12 日 19 时 10 分，在×××××××大道，由桂 A-×××××小型轿车追尾桂 A-G×××××小型轿车，造成轿车尾部变型。维修费用为人民币贰万肆仟捌佰壹拾玖元整（¥：×××××元）。该车辆在事故后存在一定贬值，贬损值 = 无事故车辆价值 - 事故后车辆价值。该车在无任何碰撞下的评估价为：陆拾贰万壹仟陆佰元整。（¥：×××××元）。即贬损值 = 621600 - ×××××= ×××××（元）。

无任何碰撞下的评估价如下：

综合调整系数：0.8×19% + 0.8×20% + 1×20% + 0.9×22% + 0.8×20% = 0.87

成新率 = [1 - 35（月）/180（月）] ×0.87×100% = 70%

评估价值 = 重置成本×成新率 = 888000×70% = 621600 元

附件：×××市公安局交通警察支队道路交通事故认定书、车辆维修单。

十二、评估报告法律效力

（一）本项评估结论有效期为90 天，自评估基准日至2022 年×× 月×日止。

（二）当评估目的在有效期内实现时，本评估结果可以作为作价参考依据。超过 90 天，需重新评估。另外在评估有效期内若被评估车辆的市场价格或因交通事故等原因导致车辆的价值发生变化，对车辆评估结果产生明显影响时，委托方也需重新委托评估机构重新评估。

（三）鉴定评估报告书的使用权归委托方所有，其评估结论仅供委托方为本项目评估目的使用和送交旧机动车鉴定评估主管机关审查使用，不适用于其他目的；因使用本报告书不当而产生的任何后果与签署本报告书的鉴定估价师无关；未经委托方许可，本鉴定评估机构承诺不将本报告书的内容向他人提供或公开。

附件：

一、二手车鉴定评估委托书

二、二手车鉴定评估作业表

三、鉴定评估机构营业执照复印件

注册二手车鉴定估价师（签字、盖章）　　　（二手车鉴定评估有限公司盖章）

复核人（签字、盖章）

年　　月　　日　　　　　　　年　　月　　日

备注：本报告书和作业表一式三份，委托方二份，受托方一份。

附件一：二手车鉴定评估委托书

委托书编号：2022 - ×××

×××××二手车鉴定评估有限公司：

因（　）交易（　）转籍（　）拍卖（　）置换（　）抵押（　）担保（√）咨询（　）司法裁决需要，特委托你单位对车辆号牌号码苏 A-×××××、车辆类型小型越野客车、发动机号BFD

146

<u>×××××××</u>、车架号<u>WP1A×××××××××××</u>，进行技术状况鉴定并出具评估报告书。

委托评估车辆基本信息

车主		×××	车主电话	××××××
车主证件号		450××××××××××××	经办人	×××
地　址		×××市×××区××××××××	联系电话	××××××
车辆情况	车辆型号	凯宴WP1××××××××	所有权性质	私有
	载重量/座位/排量	5	燃料种类	汽油
	初次登记日期	桂A-×××××	车辆颜色	黑
	已使用年限	××个月	累计行驶里程	××××km
	发动机大修次数	××	整车大修次数	××
	维修情况：有			
	事故情况：无			
	车主报价	无		

填表说明：

1. 若被评估车辆使用用途曾经为营运车辆，需在备注栏中予以说明；

2. 委托方必须对车辆信息的真实性负责，不得隐瞒任何情节，凡由此引起的法律责任及赔偿责任由委托方负责；

3. 本委托书一式二份，委托方、受托方各一份。

委托方：（签字、盖章）　　　　受委托方：（签字、盖章）

年　　月　　日　　　　　　　　年　　月　　日

附件二：二手车鉴定评估作业表

评估日期：<u>2022</u>年<u>××</u>月<u>××</u>日　　鉴定委托书编号：<u>2022-0××</u>

车主	×××	所有权性质	（　）公 （√）私	联系电话	无
地址	×××市×××区××××××××			经办人	×××
	车辆类型	（　）轿车（　）客车（√）越野车（　）载货车（　）摩托车（　）其他			
	车辆品牌	凯宴	型号	WP××××××××	
	车牌号码	桂A-×××××	产地	（　）国产（√）进口	
	发动机号	BFD××××××××	车架号	WP1A××××××××	
	车身颜色	黑	燃料种类	（√）汽油（　）柴油	
	已使用年限	××个月	规定年限	（　）96个月 （　）120个月（√）180个月	
	累计行驶里程	××××km			

（续）

核对证件	证 件	（ ）原始发票 （√）机动车登记证 （√）机动车行驶证 （ ）资产证明或车主身份证 （√）其他				
	税费	（ ）购置附加税 （ ）养路费 （ ）车船使用税 （ ）其他				
现时技术状况	1 外观状况	好	2 内饰	一般	3 底盘	好
	4 发动机	好	5 转向系统	好	6 行驶系统	好
	7 离合器	好	8 悬架系统	一般	9 润滑系统	好
	10 变速器	好	11 制动系统	好	12 冷却系统	一般
	13 大修次数	无	14 排放指标	一般	15 行驶平顺性	一般
	16 操作稳定性	好	17 加速动力性	好		
维护保养情况		（√）好 （ ）一般 （ ）较差				
制造质量		（√）进口 （ ）国产名牌 （ ）国产非名牌				
工作性质		（√）私用 （ ）公务、商务 （ ）营运				
工作条件		（ ）较好 （√）一般 （ ）较差				
价值反映	重置成本（万元）	×××××××元	车主报价（万元）		无	

如果被评估车辆需大修或换件，请自行给定综合调整系数，并详细备注说明

注册二手车鉴定估价师（签名）　　　　　　复核人（签名）
年　　月　　日　　　　　　　　　年　　月　　日
贴附照片

5.2 实践训练

	实训任务	根据车间的车辆现状，拟作出一份二手车鉴定评估报告
	实训准备	实训车辆、信息查询电脑、三件套、手电、评估单
	训练目标	能够掌握二手车鉴定评估报告的标准与编写方法

（续）

	训练时间	60min
	注意事项	无

任务：二手车鉴定评估报告

任务说明

根据车间的车辆现状，拟作出一份二手车鉴定评估报告。

实训组织与安排

教师活动	组织并指导学生参考车间内的车辆，作出完整的评估报告
学生活动	以小组为单位，按照实训要求进行各项检查，并完成要求填写的内容

任务准备

1. 训练物品准备

请列举完成此项任务所需要的工具、设备、资料与辅料。

_____

_____

_____

_____

2. 知识点准备

请查阅合适的资料，写下完成此项训练任务需要的相关知识。

_____

_____

_____

_____

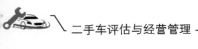

任务操作

委托评估车辆基本信息

车主		身份证号码/法人代码证		联系电话	
住址				邮政编码	
经办人				联系电话	
住址		身份证号码		邮政编码	
车辆情况	厂牌型号			使用用途	
	载重量/座位/排量			燃料种类	
	初次登记日期	年　月　日		车身颜色	
	已使用年限	年　个月	累计行驶里程（万km）		
	大修次数	发动机（次）		整车（次）	
	维修情况				
	事故情况				
价值反映	购置日期	年　月　日	原始价格(元)		
	车主报价（元）				

备注：

二手车鉴定评估作业表

案例提示

　　二手车评估中经常会遇到发生重大交通事故的车辆，要求评估人员能够鉴别事故的大小及对车辆技术状况和价值的影响，经常采用的方法是说明事故的大小，在正常重置成本法和市场比较法的基础上，确定折损率加以评估。本例采用_____评估。

绪言

　　_____接受_____的委托，根据国家有关资产评估的规定，本着客观、独立、公正、科学的原则，按照公认的资产评估方法，对_____车辆进行了解评估。本机构鉴定评估人员按照必要的程序，对委托鉴定评估车辆进行了实地查勘与市场调查，并对其在____年____月____日所表现的市场价值做出了公允反映。

（续）

车主			所有权性质	□公 □私	联系电话	
住址					经办人	
原始情况	厂牌型号			号牌号码		车辆类型
	车辆识别代号（VIN）			车身颜色		
	发动机号			车架号		
	载重量/座位/排量				燃料种类	
	初次登记日期	年 月		车辆出厂日期	年 月	
	已使用年限	年 个月	累计行驶里程	万 km	使用用途	
检查核对交易证件	证件	□原始发票 □机动车登记证 □机动车行驶证 □法人代码证或身份证 □其他			检查备注：	
	税费	□购置附加税 □养路费 □车船使用税 □其他			检查备注：	
	鉴定评估基准日：					
评估目的						
评估原则	严格遵循"客观性、独立性、公正性、科学性"原则					
评估依据	法律、法规依据					
	行为依据					
	产权依据					
	评定及取价依据					
结构特点						
现时技术状况						

（续）

价格估算	评估方法	
	□重置成本法　□现行市价法　□收益现值法　□其他	
	评估计算过程描述	
	评估计算过程（请详细列出公式与计算的全部过程）	
	评估过程	
	按照接受委托、验证、现场查勘、评定估算、提交报告的程序进行。	
	评估结论	
	车辆评估价格＿＿＿＿元，　　　金额大写＿＿＿＿＿＿＿	

价值反映	维护保养情况		现时状态		
	帐面原值（元）		车主报价（元）		
	重置成本（元）	成新率%		评估价格（元）	

鉴定评估说明：

评估报告法律效力

（一）本项评估结论有效期为 90 天，自评估基准日至＿＿＿＿＿年＿＿月＿＿日止。

（二）当评估目的在有效期内实现时，本评估结果可以作为作价参考依据。超过 90 天，需重新评估。另外在评估有效期内若被评估车辆的市场价格或因交通事故等原因导致车辆的价值发生变化，对车辆评估结果产生明显影响时，委托方也需重新委托评估机构重新评估。

（三）鉴定评估报告书的使用权归委托方所有，其评估结论仅供委托方为本项目评估目的使用和送交二手车车鉴定评估主管机关审查使用，不适用于其他目的；因使用本报告书不当而产生的任何后果与签署本报告书的鉴定估价师无关；未经委托方许可，本鉴定评估机构承诺不将本报告书的内容向他人提供或公开。

附件：

一、二手车鉴定评估委托书。

二、二手车评估作业表和成新率估算明细表。

三、车辆行驶证、购置附加税（费）证复印件。

四、鉴定估价师职业资格证书复印件。

五、鉴定评估机构营业执照复印件。

六、二手车车照片（要求外观清晰，车辆牌照能够辨认）。

注册二手车鉴定估价师（签字、盖章）　　　　复核人（签字、盖章）

（二手车鉴定评估机构盖章）

年　月　日

（续）

申明：

　①利用两种或两种以上的评估方法对车辆进行鉴定评估，并以它们评估结果的加权值为最终评估结果的方法。

　②特别事项是指在已确定评估结果的前提下，评估人员认为需要说明在评估过程中已发现可能影响评估结论，但非评估人员执业水平和能力所评定估算的有关事项以及其他问题。

　③复核人须具有高级鉴定评估师资格。

　备注：本报告书和作业表一式三份，委托方二份，受托方一份。

5.3 探讨验证

教师活动	组织学生将鉴定结果进行点评，让学生对小组成果进行展示。引导学生进行问题探讨
学生活动	将小组完成的鉴定报告对大家进行讲解，并完成老师提出的探讨问题

问题探讨	
1. 靠山王杨林有一辆捷达轿车已使用了 5 年，用使用年限法计算其成新率是多少	
2. 禁军教头林冲在 2014 年 1 月花 23.5 万元购置了一辆雅阁轿车作为私家用车，于 2019 年 10 月在本地二手车交易市场交易，该车初次登记日期为 2014 年 2 月，已经行驶 90000km，使用状况与车辆维护良好，动态检查性能一般，2019 年该车的当地市场新车价格为 20.8 万元，用市价法的方法确定成新率并估算该车价格	

5.4 项目小结

本项目的学习目标你已经达成了吗？请思考以下问题进行结果检验。

序号	问题	自检结果
1	成新率和有形损耗率的关系是是什么？	
2	折算年限的公式是什么？	
3	什么是综合分析法？使用该方法时应考虑哪些因素？计算公式是什么？	
4	整车观测法观察和检测的技术指标主要有哪些？	
5	什么是重置成本法？重置成本的计算方法是什么？	

（续）

序号	问题	自检结果
6	什么是收益现值法？计算公式如何使用？	
7	现行市价法计算的方法是什么？	
8	清算价格法的作用是什么？如何进行估算？	
9	汽车残值与折旧如何计算？	
10	二手车鉴定评估报告有哪些要求？	

5.5 项目练习

单项选择题：

1. 使用年限法是指被评估二手车的（　　　）。
    A. 已经使用年限与规定使用年限的比值
    B. 还可使用年限与规定使用年限的比值
    C. 车辆的实际使用年限与国家法定使用年限的比值
    D. 以上都对

2. 二手车在规定的使用寿命期间，实体性损耗与时间呈线性递增关系，（　　　）。
    A. 二手车价值的降低与其损耗大小成正比
    B. 二手车价值的降低与其损耗大小成反比
    C. 二手车价值的降低与其损耗大小持平
    D. 以上都对

3. 重置成本的直接成本是指直接可以构成车辆成本的支出部分，间接成本是指购置车辆发生的（　　　）。
    A. 维修费、保险费用、注册登记手续费
    B. 维修费、购置成本、注册登记手续费
    C. 管理费、专项贷款发生的利息、注册登记手续费
    D. 以上都对

4. 如果（　　　），就会高估二手车价格；反之，则会低估价格。
    A. 剩余使用寿命期估计过短　　　　　　B. 剩余使用寿命期估计过长
    C. 剩余使用价值估计过长　　　　　　　D. 剩余使用年限过长

5. 使用现行市价法对车辆评估时，被评估车辆与参照车辆之间（　　　）。
    A. 在规格、型号、用途、性能、新旧程度等方面应不一样
    B. 在规格、型号、用途、性能、新旧程度等方面应具有一定的价格弹性
    C. 在规格、型号、用途、性能、新旧程度等方面应相同
    D. 在规格、型号、用途、性能、新旧程度等方面应具有可比性

问答题：

一辆车初次登记日期为 2015 年 6 月，评估基准日为 2018 年 6 月。计算该车的成新率为多少？

_____

_____

_____

_____

思考与讨论：

1. 如何使用现行市价法对车辆进行价格评估？

_____

_____

_____

_____

2. 如何计算汽车残值与折旧率？

_____

_____

_____

_____

项目六　二手车交易

完成本项目的学习后，能够达到以下目标：

- 知道二手车交易类型
- 掌握二手车交易相关规定
- 知道二手车交易程序与手续办理规范
- 明白订立二手车交易合同的基本原则
- 了解违约责任内容与合同纠纷的处理方法
- 知道二手车交易合同签订注意事项
- 掌握国家对二手车经营规范标准
- 知道二手车交易相关法律制度
- 掌握二手车交易质量标准

6.1　基础知识学习

本项目学习的重点内容有二手车的交易流程、交易合同的签订以及二手车交易合同的管理。二手车交易的过程中交易程序办理规定与手续办理的细节问题是从事二手车工作者必知的内容。

学生准备

学生在正式上课之前，应当做好如下准备：

- 预习老师安排的教学内容，完成老师推送的学习任务。
- 准备好在课堂上需要向老师提出的本项目内容范围的问题。

6.1.1　二手车交易流程

❓ 如何进行二手车交易？

1．二手车交易类型

（1）交易类型

二手车交易是一种实现二手车所有权从卖方到买方转移的产权交易过程。二手车必须在规范的流程下完成二手车所有权过户登记才算是合法、完整的交易，二手车交易必须符合《二手车交易规范》的管理规定，并按照规定的程序进行。按照市场的交易模式，二手车交易类型可以分为直接交易、中介经营、二手车销售。

1）直接交易。二手车直接交易是指二手车所有人不通过经销企业、拍卖企业和经纪机构将车辆直接出售给买方的交易行为。

2）中介经营。中介经营是指二手车买卖双方通过中介方的帮助而实现交易，中介方收取约定佣金的一种交易行为。

① 二手车经纪。二手车经纪是指二手车经纪机构以收取佣金为目的，为促成他人交易二手车而从事居间、经纪或者代理等经营活动。

② 二手车拍卖。二手车拍卖是指二手车拍卖企业以公开竞价的形式将二手车转让给最高应价者的经营活动。

3）二手车销售。二手车销售是指二手车销售企业收购、销售二手车的经营活动。主要业务有二手车收购、二手车销售、二手车置换、二手车典当等。二手车典当不赎回情况也可以算作一种二手车销售。二手车典当是指二手车所有人将其拥有的、具有合法手续的车辆质押给典当公司，典当公司支付典当当金，封存质押车辆，双方约定在一定期限内由出典人（二手车所有人）结清典当本息、赎回车辆的一种贷款行为。

（2）二手车交易者类型

二手车可以在任何身份的人群中交易。根据二手车买卖双方身份不同，二手车交易者有以下四种类型：

1）个人对个人交易。二手车所有权人与二手车买车人都是个人。在办理时需要各自携带个人身份证，机动车登记证，机动车行驶证。如果是外地个人购车，需要提供身份证及有效期为一年的暂住证。

2）个人对单位交易。个人卖车人与单位之间的交易，二手车所有权人为个人。交易时需要携带卖方个人身份证、买方单位组织机构代码证、机动车登记证书、机动车行驶证。

3）单位对个人交易。是指二手车所有权人为单位，二手车买车人是个人。交易时需要携带卖方单位组织机构代码证、买方个人身份证、机动车登记证书、机动车行驶证。

4）单位对单位交易。这种交易类型是二手车所有权人为单位，二手车买车人也是单位。交易时需要携带买卖双方单位组织机构代码证、机动车登记证书、机动车行驶证。

2．二手车交易相关规定

（1）《二手车交易规范》对交易程序的要求

1）二手车交易地点。二手车应在车辆注册登记所在地交易，即二手车不允许在异地交易。

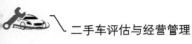

2）二手车办理转移登记手续地点。二手车转移登记手续应按照公安部门有关规定在原车辆注册登记所在地公安机关交通管理部门办理。

3）建立二手车交易档案

① 法定证明、凭证复印件。

② 购车原始发票或者最近一次交易发票复印件。

③ 买卖双方身份证明或者机构代码证书复印件。

④ 委托人及授权代理人身份证或者机构代码证书以及授权委托书复印件。

⑤ 交易合同原件。

⑥ 二手车经销企业的《车辆信息表》、二手车拍卖公司的《拍卖车辆信息》和《二手车拍卖成交确认书》。

⑦其他需要存档的有关资料。

注意：交易档案保留期限不少于3年。

（2）国家二手车交易重要相关规定

①《二手车流通管理办法》第十八条规定，二手车经销企业销售二手车时应当向买方提供质量保证及售后服务承诺，并在经营场所予以明示。

②《二手车流通管理办法》第二十三条第五款规定，下列车辆禁止经销、买卖、拍卖和经纪：发动机号码、车辆识别代号或者车架号码与登记号码不相符，或者有凿改迹象的车辆；对交易违法车辆的，二手车交易市场经营者和二手车经营主体应当承担连带赔偿责任和其他相应的法律责任。

③《二手车交易规范》第十二条规定，二手车交易市场经营者、二手车经营主体发现非法车辆、伪造证照和车牌等违法行为，以及擅自更改发动机号、车辆识别代号（车架号码）和调整里程表等情况，应及时向有关执法部门举报，并有责任配合调查。

④《二手车交易规范》第四十二条规定，二手车交易市场经营者应制定市场管理规则，对场内的交易活动负有监督、规范和管理责任，保证良好的市场环境和交易秩序。由于管理不当给消费者造成损失的，应承担相应的责任。

⑤《二手车交易规范》第四十三条规定，二手车交易市场经营者应及时受理并妥善处理客户投诉，协助客户挽回经济损失，保护消费者权益。

（3）国家税务局对二手车交易税收的规范

二手车经营者在经销二手车、代理二手车买卖过程中，增值税和营业税，税率有差异，2016年营改增后不存在营业税概念：统一为增值税。

① 销售2008年12月31日以前购进的机动车，按简易办法依3%征收率减按2%征收增值税。适用按简易办法3%征收率减按2%征收增值税政策的，应开具普通发票，不得开具增值税专用发票。

② 销售2009年1月1日至2013年8月31日之间，购进属于增值税条例第十条规定不得抵扣且未抵扣进项税额的机动车（如应征消费税的摩托车、汽车、游艇），按简易办法依3%征收率减按2%征收增值税。

③ 销售2009年1月1日以后购进的机动车，除上述第2点规定以外的机动车（即按规

定允许抵扣的机动车），按照适用税率 17% 征收增值税。按照适用税率 17% 征收增值税的，可以开具增值税专用发票。

④ 销售 2013 年 9 月 1 日以后购进的机动车，按照适用税率 17% 征收增值税。

⑤ 其他个人（自然人）销售自己使用过的机动车免征增值税。

3. 二手车交易程序与手续办理

（1）二手车交易程序简要介绍

按照旧机动车交易市场规定，退牌、转籍、办理牌照、注销等手续均需二手车经营公司办理，同城带牌照过户需二手车经纪公司办理。

二手车交易采用在交易市场集中办理证照的方法，由市公安局车辆管理所派驻警员驻场监管和指导，重点环节由警官进行审核把关，具体操作性事务由市场工作人员协助完成。这样既保证了驻场警员对整个操作过程的有效监管，也充分提高了市场工作人员的责任性、积极性，从而使二手车交易的证照办理工作有条不紊地进行。

二手车交易大厅的功能性设置应能让交易程序简化、明晰。最基本的要求是二手车交易流程简单、清晰，场内的交易流程示意图以及引导标示、交易手续办理说明及注意事项、车辆评估的程序及过程、评估标准、收费标准、服务准则、各展示区负责人、服务标准、车辆过户流程、车主应该提供的手续以及最新的行业动态等信息，应在消费者显而易见的区域悬挂。

交易场所应设置便捷的查询措施。在当前的信息化社会，便捷、易操作的查询平台带给消费者的消费体验可以提升便民服务的满意度。在展示区的所有车辆应该都建立相应的电子档案，通过信息自动化的应用，服务与业务的处理可以节省大量的人力。在相应的展区设置查询终端，可查询的信息应该有车辆的保养记录、保险情况、评估过程及车主的基本信息，以及车辆的年限、型号、发动机号、税单凭据、品牌型号、颜色、出厂日期、驱动方式、排量、变速器类别、参考成交价格、是否有违章情况等信息。通过显示终端，消费者可以清晰地掌握车辆的基础参数，在现场结合自己的实际情况，寻找合适的车辆。

二手车交易需要准备机动车行驶证、机动车登记证书、机动车号牌一副（退牌车辆提供退牌更新证明）、进口车查询单（进口车须提供）、车辆购置附加税证、买卖双方身份证、户口簿等证件，如果是外地户口，还需要携带暂住证，买方的暂住证需要满规定的年限。

本地过户：办理时需要详细填写机动车转移登记申请表和机动车所有人信息登记表。买方若是个人，则需居民身份证复印件；若是单位，则需组织机构代码证的复印件。一般规定，若是个人购买二手车，需要本人到场，若不能到场，需要有代理人持相应的证件到场，需要的材料有机动车登记证书、机动车行驶证、机动车的数码照片、过户发票的第一/二联、机动车验车单。带足这些单据证明，就可以到窗口去办理本地过户。

外地过户：相比本地过户要麻烦些，需要的材料有，机动车转移登记申请表、机动车转籍代理委托书、买方的身份证件需要复印两份（个人是居民身份证，单位是组织机构代码证）、卖方则需提供与其住址相符合的所有人的身份复印件、机动车登记证书、机动车行驶证及复印件、过户发票第一/二联及交费凭证。

二手车交易的程序按照交易的方式分为直接交易、中介交易、经销类销售、二手车拍卖

交易等模式。

1）直接交易、中介交易程序。《二手车交易规范》中指出，二手车直接交易方为自然人的，应具有完全民事行为能力。无民事行为能力的，应由其监护人代为办理，监护人应提供监护关系证明。二手车直接交易委托代理人办理的，应签订具有法律效力的授权委托书。二手车直接交易双方或其代理人均应向二手车交易市场经营者提供其合法身份证明，并将车辆的法定证明、凭证送交二手车交易市场经营者进行合法性验证。

《二手车交易规范》第七条规定："二手车交易应签定合同，明确相应的责任和义务。交易合同包括：收购合同、销售合同、买卖合同、委托购买合同、委托出售合同、委托拍卖合同等。"

二手车直接交易双方应签订买卖合同，如实填写有关内容，并承担相应的法律责任。二手车直接交易的买方按照合同支付车款后，卖方应按合同约定及时将车辆的法定证明、凭证交付买方。车辆法定证明、凭证齐全合法，并完成交易的，二手车交易市场经营者应当按照国家有关规定开具税务机关监制的统一发票，并如实填写成交价格。

在交易程序中，直接交易与中介交易的流程相同，如图 6-1 所示。

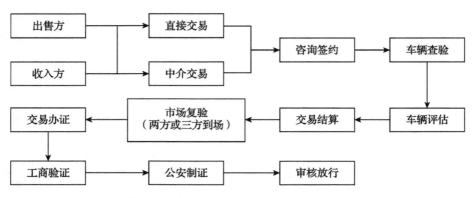

图 6-1　直接交易、中介交易类的交易程序

2）经销类销售交易程序。经销类销售模式通常适用于品牌汽车专营方式，优势在于将销售与售后服务相结合成为一体式的服务，为完善售后服务质量提供有力的保障，其二车车的交易程序如图 6-2 所示。

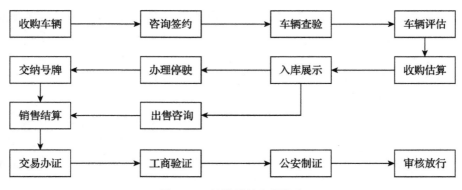

图 6-2　经销类的交易程序

3）二手车拍卖交易程序。从事二手车拍卖及相关中介服务活动，应按照《拍卖法》及《拍卖管理办法》的有关规定进行。委托拍卖时，委托人应提供身份证明、车辆所有权或处置权证明及其他相关材料。拍卖人接受委托的，应与委托人签订委托拍卖合同。委托人应提供车辆真实的技术状况，拍卖人应如实填写《拍卖车辆信息》。如对车辆的技术状况存有异议，拍卖委托双方经商定可委托二手车鉴定评估机构对车辆进行鉴定评估。二手车拍卖的形式一般比较公开透明，而且能通过议价让买卖双方直观的了解所售车辆的真正市场行情。拍卖会所拍卖的车辆一般都经过了严格检测。二手车拍卖交易的程序如图6-3所示。

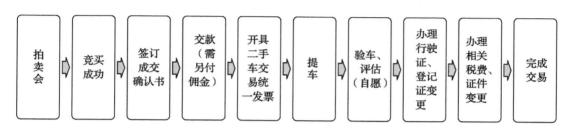

图6-3　二手车拍卖交易程序

拍卖人应于拍卖日7日前发布公告二手车的拍卖信息。拍卖公告应通过报纸或者其他新闻媒体发布，并注明拍卖的时间、地点；拍卖的车型及数量；车辆的展示时间、地点；参加拍卖会办理竞买的手续；需要公告的其他事项。拍卖人应在拍卖前展示拍卖车辆，并在车辆显著位置张贴《拍卖车辆信息》。车辆的展示时间不得少于2天。

进行网上拍卖，应在网上公布车辆的彩色照片和《拍卖车辆信息》，公布时间不得少于2天。网上拍卖是指二手车拍卖公司利用互联网发布拍卖信息，公布拍卖车辆技术参数和直观图片，通过网上竞价，网下交接，将二手车转让给超过保留价的最高应价者的经营活动。网上拍卖过程及手续应与现场拍卖相同。网上拍卖组织者应根据《拍卖法》及《拍卖管理办法》制定网上拍卖规则，竞买人则需要办理网上拍卖竞买手续。任何个人及未取得二手车拍卖人资质的企业不得组织二手车网上拍卖活动。

拍卖成交后，买车人和拍卖人应签署《二手车拍卖成交确认书》。委托人、买车人可与拍卖人约定佣金比例。对拍卖佣金比例未作约定的，依据《拍卖法》及《拍卖管理办法》收取佣金。拍卖未成交的，拍卖人可按委托拍卖合同的约定向委托人收取费用。拍卖人应在拍卖成交且买车人支付车辆全款后，将车辆、随车文件及法定证明、凭证交付给买车人，并向买车人开具国家税务机关监制的统一发票，如实填写拍卖成交价格。

如果委托人在《拍卖车辆信息》中提供虚假信息，致使拍卖人在《拍卖车辆信息》中不能如实披露车辆真实状况，给买车人造成损失的，委托人应依法承担相应的责任，拍卖人应代买车人追偿。

（2）本地车辆所有权转移登记

为杜绝盗抢车、走私车、拼装车和报废车的非法交易，切实维护消费者的合法权益，应科学合理地设计"一条龙"的作业方式，使二手车交易在规范有序的流程内进行，减少购销双方的来回奔波。二手车交易工作流程如图6-4、图6-5所示。

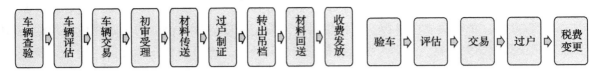

图6-4　二手车交易工作流程　　　　　图6-5　二手车交易简易流程

1）车辆查验。在驻场警官的监管下，由交易市场委派经过验车培训的工作人员，协助警官开展交易车辆的查验工作，在车辆年检期有效的时段内，查验车辆识别代码（发动机号、车架号）的钢印有否做凿改的情况，与其拓印是否一致；查验车辆颜色与车身装置是否与行驶证一致。同时按交易类别对车辆安全行驶性进行检测，确保交易车辆的安全性能。如一切正常，则在《机动车登记业务流程记录单》上盖章，并在发动机号、车架号的拓印上加盖骑缝章。

在办理过户之前，一定要查验相关完税证明。二手车原车主如果告诉购买者已交税，却不能提供车船税完税证明，购买者可以要求和原车主一起拿着行驶证，到地税局的任何一个税务所查询该车的车船税交纳情况。

手续一定要齐全，一套正规的车辆手续应该包括机动车登记证书、车辆行驶证（需在年检合格期内）、车辆购置附加费证明、车辆购买原始发票（或上一次过户票）、车主身份证（单位提供法人代码证）、车船使用税、买方车主身份证（单位提供法人代码证）。二手车交易时，若卖方以各种借口不能出具全部手续，买方则应提高警惕。

机动车登记证书办理完毕之后才能进行过户。

车辆交易需要在年检有效期间内，车辆行驶证要有年检有效期证明。

二手车交易中车辆购置附加费证明审查是必要的。一般来说正规交易车辆都有这个手续，但是特殊的黑牌车、走私车、罚没车没有这个证明，需要缴纳购置附加费然后出具证明才能过户。

车辆购买原始发票或上一次过户发票，如果卖车人不慎丢失，个人可以书写证明并签字，单位需要在证明上加盖单位财务章。个人车辆的原始购车发票或单位车辆的原始购车发票丢失的处理方法：2002年以前的车辆，车主本人到场填写发票丢失承诺书，本人签字，就可以代替原始车发票使用。2002年以后的车辆，可持加盖销售单位章及工商验证章的发票复印件代替原始车发票使用。

如果车主身份证到期可以用临时身份证，单位如果变更名称或倒闭需要开具工商部门的证明。手续齐全后到旧机动车交易所办理过户手续，同时还要到车管所变更手续。

2）车辆评估。由专业评估机构参与，其专业车辆评估人员，将根据车辆的使用年限（已使用年限）、行驶里程数、总体车况和事故记录等进行系统地勘察和评估，折算车辆的成新率，再按照该车的市场销售状况等，提出基本参考价格，通过计算机系统的运算，并打印"车辆评估书"，由评估机构的评估人员签章后生效，作为车辆交易的参考和依法纳税的依据之一。

3）车辆交易。二手车经过查验和评估后，需要原车主对其车辆的一些其他事宜（使用年限、行驶里程数、安全隐患、有无违章记录等）作出一个书面承诺。经营（经纪）公司可以对该车进行出售或寄售，谈妥客户后，收取相应的证件和材料，开具相应的发票，签署经营（经纪）合同，整理后送办证初审窗口。

①初审受理。由二手车交易市场派驻各交易市场的专业业务受理工作人员，对各经营（经纪）公司或客户送达的车辆牌证和手续材料，初审其真实性、有效性，以及单据填写的准确性，合格后，打印操作流水号和代办单，经工商行政管理部门验证盖章，将有关材料整理装袋，准备送达相应的办证地点。

②材料传送。由二手车交易市场指定专业跑（送）单人员，核对材料，然后贴上封条，签署"材料交接表"并签章，将办证材料及时、安全地送达相应的办证地点。

4）过户制证。二手车过户所需的资料、证件有原车主身份证、新车主身份证、车辆行驶证正／副本、购置税本、车船使用税完税证明、机动车登记证书、机动车刑侦验车单、保险单／卡／发票，以上均需提供原件。由驻场警官，对送达的办证材料，根据计算机车档库进行对比查询，并对纸质材料进行复核，在《机动车登记业务流程记录单》上录上复核人员的姓名，签注《机动车登记证书》，由市场工作人员按岗位的程序进行《机动车行驶证书》的打印、切割、塑封，并录入相应操作岗位的人员姓名，而后，纸质材料整理、装订后，与《机动车行驶证书》《机动车注册/转入登记表》（副表）等相关证件一起，由跑（送）单人员回送相应的代理交易市场。

购买或过户二手车，一定要办理过户手续，假设买方只得到了使用权，一旦该车产生了纠纷，对买卖双方均有不利的一面。甲方把车卖给乙方，却没有过户，这种情况在二手车交易中经常存在。如果不过户，车辆一旦发生交通违章、肇事等，甲方同样要承担一定的责任。对买方而言，当车辆要施行租赁、质押、财产继承、财产转让等操作时，因车辆的所有权非己所有而无法办理。另外，即使是买车人为车辆投保后，万一车辆因事故损毁或被盗，得到赔偿的一定是卖方（车辆所有权拥有者）所有，因为卖车人还是该车的合法受益人。

对于卖方来说，车辆转让后不转籍过户，仍保留着该车所有权的同时还拥有义务，但是同样也保留了责任，当出让的车辆发生一些债务纠纷时，卖车人有不可推卸的责任。例如：滞纳罚款、车辆事故引起的巨额赔偿等。在办理过户前一定要查验原车有没有违章及各项税费是否有欠费的情况，欠费必须在过户前缴清。

案例：水泊梁山运输公司将一辆车转让给高衙内后，没有进行转籍过户，该车在一次事故中撞死撞伤各一人，不巧，高衙内公司在朝廷经营惨淡负担了巨额债务，高衙内无力承担经济赔偿，债务自然落到了车辆产权拥有者宋江的身上，最后判定由水泊梁山公司赔偿了几十万元。

①办理转籍流程

a）现机动车所有人填写《机动车过户、转出、转入登记申请表》并按规定签章。

b）交验《机动车行驶证》和《机动车登记证书》。未领取过《机动车登记证书》的，机动车所有人须填写《补领、换领机动车牌证申请表》并按规定签章。

c）提交双方机动车所有人的身份证明原件及代理人的身份证明。汽车转出的，应先经所在地县（市、区）车管所（组）审核签章。

d）交验机动车后到交易市场进行交易。

e）交回《机动车行驶证》和号牌，领取机动车档案。

②二手车过户流程。二手车过户流程如图6-6所示。

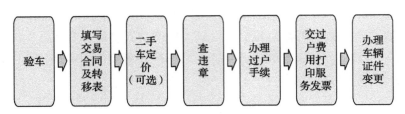

图6-6 二手车过户流程

a) 现机动车所有人填写《机动车过户、转出、转入登记申请表》并按规定签章。

b) 交验《机动车行驶证》和《机动车登记证书》。未领取过《机动车登记证书》的，原机动车所有人须填写《补领、换领机动车牌证申请表》并按规定签章。

c) 提交双方机动车所有人的身份证明原件及代理人的身份证明。汽车过户的，应先经所在地县（市、区）车管所（组）审核签章。

d) 交验机动车辆后到交易市场进行交易并按规定办理其他相关手续。

e) 交回《机动车行驶证》。须换发号牌的，同时交回原机动车号牌。

f) 微机公开选号、领取机动车号牌。在同一辖区内，双方车主均为单位或均为个人，且使用性质不变的，原号牌不变。

g) 安装号牌、拍摄车辆照片、领证。

注意：二手车市场在车辆过户时实行经营公司代理制，过户窗口不直接对消费者办理。如需过户，需要将车开到市场，让二手车经营公司为其代理完成过户程序：评估、验车、打票。另外，在进行车辆过户时，买卖双方需签订由工商部门监制的《二手车买卖合同》，合同一式三份，买卖双方各持一份，工商部门保留一份，经工商部门备案后才能办理车辆的过户或转籍手续。等评估报告出来后，开始办理过户手续。办理好的过户凭证由买方保留，卖方也保留一份复印件，以备日后不时之需。

注意：以下车辆不能过户。

a) 申请车主与原登记车主印章不相符的车辆。

b) 未经批准擅自改装、改型及变更载货重量、乘员人数的车辆。

c) 违章、肇事未处理结案的或公安要关对车辆有质疑的车辆。

d) 达到报废年限的（如车况较好，经特殊检验合格后可以过户，但不准转籍）。

e) 未参加定期检验或检验不合格的车辆。

f) 新车入户不足3个月的（进口汽车初次登记后不满2年，法院判决的除外）车辆。

g) 人民法院通知冻结或抵押未满的车辆。

h) 属控购车辆无《申报牌照证明章》的车辆。

i) 进口汽车属海关监管期内，未解除监管的车辆。

③收费打印。目前我国实施的二手车过户费用标准主要是按排量、年份进行收取，根据轿车、越野车、客车、货车等车辆类型以及不同排量、载重量范围等类别的不同，采取不同的收费标准。汽车过户费用除了本身的二手车过户费用外，还应该包括检测、车牌、过户费、照相、发票、拓印、行驶证工本费等。各交易市场的办证窗口，收到材料经核对无误后，对所需支付的费用逐一进行汇总计算，打印发票，向委托办理的经营（经纪）公司和客户收取费用（凭代办单上的流水号），核对"代办单"后，发还证照和材料。不同城市的二手车过

户费用也不相同，需要根据当地的情况来缴纳相关费用。

5）税费变更。车辆过户之后还要进行购置附加税、保险的车主变更，凭本人的行驶证原件就可以办理。减少可能带来的损失，方便以后继续缴纳费用。在办完车牌更换、行驶证、登记证书的变更等以后，要到保险公司办理保险手续变更，如果没有及时办理保险变更，期间发生任何事故保险公司不予理赔。车辆所有权的转移并不意味着车辆保险合同也转移，新车主与保险公司之间这时还未建立起保险合同关系。虽然有的保险公司会灵活处理，但在此期间，保险公司仍然有依据法律和合同规定行使拒赔的权利。

办理汽车保险过户有两种方式：

第一种主要是对保单的内容做一些批改，保险批改单与保险合同具有同等法律效率，关键是批改被保险人与车主。需要提供保单和车辆过户证明，由原来的车主到原来买保险的保险公司营销网点去办理即可。

第二种方式是申请退保，终止以前的合同。然后，新车主就可以到任何一家保险公司去重新办理一份车险。这种情况下，退保时需要保单及身份证。重新投保只需提供新的行驶证或车辆过户证明。

6）二手车交易过户中易出现的问题

① 假证。车辆根本没过户，通过非法渠道制做的假证件，这种车肯定有问题，甚至可能是赃车、报废车，按正常手续根本无法过户。

② 过一半。即只过《行驶证》，不过《附加费》等其他相关证件，给日后行驶或再交易留下后遗症。

③ 拖而不办。一是手续上有问题暂时无法办理；二是根本无问题就是不办，最后引发经济纠纷。

④ 反悔。买卖双方因车辆的价格、过户费用、质量或市场行情变化等因素发生反悔，但又不愿承担违约责任，采取不配合，甚至有意刁难，制造纠纷。

为避免此类事情发生，二手车交易买卖双方务必到合法的二手车交易中心（市场）进行交易及办理过户。

另外，车辆过户中最重要的环节是验车和查档案，因为二手车过户的资料较多，首先是证件和车辆的合法性，而确定其合法的权力机关是公安车管部门，只有经过验车和查档案合格后警察签章，该车才可顺利过户。

（3）异地车辆所有权转移登记

二手车交易后，如果新车主和原车主的住所不在同一城市，不能直接办理《机动车登记证书》和《机动车行驶证》的变更，需要到新车主住所所属的车辆管理辖区内办理。

1）转出登记

①转出登记程序与规定。现车主提出申请，填写《机动车转移登记申请表》，车辆管理所受理审核资料，确认车辆，在《机动车登记证书》上记载转出登记事项，收回机动车号牌和《机动车行驶证》，核发临时行驶车号牌，密封机动车档案，交机动车所有人。第一，确认车辆合法性。第二，开具二手车交易发票。如果是海关监管的机动车应提交监管海关出具的《中华人民共和国海关监管车辆边（出）境领（销）牌通知书》。第三：提供转出及转入

人（或单位）的身份证明（社会组织的统一信用代码），以及与本车辆有关的证件。第四，回收旧车牌照，发放临时牌照。

②转出登记需要的资料。现车主在规定时间内，准备好资料，向原二手车管辖地车辆管理所申请转出登记，并交验车辆。机动车所有权发生转移的，现机动车所有人应当自机动车交付之日起 30 日内向登记地车辆管理所申请转移登记。自受理之日起 3 个工作日内，到业务受理窗口领取有效期为三十日的跨行政区域的《临时行驶车号牌》、机动车档案、《机动车登记证书》。

③转出的流程

a）在办理业务前应先确定涉及该机动车的交通安全违法行为和交通事故已处理完毕。

b）机动车查验窗口：审查机动车行驶证、验车、拓号。

c）业务受理窗口。

第一步审查资料：交回《机动车登记证书》《机动车行驶证》和机动车号牌、交通信息卡（机动车卡）。

第二步领取《受理凭证》。

d）缴费窗口：缴纳牌证工本费。

④转出登记事项。车辆管理所办理转出登记时，要在《机动车登记证书》上记载下列转出登记事项：

a）现车主的姓名或者单位名称、身份证号码、住所地址、邮政编码和联系电话。

b）机动车获得方式。

c）机动车来历凭证的名称、编号。

d）转移登记的日期。

e）海关解除监管的机动车，登记海关出具的《中华人民共和国海关监管车辆解除监管证明书》的名称、编号。

f）改变机动车登记编号的，登记机动车登记编号。

g）登记转入地车辆管理所的名称。

2）转入登记

①机动车转入登记的条件

a）现车主的住所属于本地车管所登记规定范围的。

b）转入机动车符合国家机动车登记规定的。

根据《机动车登记规定》，机动车档案转出原车辆管理所后，机动车所有人必须在 90 日内携带车辆及档案资料到住所地车辆管理所申请机动车转入登记。

同时注意以下几个问题：

a）必须有原车封装的档案资料。

b）必须有交易发票。

c）当地车辆入户的政策（新旧车相同）。

②转入登记需要的资料

a）车主身份证明。

b）车辆销售发票《机动车销售统一发票》。

c）车辆购置附加税凭证或免税凭证。

d）车辆照片 6 张。

e）办理第三者责任保险有效凭证。

f）《机动车登记申请表》《机动车注册/转入申请表》《办理机动车业务流程记录单》。

g）发动机号码、车架号码拓印件各 2 份。

h）《机动车安全技术性能检测报告单》（国产新车免检车型不需要此报告单）。

i）国产车：《机动车整车出厂合格证》（车型必须列入国家经贸委的《车辆生产企业和产品公告》）。进口车应当提交监管海关出具的《中华人民共和国海关监管车辆进（出）境领（销）牌照通知书》。

j）吉普车、双排座客货车、旅行车、轿车必须由公安刑侦部门进行盗抢检索后出具《验车通知书》和《机动车盗抢检索回执》。

③转入登记程序

a）提出申请。

b）交验车辆。

c）车辆管理所受理申请。

d）审核资料。

e）办理转入登记手续。

f）核发新的机动车号牌和《机动车行驶证》。

3）手续办理

①车主按要求填写《办理机动车业务流程记录单》《机动车登记申请表》《机动车注册/转入申请表》。

②拓印发动机和车架号码张贴到《办理机动车业务流程记录单》背面，将所有入户资料张贴在 A4 型白纸上。

③将车辆开到机动车检测站进行安全性能检测，吉普车、双排座客货车、旅行车、轿车需由刑警验车出具《验车通知书》和《机动车盗抢检索回执》，车辆和入户资料经机动车检验岗考验员检验、审核合格后由检验岗民警受理，出具《办证回执》给车主。

④受理的入户资料由车管所窗口民警实行内部传递。

⑤车主持《办证回执》到银行缴费后按《办证回执》上注明的时间到检测站机动车号牌固封点固封号牌、照相、塑封《机动车行驶证》并当场领取《行驶证》和《机动车登记证书》。

⑥车主如果要求重新选择车牌号可凭《办证回执》到车管所办证厅窗口办理。由窗口民警开具选号缴费单到银行缴费，再将缴费单据交到窗口，再到车管所办理选择车牌。

6.1.2　二手车交易合同

❓ 二手车交易的合同如何鉴定？要注意什么问题？

1. 二手车交易合同

二手车交易合同是指二手车经营公司、经纪公司与法人、其他组织和自然人相互之间为

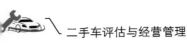

实现二手车交易的目的，享有合同权利、明确相互权利义务关系，承担合同义务所订立的协议。在《二手车交易规范》中明确规定二手车交易应当签订合同，明确相应的责任和义务。交易合同包括：收购合同、销售合同、买卖合同、委托购买合同、委托出售合同、委托拍卖合同等。二手车交易合同一旦签订生效，具有法律效力。根据《中华人民共和国民法通则》第85条规定：合同是当事人之间设立、变更、终止民事关系的协议。依法成立的合同，受法律保护。

（1）订立交易合同的基本原则

1）合法原则。法律法规面前人人平等，合同的内容及订立合同的程序、形式只有与法律法规相符合，才能得到国家的认可，才会具有法律效力，当事人的合法权益才可得到保护。二手车的交易合同必须遵守我国的法律法规。任何单位和个人都不得利用经济合同进行违法活动，扰乱市场秩序，损害国家利益和社会利益，牟取非法收入。在二手车的交易过程中一方不得把自己的意志强加给另一方，杜绝二手车市场强买强卖的现象，实施不公平竞争和不平等交换；不得利用公共权利搞非法垄断，签订"霸王合同"；不得利用自己的经济实力强迫他人接受不平等条款。

2）自愿原则。自愿原则是指二手车交易双方有权根据自己的意志和利益，自愿决定是否签订合同，选购什么样的二手车，跟谁签合同，签订什么样的合同，自愿协商确定合同的内容，协商补充变更合同的内容，自愿协商解除合同，自愿协商确定违约责任，选择争议解决方式。任何单位和个人不得非法干预当事人的合同行为。

3）公平原则。二手车交易合同当事人应当遵循公平原则确定各方的权利义务。订立合同的当时人法律地位一律平等，任何一方不得以大欺小、以强凌弱，把自己的意志强加给对方，双方都必须在完全平等的地位上签订二手车交易合同。二手车交易合同应当在当事人之间充分协商、意思表示一致的基础上订立，采取胁迫、乘人之危、违背当事人真实意志而订立的合同都是无效的，也不允许任何单位和个人进行非法干预。

4）诚实信用原则。被交易的二手车信息应当公开透明，市场交易应当遵循诚实信用原则。二手车交易市场鱼龙混杂，买卖诚信缺失，严重影响了我国二手车市场的健康发展，二手车交易合同中不得隐瞒二手车的实际情况、出现虚假信息、误导消费者不得用欺诈手段骗订合同，不得擅自撕毁合同，要忠实地履行合同的义务，不得搞合同欺诈，货真价实才是经营之道。

5）守法原则。守法原则是指当事人订立、履行合同，应当遵守法律、行政法规，遵守社会公德，不得扰乱社会经济秩序，损害国家和社会公共利益。旧机动车辆的来源必须合法，禁止制售虚假手续、票据，禁止交易国家禁售条例中明示的车辆，维护消费者的合法权益，打击违法行为。

（2）交易合同的内容

1）主要条款
①标的。指合同当事人双方权利义务共同指向的对象。标的可以是物也可以是行为。
②数量。
③质量。质量是标的内在因素和外观形态优劣的标志，是标的满足人们一定需要的具体特征。

④履行期限、地点、方式。

⑤违约责任。

⑥根据法律规定的或按合同性质必须具备的条款及当事人一方要求必须规定的条款。

2）其他条款。包括合同包装要求某种特定的行业规则、当事人之间交易的惯有规则。

2. 交易合同的变更和解除

（1）交易合同的变更

二手车交易合同变更通常指依法成立的交易合同尚未履行或未完全履行之前，二手车交易当事人就其内容进行修改和补充而达成的协议。

交易合同的变更必须以有效成立的合同为对象，凡未成立或无效的合同，不存在变更问题。交易合同的变更是在原合同的基础上，达成一个或几个新的合同内容更改、更正原合同的内容，例如，附加批条等。变更是一种法律行为，使原合同的权利义务关系消灭，新合同产生，合同的变更与原合同具有同等法律效力。

（2）交易合同的解除

交易合同的解除，指交易合同订立后，没有履行或没有完全履行以前，当事人依法提前终止合同。

（3）交易合同变更和解除的条件

合同法规定，凡发生下列情况之一，允许变更或解除合同。

①当事人双方经协商同意，并且不因此损害国家利益和社会公共利益。

②由于不可抗力致使合同的全部义务不能履行。

③由于另一方在合同约定的期限内没有履行合同。

3. 违约责任与合同纠纷

（1）违约责任

违约责任指交易合同一方或双方当事人由于自己的过错造成合同不能履行或不能完全履行，依照法律或合同约定必须承受的法律制裁。在签订卖车协议的时候，往往都会在协议中注明违约责任。

1）违约责任的性质

①等价补偿。凡是已给对方当事人造成财产损失的，就应当承担补偿责任。

②违约惩罚。合同当事人违反合同的，无论这种违约是否已经给对方当事人造成财产损失，都要依据法律规定或合同约定，承担相应的违约责任。

2）承担违约责任的条件

①要有违约行为。要追究违约责任，必须有合同当事人不履行或不完全履行的违约行为。它可分为作为违约和不作为违约。

②行为人要有过错。过错是指当事人违约行为主观上出于故意或过失。故意，是指当事

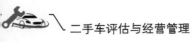

人应当预见自己的行为会产生一定的不良后果，但仍用积极的不作为或者消极的不作为希望或放任这种后果的发生。过失是指当事人对自己行为的不良后果应当预见或能够预见到，而由于疏忽大意没有预见到或虽已预见到但轻信可以避免，以致产生不良后果。

3）承担违约责任的方式

①违约金。违约金指合同当事人因过错不履行或不适当履行合同，依据法律规定或合同约定，支付给对方一定数额的货币。

根据《合同法》及有关条例或实施细则的规定，违约金分为法定违约金和约定违约金。

②赔偿金。赔偿金指合同当事人一方过错违约给另一方当事人造成损失超过违约金数额时，由违约方当事人支付给对方当事人的一定数额的补偿货币。

③继续履行。继续履行指合同违约方支付违约金、赔偿金后，应对方的要求，在对方指定或双方约定的期限内，继续完成没有履行的那部分合同义务。

违约方在支付了违约金、赔偿金后，合同关系尚未终止，违约方有义务继续按约履行，最终实现合同目的。

（2）合同纠纷

合同纠纷指合同当事人之间因对合同的履行状况及不履行的后果所发生的争议。根据《合同法》及有关条例的规定，我国合同纠纷的解决方式一般有协商解决、调解解决、仲裁和诉讼四种方式。

1）协商解决。指合同当事人之间直接磋商，自行解决彼此间发生的合同纠纷。这是合同当事人在自愿、互谅互让基础上，按照法律、法规的规定和合同的约定，解决合同纠纷的一种方式。

2）调解解决。指由合同当事人以外的第三人（交易市场管理部门或二手车交易管理协会）出面调解，使争议双方在互谅互让基础上自愿达成解决纠纷的协议。

3）仲裁。指合同当事人将合同纠纷提交国家规定的仲裁机关，由仲裁机关对合同纠纷作出裁决的一种活动。

4）诉讼。指合同当事人之间发生争议而合同中未规定仲裁条款或发生争议后也未达成仲裁协议的情况下，由当事人一方将争议提交有管辖权的法院按诉讼程序审理作出判决的活动。

4. 二手车交易合同签订注意事项

在签订二手车合同时务必将车辆信息写详细，明确二手车的品牌、汽车标识号码、发动机号码、汽车代码（车架号）等汽车本身应有的要素，尤其是汽车代码与汽车标识号码同时写明，车辆主要配置、颜色（具体到座椅颜色）、手动档还是自动档以及随车交付的文件等。还应列明车辆交易的总价款，付款方式和期限。要特别注意合同责任的细节，如交车方式、地点、时间。要特别明确违约责任，约定解决的方式、合同的管辖地等。确认销售方的盖章名称与购车合同、发票上的名称三者必须保持一致。如果出现不一致，诉讼时由于诉讼主体不明，对购车人而言非常不利。如买进口车，由于存在多级代理的形式，在没有弄清合同主体的情况下，购车人的权益很难被保护。

1）在签订卖车协议的时候，往往都会在协议中注明违约责任。有些二手车商在卖车协议列注明，如果到了协议时间，买方不支付全款或无故障退车，将不能退其预付款或定金。卖车协议中的违约责任是双向的，买方违约扣押定金，卖方违约须全额退款。因此，在书写卖车协议的时候，必须将双方的违约责任都考虑进去。在签订购车合同时，如果原合同没有明文规定违约责任的话，应该根据自己的实际情况，要求对方补充进去，特别是对那些不能及时过户的交易，应该在合同中强调，若交易过程中过不了户，对方无论出于何种原因都应无条件全额退款。

2）建议在签订购车合同时，及时让对方提供详细的车辆状况说明，或者找权威的第三方评估机构进行评定，然后体现在合同中。又或者让对方在合同中注明，如原车保证无大事故、无大的机械隐患等。

3）为防止不公平交易，购买者签订合同之前应当仔细阅读合同中的责任条款，不排除有些车商喜欢在协议里设置不公平的内容从而引消费者上当，要注意在协议里表明描述是否前后统一，一字之差，谬之千里，虽然这两者的意思一样，卖方一旦违约，处理纠纷时会对消费者不利。

4）在签署合同时遇到描述模糊不清，表达出现争议容易造成理解误差的条文要及时修正。确保一份合同让买卖双方都能看明白、理解透自己所承担的责任和履行的职责。

5）签订卖车协议时需要明确表明购买二手车的付款时间和方式，是先付款后过户，还是先付部分车款，过户后补齐等，都要在合同里明示出来。要注意合同是否约定了成交时间，时间过长会影响车辆的交易价值。

6）二手车买卖合同中，一般都会有是否交付该车行驶证、购置附加费凭证及发票、购车合同的路票凭证、车船使用税凭证、年票凭证、原车发票及购买的车辆保修以及保障期限。

7）在卖车协议中最好把与对方商量的口头协议、承诺也都写进卖车协议中，防止卖车后口头协议无法实现。

8）车辆行驶证、登记证书才是所有人的合法证明。不能办理过户的交易合同是不能公证的，因为公证效能不能超出法律的范围。未经过公证的合同具有同等的法律效力。

6.1.3　二手车交易管理

？ 二手车交易市场与车辆使用应如何进行管理？

1. 二手车经营规范

二手车经销公司必须依法向当地市场相关部门申请注册登记，未经注册登记不得营业。二手车经销公司经营场地要整洁、美观，要在经营场地明显位置设立本行业的法律、法规文示，以及交易流程示意图、各种代办服务手续、应注意事项、收费项目及标准、投诉电话号码等。

二手车经销公司应当有2名以上从事二手车鉴定评估业务的专业人员，应当根据客户要求，代办二手车鉴定评估、转移登记、保险、纳税等手续。二手车经销公司将二手车销售给买方之前，应对车辆进行检测和整备。设有专门的检测工位1个以上，备2人以上的检测人员。并出具车辆检测报告，在售车时提供给消费者。《二手车交易规范》明确要求：二手车交易市场经营

者应建立严格的内部管理制度，牢固树立为客户服务、为驻场企业服务的意识，加强对所属人员的管理，提高人员素质。二手车交易市场服务、管理人员须经培训合格后上岗。

《二手车交易规范》明确：二手车交易应遵循诚实、守信、公平、公开的原则，严禁欺行霸市、强买强卖、弄虚作假、恶意串通、敲诈勒索等违法行为。二手车交易市场经营者和二手车经营主体、二手车直接交易卖方，应对交易车辆及其法定证明、凭证、技术状况、历史记录的真实性和合法性负责。应确认卖方的身份及车辆的合法性，核实卖方的所有权或处置权证明，车辆所有权或处置权证明应符合《二手车交易规范》的条件。摆卖的车辆要明码标价，车辆信息要真实、清楚。不准更改车辆里程表，有重大事故的车辆要和消费者讲清楚，不得有任何隐瞒。

二手车经营者应向最终用户销售使用年限在 5 年以内或行驶里程在 10 万 km 以内的车辆，应向用户提供不少于 3 个月或 5000km 以上的质量保修。质量保修范围为发动机系统、转向系统、传动系统、制动系统、悬架系统等。达到新车的售后服务标准。如果被销售的车辆发现是事故车、泡水车、非法途径车辆，必须提供购买 7 天内的退换服务。二手车经营者应根据客户要求提供相关服务，在收取服务费、佣金时应开具发票。

二手车完成交易后，二手车经营公司应要求机动车所有人在车辆交付之日起 30 日内向登记地车辆管理所申请转移登记。对于违法车辆，《二手车交易规范》明确要求："二手车交易市场经营者、二手车经营主体发现非法车辆、伪造证照和车牌等违法行为，以及擅自更改发动机号、车架号和调整里程表等情况，应及时向有关执法部门举报，并有责任配合调查。"

制定本单位的管理规章，保证良好的交易环境和交易秩序。向最终用户提供售后服务时，应向其提供售后服务清单，二手车经销公司在提供售后服务的过程中，不得擅自增加未经客户同意的服务项目。

二手车经销公司只能对本公司销售的二手车开具二手车销售统一发票，不得为其他企业和个人代开发票。应当依法经营和纳税，遵守商业道德，接受主管部门的监督检查。应当自取得营业执照之日起 2 个月内向市商务主管部门（或由市二手车流通协会报送）报送备案资料。建立和完善二手车流通信息报送、公布制度。定期将二手车交易量、交易额等信息报送市商务主管部门。

2．二手车交易制度

1）出售旧机动车的单位和个人必须提供下列证件：

①公安车辆管理部门核发的行车证和经公安车辆管理部门检验合格并盖章的《机动车变更、过户、改装、停驶、复驶、报废审批申请表》。

②车辆来历证明，原购车发票，军用转为民用的车辆要有军以上车辆主管部门的技术证明及相关手续。

③单位出售须持单位介绍信，个人出售须持所在乡（镇）政府或街道办事处、村的证明和本人身份证。

卖方身份证明或者机构代码证书原件必须合法有效；车辆号牌、机动车登记证书、机动车行驶证、机动车安全技术检验合格标志、车辆购置税完税证明、车船使用税缴付凭证、第三者责任险保险单等车辆法定证明、凭证真实、合法、有效。

2）二手车的交易价格，按照"旧不超新、随行就市、明码标价、挂牌销售"的原则，由买卖双方依质协商议价，或由旧机动车评估定价人员按照有关标准评估价格，作为交易的指导价格。

3）二手车交易发票须经工商行政管理机关验证盖章后，公安车辆管理部门才能办理转籍、过户手续。购车发票未经验证盖章的二手车，公安车辆管理部门应责令买主到原地或本地工商行政管理机关补办验证盖章手续。二手车成交后，超过3个月不办理有关手续，则按有关规定处理。

4）下列车辆不准进场交易：

①已达到报废标准或离报废年限1年以内的车辆。

②未经公安车辆管理部门检测或检测不合格的各类二手车。

③来源不明和证件手续不齐全的车辆。

④各种盗抢车、走私车。

⑤各种非法拼装车、组装车。

⑥华侨、港澳台同胞、藏胞捐赠免税指定单位或个人使用的车辆。

⑦右转向盘的旧机动车。

⑧车籍不到两年的进口机动车。

⑨国家法律、法规禁止交易的其他各种机动车。

5）对已交易的二手车，公安车管部门不能办理转籍过户的，由交易市场负责处理，办理买主退车、卖主退款事宜。

6）市场交易活动中有下列行为者，由工商行政管理机关、公安交通管理部门按照各自的职责范围依法处罚。触犯刑律的，移送司法机关依法追究刑事责任。

①场外进行二手车交易的。

②有意逃避管理部门监督管理的。

③交易凭证未经工商部门验证盖章的。

④二手车交易市场未办理工商营业执照、市场登记证，擅自开业经营的。

⑤交易中隐瞒真实情况，弄虚作假的。

⑥转手倒卖二手车，从中牟利的。

7）售后服务技术档案管理。售后服务技术档案应包括以下内容：

①二手车基本资料：主要包括车辆品牌型号、车牌号码、发动机号、车架号、出厂日期、使用性质、最近一次转移登记日期、销售时间、地点等。

②购车人基本资料：主要包括客户名称（姓名）、地址、职业、联系方式等。

③保养记录：主要包括维修保养的时间、里程、项目等。

售后服务技术档案保存时间不少于3年。

就二手车的售后质量问题，应强制性要求二手车经营企业必须提供售后服务，制定二手车售后服务标准，对售出的二手车必须有一定程度和期限的售后服务保障承诺。从车辆购置的源头抓起，由交管部门建立车辆登记制度，办理《机动车登记证书》，将车主购车时间、发动机、底盘号、车牌号等逐一登记归档，车辆年检时，需对车辆行驶里程进行累计记录，大修记录，各保险公司的理赔记录也须归入车辆档案。通过一系列的强化措施规范二手车市场的交易，增强二手车消费的信心。

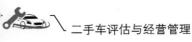

3. 二手车交易质量标准

（1）二手车质保服务

质量和品质在汽车消费领域居于至关重要的地位，不仅对新车如此，对二手车则更突显出其重要性。二手车售后服务的缺失已在一定程度上影响了消费者购买二手车的信心。所谓二手车质量的认证制度，就是由汽车生产商或者大型经销商对二手车进行全方位的质量检测，以确保汽车的品质达到一定的出售标准，同时，经过认证的二手车还可以在一定时期内享受与新车同样的售后保障。

二手车质保服务是指针对二手车所提供的在限定时段或里程数内对指定或列明部件提供的质量保修服务。建立二手车交易质量标准的意义是二手车交易存在车辆信息不透明、买卖双方信息不对称，消费者时刻面临着质量欺诈、价格欺诈和购买非法车辆的风险。二手车交易中大多数纠纷都是由于售后发现质量问题而引起的，这使二手车交易在消费者的心目中形成了二手车技术状况差和问题多的印象。

如图6-7所示，二手车经营者通过提供车辆质量保证，为二手车消费者提供质量担保，是销售商保护消费者权益的具体体现，同时也是一种社会责任，促进二手车行业的规范发展。

图6-7 车辆检查

实行二手车质量保证可以从根本上消除这种畏惧心理，激发中低收入者潜在的购车热情。实现经营企业诚信体系的建立、二手车质量保证的承诺以及社会和消费者对二手车消费的认同。在鼓励、扶持那些诚实守信、规范运作的经营企业的同时，行业管理部门还将规范、监督和约束那些不讲信誉、不讲服务的销售行为，逐步净化二手车的消费环境，提升行业的社会形象。二手车销售企业实行二手车质量保证，将服务延伸到售后，切实履行保护消费者利益的责任，赢得消费者的信任，有利于创立二手车经营品牌。

销售商在二手车销售的同时，承诺对车辆进行有条件、有范围、有限期的质量保证，并切实履行承诺的责任和义务。二手车质量保证是二手车销售环节中不可或缺的一环，没有质量保证的二手车销售是不完整的销售。《二手车交易规范》规定，二手车质量保证只对二手车经销企业有要求，对直接交易、经纪、拍卖和鉴定评估等中介交易形式无要求。二手车销售企业向最终用户销售二手车时，应向用户提供不少于3个月或5000km（以先到者为准）的质量保证。《二手车交易规范》中明确了二手车质量保证范围为发动机系统、转向系统、传动系统、制动系统和悬架系统等。

（2）第三方二手车质保

二手车经销商或电商平台通过将二手车质保产品与二手车进行绑定销售的形式。在这种形式中，第三方质保提供商负责设计研发二手车质保产品，将产品输出给二手车经销商及电商平台。二手车经销商或者电商平台可以通过绑定的二手车质保服务提升车辆的价值，建立客户对车辆以及对品牌的信任。另外，这种形式还可以解决电商平台在线下服务环节的缺失，打造O2O闭环。

二手车质保服务模型如图6-8所示。第三方质保服务商仅提供售后环节相应的服务，不涉及二手车质保服务的产品设计、销售环节。在这种形式中，第三方质保服务商更多的是在幕后为二手车经销商和电商平台提供客服、维修等一系列的支持。为严控质保服务的经营风险，在客户购买质保时需要控制准入车辆的标准。第三方服务提供商更重要的意义在于，由于第三方质保服务商可以独立于销售和售后的环节，在车辆发生故障时可以对案件作出公正的判定、在车辆索赔维修的时候能够给出合理的维修方案和价格。

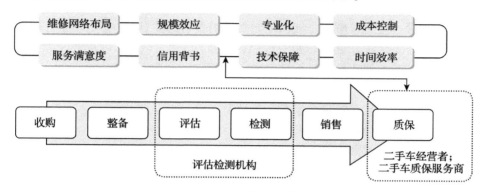

图6-8　二手车质保服务模型框图

第三方在车主和维修商之间担当起裁判员的责任，建立透明和公开的信息，保障车主的权益，提升车主的服务体验。同时也是对维修商的约束和管理，可以提升维修商的服务质量。

第三方服务商提供的车辆质保赔付率不是单纯看每个月的收入和赔付情况这么简单的直线算法来计算，因为每一个质保单子都有一个生效期限，比如说1年期，那么就需要把每笔的质保费用按照期限进行拆分，按照一个精算模型来算赔付率。作为金融产品，都有自己的收益模型和赔付准备金的设计，这也是金融公司的核心。车辆购买二手车质保服务时，仍处于厂家保修期内，则二手车质保服务起始日期为厂家保修期结束后的次日。车辆购买二手质保服务时，已经脱离厂家保修期，则二手车质保服务起始日期为购买二手车质保服务的次日。二手车质保索赔流程中，质保服务商和维修网点需要根据车主的报案情况对车辆故障进行判断审核，是否在索赔的范围内。之后，还需要确定维修方案及相应的维修价格。质保服务商完成与维修网点的索赔结算之后，将索赔数据和资料再次进行整理和归档，提交给投保的保险公司或再保险机构，将风险全额转嫁。二手车质保索赔流程如图6-9所示。

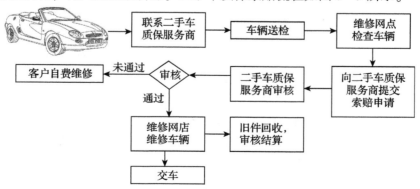

图6-9　二手车质保索赔流程

（3）二手车厂家认证

认证二手车以厂家认证二手车的开票时间（二手车交易发票）为准，在授权经销商处完成检测认证，车辆的销售渠道不受限定。二手车质量认证有效期内未能提报完整审核材料的车辆，材料提报时间截止到厂家规定的截止日期，逾期提交材料不完整、材料无法审核通过的车辆，将无法享受厂家质量认证的政策。认证二手车的质量得到了保证，并可享受保修服务，消费者对二手车质量存在的顾虑便得以解决，极大地激发了消费者购买认证二手车的热情。二手车厂家认证图标如图 6-10 所示。

以认证二手车质保在线审核通过日期为准，认证二手车质保及道路救援服务。时限分为以下三种情况：

①对于已出新车质保期的认证二手车，质保及道路救援从审核通过日的次日起生效，有效期 1 年。

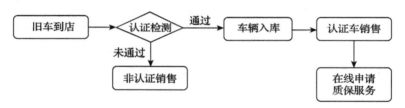

图 6-10　二手车厂家认证

②对于还处于新车质保期内但剩余新车质保期小于 1 年的认证二手车，质保及道路救援从新车质保结束日的次日开始生效，从审核通过日的次日算起，有效期 1 年。

③对于还处于新车质保期内且剩余新车质保期大于或等于 1 年的认证二手车，质保及道路救援延续新车质保及道路救援服务。

1）质保业务流程。厂家认证质保业务流程如图 6-11 所示。

图 6-11　厂家认证质保业务流程

二手车到店，可能通过以下三种方式：

①经销商通过置换或采购的方式获取厂家生产品牌车源。

②二手车市场的其他经营者或非认证授权店将厂家生产品牌车辆带进店进行认证检测。

③二手车主自行将厂家生产品牌车交给店内进行认证检测。

认证车入库。无论以何种渠道进店做认证检测的车辆，只要通过检测，就要做如下的入库：

①根据运营手册要求，采集认证车资料。

②将认证车资料上传电子管理平台系统。

③将该车信息上传营销平台，如果是非经销商采购车辆，需与客户协商一致。

在线申请质保服务。经销商在线申请需做如下操作：

①采集审核所需要的材料。

②将材料通过第三方保险公司的在线平台上传（对于仍在新车质保期且该质保期不少于 1 年的车，也需上传材料）。

③销售完成后 5 天内必须上传材料。

2）路援业务流程。道路援救业务流程如图 6-12 所示。

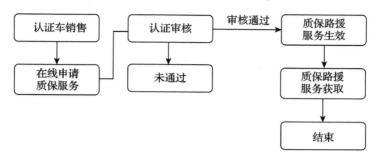

图 6-12　路援业务流程

在线申请质保服务。经销商在线申请需做如下操作：

①采集审核所需要的材料。

②将材料通过第三方保险公司的在线平台上传（对于新车质保期大于 1 年的新车，也需上传材料）。

③销售日后 5 天内必须上传材料。

认证审核。经销商上传资料后，厂家认证部门将进行审核：

①在经销商上传资料后，总部将在 3 个工作日内完成审核。

②材料必须在规定时间内上传并通过审核。

审核通过：

①资料完整清晰，审核才能通过。

②质保及道路救援服务在审核通过后次日生效。

审核未通过：

资料不完整或不够清晰等，审核未通过：

①对于第一次没有审核通过的质保申请，允许经销商在 3 天内补充提交一次。

②两次没有通过审核，取消质保申请。

质保路援服务获取。在合同规定的服务范围内，认证二手车客户可以享受充分的服务。

3）厂家对质保认证服务的规范与要求如下：

质保认证服务只对当地销售的车辆予以支持，非正常渠道流入本地的车辆不予认证。

同一车架号的认证二手车，在认证二手车质保期内只享受 1 次服务支持。

在认证二手车质保期内如果过户，且车辆已出新车质保期，认证二手车质保及道路救援就随之失效；如过户后车辆仍在新车质保期，质保及道路救援服务截止到新车质保期结束，不再享受延续的认证二手车质保及路援服务。

得到二手车预授权的入网 6 个月以内的经销商可享受认证业务。

处于认证二手车业务整改期内的认证二手车授权经销商不享受认证业务。

由于部分材料在审核通过后 2 个月内补提交，如果经销商在规定时间内无法完整提交认证车审核材料，无论政策是否支持发放，厂家负责部门都有权取消经销商的认证权利。

认证二手车申报材料通过审核后，认证二手车质保服务费用将由厂家直接支付给第三方合作保险公司；免费道路救援服务费用将由厂家直接支付给第三方合作路援公司。

经销商申请的认证二手车质量担保索赔，如果出现由于未严格执行厂家规定的项目检测项目，致使存有隐患的认证二手车销售给用户从而导致索赔的；经销商通过厂家规定的项目检测发现故障而未修复，且将未修复的认证二手车作为认证二手车销售给用户从而导致索赔的；经销商通过其他手段，蓄意利用质量担保索赔进行不正当牟利的。基于以上问题，如发现认证二手车经销商弄虚作假、套取本政策下支持的行为等情况导致恶意索赔，一经核实，厂家有权取消并索回该经销商申报的造假车辆及同时申报的其他车辆所涉及的本政策支持，经销商需承担由此对品牌造成的不利影响及客户索赔的责任。

（4）二手车整车质量要求

二手车整车质量要求见表6-1。

表6-1 二手车整车质量要求

部位	序号	具体部位	车辆整备要求
车外	1	车身表面检查：车门、发动机舱盖、行李舱盖、前后翼子板、前围、后围、车顶	车身油漆表面无明显的损伤、氧化失光等现象；表面无附着污物（柏油、污垢等）；表面清洁、车漆表面无明显的旋纹，漆面如镜面般光滑、明亮（应打蜡、抛光等）
	2	车外附件、饰条、密封条等检查。	表面洁净、上光
	3	门窗、车窗玻璃、灯具、后视镜等检查	表面洁净、光亮，无污迹、油迹
	4	轮胎、轮毂（饰盖）、轮罩内部、挡泥板检查	表面无附着污物（泥）、污垢，表面应洁净，轮胎表面应上光
	5	排气管在车外的可见部分	表面洁净、无附着污物
	6	各缝隙、接口部位检查：门缝、发动机舱盖/行李舱盖、各窗密封条、外饰件（饰条、散热器面罩等）、各灯具、门把手、喷水嘴、保险杠等处	各缝隙、接口处无灰尘、污垢、研磨剂（蜡）等的残留物
车内	7	座椅检查	座椅表面洁净、无任何污迹。表面不应破损，且没有明显的新旧色差 座椅上的储物袋中、座椅的角落、缝隙中等处，无碎屑、垃圾等残留物
	8	仪表板、储物盒、烟灰缸等检查	仪表板表面应洁净，各缝隙处无附着的灰尘、污垢；表面应上光，使其看起来明亮如新 储物盒、烟灰缸中洁净，无碎屑、烟灰、垃圾等残留物
	9	车门内饰板检查	车门内板表面洁净、储物盒中无碎屑、杂物垃圾等残留物 皮内饰表面应上光（效果应泛着自然的、如新的光泽）
	10	顶篷（饰）、遮阳板等检查	表面洁净、无任何污迹

（续）

部位	序号	具体部位	车辆整备要求
车内	11	地毯（包括座椅底部）检查	表面洁净、无附着的污渍污迹、遗留的动物毛发、碎屑灰尘等残留物，地毯表面无破损，无明显的新旧色差
	12	各门框立柱内侧、仪表板下部（前排驾乘座）伸腿的空间检查	表面洁净、无附着的污渍污迹
	13	转向盘、脚踏板（加速、制动、离合器）、变速杆等检查	表面洁净、无附着的污渍污迹（操作部位的表面不要上蜡，以防操作时打滑）
	14	其他：皮座椅、皮内饰等检查	表面洁净，无任何污渍污迹；表面应上光（效果应是泛着自然的、如新的光泽）
发动机舱	15	发动机舱盖内表面检查	表面洁净无破损，无附着的污渍、污垢等残留物
	16	发动机舱内壁检查	表面洁净无破损，无附着的污渍、污垢等残留物
	17	发动机舱中的部位（发动机、变速器等）	机件表面无油垢、污渍污迹，表面就洁净、上光，使其表面看起来光亮如新
行李舱	18	行李舱内壁、地毯检查	表面无附着的污渍污迹，表面应洁净
	19	行李舱内部检查	无碎屑、垃圾等残留物
	20	备用轮胎、工具袋等检查	表面无附着的油污、污渍污迹，表面应洁净
其他	21	车内、行李舱内检查	无异味（包括无残留的化学药剂味）
	22	腐蚀性损害检查	用于车辆整备用的产品，不得对车有腐蚀性损害，尤其对发动机舱中的电子元器件等部件

（5）质量验收标准

质量验收标准见表6-2。

表6-2　质量验收标准

标号	检查内容	质量标准
一、车身检验		
1	前风窗刮痕、擦痕、裂痕、凹痕检查	玻璃无明显裂纹、无刮痕、擦痕、裂痕、凹痕，无渗水漏风
2	后风窗刮痕、擦痕、裂痕、凹痕检查	
3	发动机舱盖油漆、表面光洁/内侧隔音垫无破损检查	部件、饰板齐全，且没有锈蚀 允许漆面划痕、凹痕小于10处
4	前保险杠表面油漆检查	油漆损伤不能伤及钣金件基部，表面不得有任何锈迹。不得有抛光机无法处理的污迹
5	后保险杠表面油漆检查	
6	中网防护罩与汽车标志检查	没有凹痕、扭曲、锈蚀、遗失、破损和松动
7	前照灯、其他灯光罩壳检查	部件、饰板齐全，且没有锈蚀和破损

（续）

标号	检查内容	质量标准
8	左侧车身检查（左前翼子板、左前门、左后门、左后翼子板）	部件、饰板齐全，且没有明显锈蚀 允许有漆面划痕，但长度不得超过5cm，表面凹痕不得大于5角硬币，并且每辆车划痕、凹痕小于10处油漆损伤不能伤及钣金件基部，表面不得有任何锈迹和腐蚀痕迹。不得有抛光机无法处理的污迹
9	右侧车身检查（右前翼子板、右前门、右后门、右后翼子板）	
10	行李舱盖	
11	车顶及顶边，A、B、C三柱，两后视镜检查	车门框与A、B、C三柱平整无修理痕迹，接缝自然平整与出厂时保持一致
二、内饰检验		
12	仪表板（装饰件、控制件、时钟重设）检查	无缺件，无松动、损坏的部件
13	左前座椅和门内侧（座垫、控制件、内装饰件、头枕）检查	没有撕裂、破损、烧焦的痕迹、污迹，座椅轨道弹座无断裂、卡死
14	右前座椅和门内侧（座垫、控制件、内装饰件、头枕）检查	
15	左后座椅和门内侧（座垫、控制件、内装饰件、头枕）检查	
16	右后座椅和门内侧（座垫、控制件、内装饰件、头枕）检查	
17	内部装饰检验（遮阳板、化妆镜、行李托架、地毯、脚垫）	没有烧焊、松旷、修复痕迹，无破损、烧焦的痕迹，无裂缝和污迹
18	行李舱内侧饰板及钣金件检查	
三、功能件检验		
19	喇叭检查	功能正常
20	钥匙/遥控钥匙检查	功能正常。备有两套钥匙及遥控器
21	内部照明灯（仪表板灯）检查	车内所有的照明系统：仪表板背景灯、顶灯、车内灯、阅读灯、杂物箱灯、副仪表板灯、标记灯正常工作、开关自如。灯泡及插座无损坏
22	前座椅（功能）检查	电动功能、记忆功能、安全带功能正常
23	后座椅（功能）检查	电动功能、安全带功能正常
24	后视镜（电动外后视镜）检查	调节功能、记忆功能正常
25	风窗刮水器及喷嘴检查	刮水器无松旷、角度正常。洗涤器喷嘴顺畅，无清洗液泄漏。刮水条工作无抖动和异常噪声。各部件齐全，固定牢靠
26	四车窗玻璃（操控开关/电控按钮正常）检查	正常工作，车窗升降顺畅无卡带，防夹功能正常。儿童保护装置正常

（续）

标号	检查内容	质量标准
27	自动天窗（功能状况正常）检查	正常工作，天窗工作无振动、噪声，升降顺畅无卡滞与原厂设计一致。外观无裂纹破损等，密封正常
28	暖风和风扇开关检查	工作正常无噪声
29	工具箱检查	工具箱无裂纹损坏，内部工具齐全
30	汽油箱锁/行李舱锁/前盖锁检查	工作正常。按键和拉锁无磨损和松旷，关开自如
31	车载警报器/车载电话（遥控装置功能正常）检查	功能正常，配件齐全
32	车载电源/点烟器检查	
36	时钟检查	功能正常，指示正确
34	车门拉手车门锁（锁止装置/儿童保护装置功能正常）检查	正常，无裂纹、不松旷。密封严密。饰条齐全
35	前部照明检查	边灯、停车灯、近光灯、远光灯、雾灯、转向灯、示宽灯能正常工作，开关自如。转向开关和组合开关工作正常。外观无损坏，不存在松旷现象
36	后部照明检查	倒车灯、牌照灯、制动灯、雾灯、转向灯、示宽灯工作正常。外观无损坏，不存在松旷现象
四、发动机检验		
37	视觉观察（遗失/缺损配件、渗漏、商标、标志铭牌）	视觉观察部件是否渗漏、磨损、丢失所有的标记和指示标贴、铭牌必须为原厂件
38	检测仪诊断校对车辆VIN、发动机、自动变速器传感器	电脑检测无故障，功能测试及相关数据在正常数值内
39	检查电路系统（各类线束）	线束布置符合原要求，无破损裂纹。接头接触牢靠
40	检查蓄电池/发电机	蓄电池电眼颜色呈绿色，蓄电池极桩无锈蚀、牢固
41	检查起动机	结合平稳，无异响，回位迅速
42	检查发动机冷却系统/水泵（液面、盖子，液体状况）	散热器护罩、横梁、发动机下纵梁、发动机室侧副梁无严重变形和修理过的痕迹
43	检查散热器及冷却风扇	工作正常，固定牢固。冷却液无滴漏
44	检查机油泵/汽油泵	工作正常，无异响
45	检查动力转向系统（液面，动力转向油泵，油路管路）	液面正常，转向系统工作正常，无滴漏无噪声
46	检查制动系统（制动液液面，制动助力泵，制动液管路	制动系统工作正常，无泄漏无噪声。制动总泵和真空助力器工作正常，制动液在正常水平，管路无滴漏及破损（包括制动分泵）
47	检查点火系统（火花塞，点火线圈）	高压线、点火线圈外观无裂纹、破损。发动机运转平衡

（续）

标号	检查内容	质量标准
48	检查油气循环系统（曲轴箱通风）	曲轴箱各单阀门齐全、有效
49	检查汽油油路系统（油路，管路及连接处渗漏检查）	汽油油路系统（油路，管路及连接处应该无渗漏，连接牢固）
50	检查真空系统（状况）	真空软管连接牢固、无裂纹、无磨损
51	检查空调压缩机（渗漏，管路）	空调系统管路布置符合原厂规定。无渗漏。空调系统线路无老化、裂纹、破损，空调制冷剂 R134a 检查并充注
52	检查车辆冷凝器、蒸发器系统（渗漏，管路）	
53	检查发动机传动带/正时链条（张紧轮磨损）	工作正常。无裂纹、老化现象，张紧度符合要求
五、底盘检验		
54	目视检查（车身，车身底部，车身下部）	无变形、修复烧焊痕迹，结合部位牢固，无悬吊物、松旷等现象
55	检查减振器/支柱（功能、渗漏）	无松旷、变形、撞击、磨损、滴漏等，减振器功能良好，转向无异常噪声
56	检查减振器弹簧和支座（安装、衬套）状况	安装正确无松旷、无磨损、无变形
57	检查三元催化转化器（外侧）	无撞击、无磨损、无变形
58	检查所有 V 带	无磨损、无变形
59	检查排气管状况	工作正常、通过国家规定的在用机动车尾气排放标准
60	检查转向节	工作正常
61	检查转向系统	助力转向随动正常
62	检查稳定杆/平衡杆	连接牢固，无撞击、无变形、完好不变形
63	检查传动轴（状况、护套）	传动轴无磨损，护套无损坏
64	检查所有制动管接头	无变形、撞击、松旷等，无渗漏，无锈蚀无锈蚀
65	检查后卡钳，半轴，制动蹄（状况）	无变形、撞击、松旷等，无渗漏滴流现象，无磨损无锈蚀，衬垫卡簧齐全，制动蹄有足够厚度
66	检查前制动摩擦片，鼓（状况、衬套）	制动片、盘和制动蹄、鼓磨损正常，平整无弯曲变形
67	检查后制动摩擦片，鼓（状况、衬套）	
68	检查炭罐及控制阀、管路	连接牢固，无撞击、完好不变形
69	检查发动机下侧部件（状况）	连接牢固，无撞击、无变形、油液无滴漏，完好不变形，变速器的支撑无破损
70	检查变速器下侧部件（状况）	
71	检查自动变速器液压系统（渗漏，润滑油）	管路连接正常牢固，软管无裂纹不滴漏

（续）

标号	检查内容	质量标准
72	检查驱动系统（驱动半轴，防尘罩球笼结合部分）	连接牢固，无撞击、无变形、油液无滴漏，完好不变形
73	检查后桥	无变形、撞击、松旷等，没有发现严重撞过的痕迹，无磨损无锈蚀，完好不变形
74	检查 ABS 传感器和线路	自检功能正常，工作稳定可靠（检测仪检测）
75	检查转向器齿轮齿条装置（液压油检查渗漏，安装）	转向器齿轮齿条装置无滴漏，安装正确无松况
76	检查驻车制动拉线（状况、磨损程度）	具有较强劲制动效果，释放自如，无噪声，制动液清洁且液位正常，制动片磨损正常
77	轮胎状况（凹痕、擦痕及气压）检查	四轮胎型号一致，同一轴的轮胎必须是同一品牌 胎面无损伤和严重单边磨损，花纹深度不少于 3mm 轮胎磨损均匀，侧面无鼓包、划痕及凹凸不均 备胎及轮辋无损伤，无不正常的褪色
	六、路试检验	
78	发动机运行状况检查	发动机起动迅速、工作有力，高低速过渡平稳安静，点火正时正确，无烧机油敲缸声，无漏油、气、水、电等现象
79	汽车行驶加速性和通过性检查	加速性能正常平稳，不存在抖动、缺缸等异常现象
80	传动装置运行情况检查	自动变速器各档传动比正常，换档正常无冲击
81	后车轴噪声检查	在正常范围
82	离合器液压助力系统检查	无异响、无渗漏
83	手动换档检查	操作灵活，不松旷，换档自如无卡滞，所有档位正常
84	离合器分离程度/踏板行程检查	离合器操作轻便，结合平稳，分离彻底
85	车速表情况检查	
86	里程表情况检查	工作正常、指示准确
87	油量表情况检查	
88	反光镜/后窗除霜操作检查（电热丝、内外后视镜）	无破损和磨损，电动及手动调节功能正常。漆面无划痕，固定不松动
89	制动系统，防锁止制动系统驾驶性能（ABS）检查	电脑检测无故障，仪表指示工作正常。ABS 制动正常，能够感觉到系统工作。无跑偏、甩尾。制动距离达到国家规定的在用机动车安全运行技术条件
90	转弯、直线行驶轻松无噪声，转向盘水平置中检查	无跑偏（规定范围内）、车轮摆动，发飘和转向盘振动。通过前轮侧滑检测

（续）

标号	检查内容	质量标准
91	双气囊，全部安全带检查	气囊完整，检测仪显示 SRS 系统正常，气囊盖表面无裂纹、掉色和开裂。仪表指示灯工作正常。安全带的搭扣、调节和卷缩器正常，安全带无严重磨损、切口和裂缝
92	车身四门功能检查（噪声/振动/车身线束）	所有车门和车门锁开启顺畅。防水胶条平整，车门铰链和制转杆工作正常。遥控门锁、电动门锁能正常工作，与原厂设计一致
93	底盘/悬架系统/轮胎的检查（噪声/振动/车身线束）	底盘/悬架系统整体无异常噪声、松旷、振动；车身线束固定牢靠
94	自适应定速巡航控制系统检查	工作正常；控制开关按键齐全有效
95	可调整式转向盘（功能/声音）	转向盘调整功能正常
96	音响系统检查（收音机/卡式磁带/CD/VCD/DVD/扬声器/天线）	功能及正常工作。液晶显示、背景照明正常。外观没有明显损伤。按键开关齐全有效
97	空调系统检查（鼓风机/操控系统/供气分配系统）	空调的制冷和加热工作正常，制冷速度达到一定设计要求。风扇、温度、模式控制、除雾、除霜功能达到设计要求。空调系统过滤网干净，通风道流畅
98	风阻噪声检查	风噪在标准范围内
99	车内 CO 浓度检查	CO 浓度在标准范围内
七、保养与清洁		
100	检查变速器润滑油/发动机润滑油/汽油	视情况进行添加，保持正常
101	检查机油/空调/空气/汽油的滤清器	检查各滤清器（必要时用原厂认可零件更换），进气系统正常
102	检查防冻/制动/风窗洗涤器的油液	视情况进行添加，保持液面正常
103	检查、润滑枢轴点（机盖/门铰链，驻车制动）	工作正常，无严重异响
104	检查排放/自诊断系统	尾气排放/自诊断系统达到国家或地区规定的车辆年检标准
105	检查备胎状态及胎压	在标准状态
108	检查车门铰链	检查铰链，视情况添加润滑油，使保持正常
107	检查随车工具、用户手册和原质保手册	齐全有效，如遗失请尽快通过维修站补齐
108	清洗检查车辆（车身、内部座椅、内饰、地毯、行李舱、发动机舱）	清洁灰尘、污渍，使之清洁悦目

6.2 实践训练

	实训任务	为客户的车辆办理过户手续
	实训准备	实训车辆、机动车注册/注销/转移单、信息登记电脑
	训练目标	通过实训掌握二手车过户的流程与方法
	训练时间	60min
	注意事项	无

任务：为二手车办理过户

任务说明

为客户的车辆办理过户手续。

实训组织与安排

教师活动	准备好实训设备设施，分配学生实习，全程督导学生的实训安全
学生活动	以小组为单位，按照实训要求进行各项检查，并完成要求填写的内容

任务准备

1. 训练物品准备

请列举完成此项任务所需要的工具、设备、资料与辅料。

_____

_____

_____

_____

2．知识点准备

请查阅合适的资料，写下完成此项训练任务所需要的相关知识。

_____

_____

_____

_____

_____

任务操作

1．车辆信息填写

车辆过户委托书

委托人		身份证号码	
受托人		身份证号码	

委托人拟过户其名下的车辆，车辆信息如下：

车辆型号		车牌号	
发动机号		车架号	

现委托（身份证号：_____）全权处理该车辆转户及相关事宜。委托人授予受托人的权限如下：

一、代为与他人签订车辆转户合同或者协议。

二、代为向车辆管理机关申请汽车过户登记，按照车辆管理机关的要求提交文件或者在有关文件上签名。

三、代为缴纳与汽车转让有关的、并依法或依约定应由委托人缴纳的税费。

四、代为签收与汽车转让有关的文书。

五、其他与汽车转让有关的行为。

受委托人在上述授权范围内从事的行为或者签署的文书，委托人均予以确认，其法律后果由委托人承担。

本授权委托书的效力自委托人签字之日起至该车转户完成之日止。

委托人签字：　　　　　　　　委托人手印：

年　　月　　日

2. 二手车过户办理参考流程

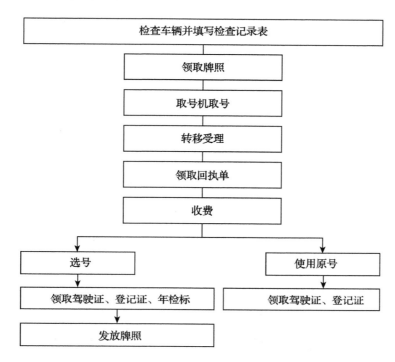

3. 办理操作步骤

步骤	手续办理	注意事项
步骤 1		
步骤 2		
步骤 3		
步骤 4		
步骤 5		
步骤 6		
步骤 7		
步骤 8		
步骤 9		
步骤 10		

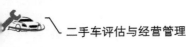

6.3 探讨验证

教师活动	组织学生将鉴定结果进行点评，让学生在讲台上对小组成果进行展示。引导学生进行问题探讨
学生活动	将小组完成的鉴定报告对大家进行讲解，并完成老师提出的探讨问题

问题探讨	
1. 车辆过户有哪些风险？	补充
2. 签订合同时应注意哪些问题？	补充

6.4 项目小结

本项目的学习目标你已经达成了吗？请通过以下问题进行结果检验。

序号	问题	自检结果
1	二手车交易类型有几种？	
2	二手车交易人群有哪几种类型？	
3	建立二手车交易档案时需要准备哪些手续与文件？	
4	《二手车流通管理办法》中，国家规定了哪些重要的要求？	
5	国家税务局对二手车交易税收有哪些规范要求？	
6	如何办理本地过户？	
7	如何办理外地过户？	
8	在交易程序中，直接交易与中介交易有哪些不同？	
9	二手车交易合同签订的原则有哪些？	
10	如何保证二手车质量？	

6.5 项目练习

单项选择题：

1. 二手车交易是一种产权交易，是实现（　　）从卖方到买方转移的过程。

   A. 二手车使用权　　　　　　　　B. 二手车所有权

   C. 二手车车辆本体　　　　　　　D. 以上都是

2. 二手车应在（　　）交易。

   A. 车辆注册登记所在地　　　　　B. 异地

C．指定地点　　　　　　　　　D．以上都是

3．二手车经营者在经销二手车、代理二手车买卖过程中，所开具的发票应为（　　　）。

　　A．营业税发票　　　B．普通发票　　　C．增值税发票　　　D．收据

4．二手车直接交易方为（　　　）的，应具有完全民事行为能力。

　　A．自然人　　　　　B．法人　　　　　C．当事人　　　　　D．以上都是

5．二手车经营者应向最终用户销售使用年限在 5 年以内或行驶里程在 10 万 km 以内的车辆，应向用户提供（　　　）的质量保修。

　　A．不少于 1 个月或 1000km 以上　　　B．不少于 6 个月或 15000km 以上

　　C．不少于 12 个月或 10000km 以上　　D．不少于 3 个月或 5000km 以上

问答题：

二手车过户流程有哪些？

_____

_____

_____

_____

思考与讨论：

1．二手车交易合同签订时应注意哪些事项？

_____

_____

_____

_____

2．如何做好二手车质量和品质的把关？

_____

_____

_____

_____

项目七 二手车网络营销

学习目标

完成本项目的学习后，能够达到以下目标：

- 知道电子商务平台服务类型有哪些
- 了解4P－4C－4R商务营销理念与消费行为理念
- 掌握二手车网络营销宣传方法
- 掌握二手车网络营销运营管理中的核心要点

7.1 基础知识学习

本项目主要学习二手车电子商务的经营模式与服务类型，重点掌握二手车网络运营的营销宣传方法与网络营销的运营管理。

学生准备

学生在正式上课之前，应当做好如下准备：

- 预习老师安排的教学内容，完成老师推送的学习任务。
- 准备好在课堂上需要向老师提出的本项目内容范围的问题。

7.1.1 二手车网络商务平台与经营模式

? 二手车网络商务平台与经营模式有哪些？

1. 典型的电子商务平台服务类型

电子商务是以信息网络技术为手段，以商品交换为中心的商务活动，在全球各地广泛的商业贸易活动中，在因特网开放的网络环境下，基于浏览器/服务器应用方式，买卖双方不谋面地进行各种商贸活动，实现消费者的网上购物、商户之间的网上交易和在线电子支付以及各种商务活动、交易活动、金融活动和相关的综合服务活动的一种新型的商业运营模式。是传统商业活动各环节的电子化、网络化、信息化。电子商务分为 ABC、B2B、B2C、C2C、

B2M、M2C、B2A（即 B2G）、C2A（即 C2G）、O2O 等。电子商务经营沟通关系如图 7 – 1
所示。

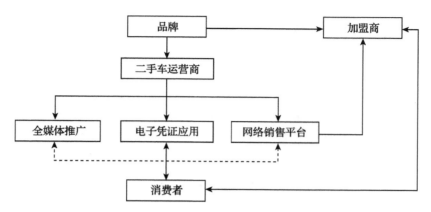

图 7 – 1 电子商务经营沟通关系

电子商务较为流行的模式主要有如下几种：

（1）B2C

B2C（Business – to – Customer，商对客），商业零售直接面向消费者销售产品和服务。中
国网上零售 B2C 行业日臻成熟，网购用户规模和交易额规模持续增长，电商平台开始向综合
性平台规模化和垂直型平台细分化方向发展，电商网络页面展示如图 7 – 2 所示。B2C 电子商
务的付款方式是货到付款与网上支付相结合，而大多数企业的配送选择物流外包方式以节约
运营成本。

图 7 – 2 电商网络页面展示

随着用户消费习惯的改变以及优秀企业示范效应的促进，网上购物的用户不断增长。此
外，一些大型考试如公务员考试也开始实行 B2C 模式。网上购物的基本需求包括用户管理需
求、客户需求和销售商的需求，见表 7 – 1。

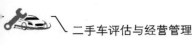

表 7 - 1　网上购物基本需求

基本需求	说明
用户管理需求	用户注册及其用户信息管理
客户需求	提供电子目录，帮助用户搜索、发现需要的商品；进行同类产品比较，帮助用户进行购买决策；进行商品的评价、加入购物车、下订单、撤销和修改订单；能够通过网络付款；对订单的状态进行跟踪
销售商的需求	检查客户的注册信息；处理客户订单；完成客户选购产品的结算，处理客户付款；能够进行商品信息发布，能够发布和管理网络广告，与银行之间建立接口，进行电子拍卖；商品库存管理；和物流配送系统建立接口；能够跟踪产品销售情况；实现客户关系管理；提供售后服务

（2）B2B

B2B（Business To Business）是企业对企业之间的网络经营模式。它将企业内部网和企业的产品及服务，通过 B2B 网站或移动客户端与客户紧密结合起来，通过网络的快速反应，为客户提供更好的服务，从而促进企业的业务发展。B2B 网站并非所有都是在线交易模式，尤其是 B2B 行业网站，更多是基于交易为目的进行网络营销推广和打造品牌知名度。

B2B 具有三个要素：

①买卖：B2B 网站或移动平台为消费者提供质优价廉的商品，吸引消费者购买的同时促使更多商家入驻。

②合作：与物流公司建立合作关系，为消费者的购买行为提供最终保障，这是 B2B 平台的硬性条件之一。

③服务：物流主要为消费者提供购买服务，从而实现再一次的交易。

B2B 经营模式目前有垂直模式、综合模式、自建模式、关联模式四种，见表 7 - 2。

表 7 - 2　B2B 经营模式

经营模式	说明
垂直模式	面向制造业或面向商业的垂直。B2B 网站类似于在线商店，直接在网上开设虚拟商店，通过这样的网店可以大力宣传自己的产品，促进交易。可以分为两个方向，即上游和下游。生产商或商业零售商可以与上游的供应商之间形成供货关系；生产商与下游的经销商可以形成销货关系
综合模式	面向中间交易市场的水平 B2B。它是将各个行业中相近的交易集中到一个场所，为企业的采购方和供应方提供一个交易的机会，这一类网站自己既不是拥有产品的企业，也不是经营商品的商家，它只提供一个平台，在网上将销售商和采购商汇集在一起，采购商可以在网上查到销售商的有关信息和销售商品的有关信息
自建模式	基于自身的信息化建设程度，搭建以自身产品供应链为核心的行业化电子商务平台。通过自身的电子商务平台，串联起整条行业产业链，供应链上下游企业通过该平台实现资讯、沟通、交易。此类电子商务平台产业链的深度整合有待改进与提高
关联模式	行业为了提升电子商务交易平台信息的广泛程度和准确性，整合综合 B2B 模式和垂直 B2B 模式而建立起来的跨行业电子商务平台

（3）C2C

C2C（Consumer To Consumer）是个人与个人之间的电子商务。比如一个消费者有一辆车，通过网络进行交易，把它出售给另外一个消费者，这种模式称为 C2C 电子商务，国内典型的商务平台如淘宝网，类似于跳蚤市场。其构成要素除了包括买卖双方外，还包括电子交易平台供应商，类似跳蚤市场场地提供者和管理员。

在 C2C 模式中，电子交易平台提供商是至关重要的一个角色，它直接影响这个商务模式存在的前提和基础。单纯从 C2C 模式本身来说，买卖双方只要能够进行交易，就有盈利的可能，该模式也就能够继续存在和发展，前提是必须保证电子交易平台供应商实现盈利，否则这个模式就会失去存在发展的基础。因此，C2C 模式应当更加关注电子交易平台供应商的盈利模式和能力，这才是 C2C 模式的重点，也是 C2C 模式区别于其他模式的重要特点。

（4）O2O

O2O（Online To Offline），将线下商务的机会与互联网结合在了一起，让互联网成为线下交易的前台。这样线下服务就可以用线上来揽客，消费者可以用线上来筛选服务，成交可以在线结算。O2O 营销模式的核心是在线预付，该模式最重要的特点是推广效果可查，每笔交易可跟踪。

O2O 营销模式又称离线商务模式，是指线上营销、线上购买带动线下经营和线下消费，如图 7-3 所示。O2O 通过打折、提供信息、服务预订等方式，把线下商店的消息推送给互联网用户，从而将他们转换为自己的线下客户。

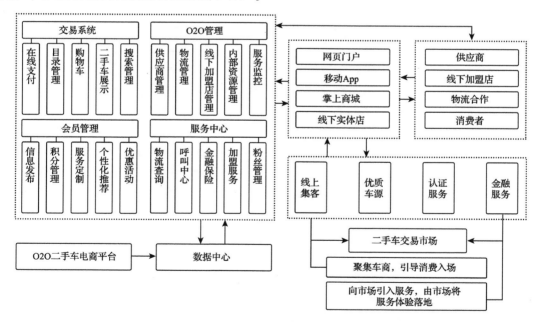

图 7-3 O2O 营销模式

对于实体供应商来说，以互联网为媒介，利用其传输速度快，用户众多的特性，通过在线营销，增加了实体商家宣传的形式与机会，为线下实体店面降低了营销成本，大大提高营销的效率，而且减少了它对店面地理位置的依赖性；同时，实体店面增加了争取客源的渠道，

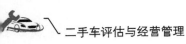

有利于实体店面经营优化，提高自身的竞争。在线预付的方式，方便了实体商家直接统计在线推广效果及销售额，有利于实体商家合理规划经营。

对于用户来说，不用出门，可以在线便捷的了解商家的信息及所提供服务的全面介绍，还有已消费客户的评价可以借鉴；能够通过网络直接在线咨询交流，减少客户的销售成本；通过在线购买服务，客户能获得比线下消费更便宜的价格。

对于 O2O 电子商务网站经营者来说，可以利用网络快速、便捷的特性，为用户带来日常生活实际所需的优惠信息，因此可以快速聚集大量的线上用户；能为商家提供有效的宣传效应，以及可以定量统计的营销效果，因而可以吸引大量线下实体商家，巨大的广告收入及规模经济为网站运营商带来更多盈利模式。

以上是现行二手车电子商务交易比较流行的模式，网络化交易给买卖交易带来很大的灵活性与便利，多快好省，深受社会欢迎。但是，目前的网上二手车平台鱼目混珠现象也很常见，作为消费者在选择二手车或购买二手车时一定要选择正规网站。每个正规网站最下方都有工商局备案的标志，点开后可以看到该网站的备案情况，有很多诈骗网站虽然下面有经营性网站备案信息的图标，但点击后是打不开的。另外，从事网络经营，需要办理网络文化经营许可证，以防止给正常公司运营带来风险。

国内较好的二手车网上交易平台主要有人人车、瓜子二手车、优信、易车等网络平台，B2C 模式的经营管理与销售模式相对比较成熟、规范。二手车 C2C 平台最大的卖点在于买卖双方价格对话公开透明，省去的中间环节使双方的利益最大化。不过，近来关于网上买二手车被骗、二手车网站遭投诉的新闻也屡见不鲜，暴露出了不少问题。在选定二手车时，一定要坚持先看车再商谈交易的相关事项。因为目前国内二手车市场交易还存在很多漏洞与问题，亟待规范与完善，网购二手车在现实中的确存在较大风险，最典型的是"预订金欺诈"，一般来说，要求交定金，特别是多次，可能就是有问题，要再三思量，不要轻易汇款，一般正规的经营商需要通过网上交易平台银行接口，因此一般不会要求客户直接在银行汇款，且合法的交易必须要签订交易合同与车辆过户。如果真要买的话，最好是坚持看到实物后，再商谈交易事项。另外，网上车辆信息是否真实需核对确认，网上车辆信息有很多是虚假信息。

《二手车网上交易与服务企业规范》规定：平台提供商可依法根据交易具体情况对交易方收取一定的保证金，并建立严格的保证金管理制度。保证金仅用于交易纠纷的处理或争议方信用的必要保证，保证金的额度或比例可以根据所承担的风险责任的具体情况约定。保证金的所有权归缴纳方所有，平台提供商应以合法、合理的方式对保证金进行管理，不可挪作他用或转移。

《二手车网上交易与服务企业规范》规定：在进行车辆交割时，付款可使用线上支付和线下支付两种方式。

其中线上支付，交易涉及的资金应通过具有合法资质的第三方支付平台及具备网上支付资质的金融机构代收代付。线下支付交易涉及的资金应通过符合法律规定的各种线下方式支付。

此外，《二手车网上交易与服务企业规范》明确了在线二手车交易关于车辆所有权变更的问题。车辆所有权变更，首先平台提供商应根据中华人民共和国公安部令第 102 号的《机动车登记规定》产权变更要求，检验二手车所有者的身份证件有效性。其次，平台提供商应根据中华人民共和国公安部令第 102 号的《机动车登记规定》产权变更要求，检验《机动车登记证》《机动车行驶证》《车辆购置税完税证明》《交通事故责任强制保险单》，以及机动车牌照、检验记录有效期、车辆强制报废年限、车辆违法未处理记录、登记栏信息有效性。此外，从事二手车销售业务的平台提供商应按照国家有关政策法规所规定的内容办理并签订《二手车买卖合同》，办理完成时间应在交易合同中予以明确。然后，交易方应在合同中约定车辆无法进行产权转移时，各自承担的责任、义务。如无约定，应由卖方收回车辆、购车款退回购车者，交易中止。实物交付应如实按照合同承诺的全部物品，约定的时间、地点交付。最后，平台提供商应按事先约定的条款和支付方式与交易双方进行资金清算业务，包括但不限于：证件补办费用、购置税补缴费用、交通违法罚款、车辆所有权变更费用、代办费、违约补偿金等。

2. 4P–4C–4R 商务营销理念与消费行为

（1）电子商务营销理念

企业的营销从营销组合策略的角度讲，先后经历了 4P–4C–4R 三个阶段。

1）4P 营销理念。4P 营销理念是一种营销组合策略（表 7–3），即产品（Product）、价格（Price）、渠道（Place）和促销（Promotion）。还有一种营销策略的新 4P 理论为意义（Purpose）、参与（Presence）、接近（Proximity）、合作（Partnership）。

表 7–3　4P 的 4 个要素

4P 要素	相关内容简要说明
产品的组合	主要包括产品的实体、服务、品牌、包装。它是指企业提供给目标市场的货物、服务的集合，包括产品的效用、质量、外观、式样、品牌、包装和规格，还包括服务和保证等因素
价格的组合	主要包括基本价格、折扣价格、付款时间、借贷条件等。它是指企业出售产品所追求的经济回报
分销的组合	地点通常称为分销的组合，它主要包括分销渠道、储存设施、运输设施、存货控制，它代表企业为使其产品进入和达到目标市场所组织、实施的各种活动，包括途径、环节、场所、仓储和运输等
促销组合	促销组合是指企业利用各种信息载体与目标市场进行沟通的传播活动，包括广告、人员推销、营业推广与公共关系等等

4P 营销理念是市场营销过程中尽量控制一切可以控制的因素，也是企业进行市场营销活动的主要手段，对它们的具体运用，形成了企业的市场营销战略。这一理论认为，如果一个营销组合中包括合适的产品、合适的价格、合适的分销策略、合适的促销策略，那么这将是一个成功的营销组合，企业的营销目标也可以藉以实现。

现代营销活动不能局限在 4P 营销的模式，已经上升到了 4S 运营模式。4S 分别是 满意（satisfaction）、服务（service）、速度（speed）、诚意（sincerity）。4S 的行销战略强调从消费者需求出发，打破企业传统的市场占有率推销模式，建立起一种全新的"消费者占有"的行销导向。要求企业对产品、服务、品牌不断进行定期定量以及综合性消费者满意指数和消费者满意级度的测评与改进，以服务品质最优化，使消费者满意度最大化，进而达到消费者忠诚的"指名度"，同时强化了企业的抵御市场风险，经营管理创新和持续稳定增效的"三大能力"。消费者对价格的认知和接受过程如图 7-4 所示。

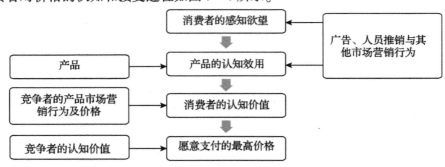

图 7-4 消费者对价格的认知和接受过程

2）4C 营销理念。4C 营销理念重新设定了市场营销组合的四个基本要素：消费者、成本、便利和沟通。它以消费者需求为导向，主要强调企业首先应该把追求顾客满意放在第一位；其次是努力降低顾客的购买成本，然后要充分注意到顾客购买过程中的便利性，而不是从企业的角度来决定销售渠道策略；最后还应以消费者为中心实施有效的营销沟通。4C 营销详细说明见表 7-4。

表 7-4 4C 要素

4C 要素	相关内容简要说明
消费者 （Consumer）	企业必须根据顾客的需求来提供产品。同时，企业提供的不仅仅是产品和服务，更重要的是由此产生的客户价值。零售企业直接面向顾客，因而更应该考虑顾客的需要和欲望，建立以顾客为中心的零售观念，将"以顾客为中心"作为一条红线，贯穿于市场营销活动的整个过程。零售企业应站在顾客的立场上，帮助顾客组织挑选商品货源；按照顾客的需要及购买行为的要求，组织商品销售；研究顾客的购买行为，更好地满足顾客的需要；更注重对顾客提供优质的服务
成本 （Cost）	成本包括顾客的购买成本，产品定价既低于顾客的心理价格，亦能够让企业有所盈利。顾客购买成本不仅包括其货币支出，还包括其为此耗费的时间，体力和精力消耗，以及购买风险。因此，顾客总成本包括货币成本、时间成本、精神成本和体力成本等。企业必须考虑顾客为满足需求而愿意支付的"顾客总成本"。努力降低顾客购买的总成本，如降低商品进价成本和市场营销费用从而降低商品价格，以减少顾客的货币成本；努力提高工作效率，尽可能减少顾客的时间支出，节约顾客的购买时间；通过多种渠道向顾客提供详尽的信息、为顾客提供良好的售后服务，减少顾客精神和体力的耗费
便利 （Convenience）	企业在制订分销策略时，要更多的考虑顾客的方便，而不是企业自己方便。要通过好的售前、售中和售后服务最大程度地便利消费者，在店面的设计和布局上要考虑方便消费者参观、浏览、挑选，方便消费者付款结算等
沟通 （Communication）	企业应通过同顾客进行积极有效的双向沟通，建立基于共同利益的新型企业/顾客关系，在双方的沟通中找到能同时实现各自目标的通途 与消费者沟通包括向消费者提供有关商店地点、商品、服务、价格等方面的信息；影响消费者的态度与偏好，说服消费者光顾商店、购买商品；在消费者的心目中树立良好的企业形象

3）4R营销理念。4R营销理念以关系营销为核心，重在建立顾客忠诚度。它阐述了四个全新的营销组合要素，即关联、反应、关系和回报。随着市场的发展，企业需要从更高层次上以更有效的方式在企业与顾客之间建立起有别于传统的新型的主动性关系。4R营销详细说明见表7-5。

表7-5 4R要素

4R要素	相关内容简要说明
关联 （Relevance）	紧密联系顾客，企业必须通过有效的方式在业务、需求等方面与顾客建立关联，形成一种互助、互求、互需的关系，把顾客与企业联系在一起，减少顾客的流失，以此来提高顾客的忠诚度，赢得长期而稳定的市场
反应 （Reaction）	提高对市场的反应速度，在相互渗透、相互影响的市场中，对企业来说最现实的问题不在于如何制定、实施计划和控制，而在于如何及时地倾听顾客的希望、渴望和需求，并及时做出反应来满足顾客的需求，这样才利于市场的发展
关系 （Relationship）	重视与顾客的互动关系，与顾客建立长期而稳固的关系，把交易转变成一种责任，建立起和顾客的互动关系。沟通是建立这种互动关系的重要手段
回报 （Reward）	回报是营销的源泉，营销目标必须注重产出，注重企业在营销活动中的回报，企业要满足客户需求，为客户提供价值，不能做无用的事情。营销的最终价值在于其是否给企业带来短期或长期的收入能力

（2）消费者行为模式

消费者行为模式是指关于影响消费者购买行为主要因素的理论。有五种影响因素：刺激变数、外界变数、知觉构成体、学习构成体、输出变数。

①刺激变数，即象征性的环境刺激，包括商业环境和社会环境对消费者所产生的影响。

②外界变数，即对消费者产生影响的外在因素。当消费者明白这些因素后，就会产生对资料的敏感与寻求资料的心理倾向。

③知觉构成体，即消费者获取的消费信息资料，它们能够引发购买动机。

④学习构成体，即与消费者认识状态有关的各种因素，它们能处理获得的资料，实现对选择体的理解与态度，影响购买决策。一经决定之后，这些信息资料又成为反馈资料。

⑤输出变数，即对某一品牌的商品感到满意，从而加强注意与购买倾向。

1）AIDMA消费模型。如图7-5所示，AIDMA是消费者行为学领域很成熟的理论模型之一。该理论认为，消费者从接触到信息到最后达成购买，会经历这五个阶段：

- Attention（关注）；
- Interest（兴趣）；
- Desire（渴望）；
- Memory（记忆）；
- Action（购买）。

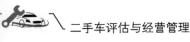

2）从 AIDMA 到 AISAS 的转变。AISAS 模式是由电通公司针对互联网与无线应用时代消费者生活形态的变化，而提出的一种全新的消费者行为分析模型。这五个阶段，如图 7-5 所示。

- Attention（关注）；
- Interest（兴趣）；
- Search（搜索）；
- Action（购买）；
- Share（分享，口碑传播）。

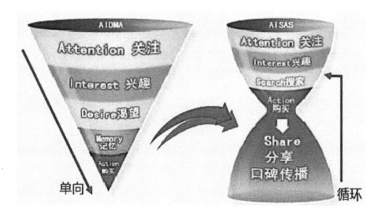

图 7-5　AISAS 模式的转变

全新的营销法则中指出了互联网时代下搜索（Search）和分享（Share）的重要性，而不是一味地向用户进行单向的理念灌输，充分体现了互联网对人们生活方式和消费行为的影响与改变。消费者习惯于在互联网上查找详细的产品信息、体验者口碑、评论后再做出消费决定，使用产品后也乐于在互联网上分享消费经验与体会。例如：购买了某公司的品牌二手车，对使用产品的过程体验进行评价，进而影响到在网上查找产品信息的消费者。

7.1.2　二手车网络营销宣传与运营

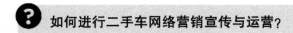 如何进行二手车网络营销宣传与运营？

1. 二手车网络营销宣传

如图 7-6 所示，二手车网络营销活动的作用是通过网络宣传方法，形成对产品的品牌推广，扩大宣传范围，提高产品的知名度和美誉度，提高二手车的销售业绩和公司品牌的知名度。网络营销可以通过二手车信息的发布、交易、收集、售后服务构成，也是一个完整的营销渠道。

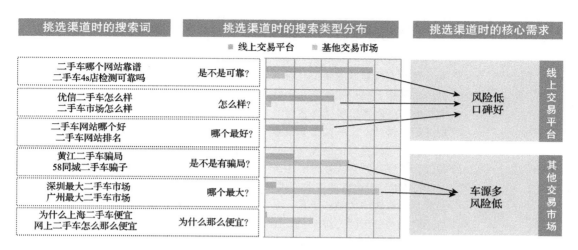

图7-6　网络营销数据统计

通过网络，将车辆营销活动在统一的信息传播中向消费者传递。可以直接在互联网上提供各类二手车资源信息查询，并可以与客户进行沟通。通过平台可以收集市场信息，进行市场调查，获取消费者潜在的市场与购买需求，再根据数据统计分析客户的情况，对服务与经营提供更精准的定位。二手车在线交易模型如图7-7所示。

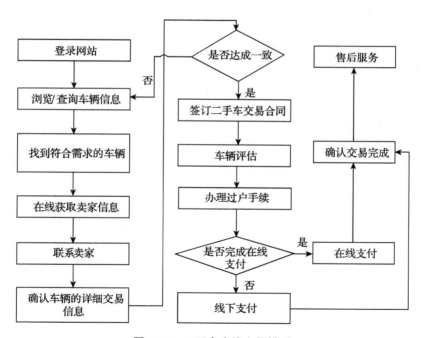

图7-7　二手车在线交易模型

网络营销手段主要有网络品牌宣传、网站推广、信息发布网络传播、网上销售、网上赠品促销、客户服务、网上调研、论坛营销、微信营销、QQ营销、博客营销、微博营销等方法。具体解释与实施方法见表7-6。

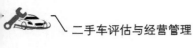
表7-6　网络营销手段实施方法

序号	基本功能	说明	宣传方法
1	网络品牌宣传	网络品牌是产品或者线下品牌在互联网上的延伸和保护，网络品牌在网络上提供的服务几乎是免费的，用户使用和获得品牌的服务不再付费，这一点就从根本上区别于传统意义上品牌存在的价值。网络品牌完全打破了传统品牌特别是产品品牌建立的模式。品牌是极有效率的推广手段，品牌形象具有极大的经济价值。在网络使用中，有1/3的使用者会因为网络上的品牌形象而改变其对原有品牌形象的印象，有50%的网上购物者会受网络品牌的影响，进而在离线后也购买该品牌的产品 网络品牌宣传案例如图7-8、图7-9所示	① 注意网站建设和网络品牌建设之间的联系，尽可能增加网页被搜索引擎收录的数量 ② 通过网站优化设计提高网页在搜索引擎检索结果中的效果（包括重要关键词检索的排名位置和标题、摘要信息对用户的吸引力等），获得比竞争者更有利的地位 ③ 设好关键词，利用关键词竞价广告提高网站搜索引擎可见度 ④ 利用搜索引擎固定位置排名方式进行品牌宣传 ⑤ 可以布局多品牌、多产品系列的分散化网络品牌策略 ⑥ 邮箱营销。利用Email沟通顾客关系并让顾客保持满意，对增加销售有直接的促进作用 ⑦ 根据营销策略的需要进行设计并投放网络广告，采用多种表现形式投放于不同的网络媒体 ⑧ "病毒"营销。"病毒"性营销对于网络品牌推广同样有效。找到营销的引爆点，通过电子邮件、聊天室交谈、在网络新闻组或者消费者论坛发布消息推销 ⑨ 企业自建自己的网络社区、论坛、聊天室等
2	网站推广	网站推广就是以国际互联网络为基础，利用数字化的信息和网络媒体的交互性来辅助实现营销目标的一种新型的市场营销方式。将网站推广到国内各大知名网站和搜索引擎，以获取好的排名来提高网站的访问量和知名度。网站推广包括竞价推广，比如百度竞价、谷歌竞价； 网站推广案例如图7-10所示	① 利用网络广告平台进行高效的网站推广。网络广告是常用的网络营销策略之一，在网络品牌、产品促销、网站推广等方面均有明显作用。网络广告的常见形式包括：BANNER广告、关键词广告、分类广告、赞助式广告、Email广告等 ② 可以在各种在线黄页、分类广告、留言簿、论坛、聊天室、新闻组、博客网站、供求信息平台、行业网站等发布信息推广 ③ 使用专用性、临时性的网站推广方法。如，通过在各种媒体上发表文章推广网站；通过开展有奖竞猜、在线优惠卷、有奖调查、针对在线购物网站推广的比较购物和购物搜索引擎等；有时甚至建立一个辅助网站进行推广 ④ 利用软件推广：论坛群发软件、QQ群发软件、邮件群发软件、搜索引擎登录软件等，

（续）

序号	基本功能	说明	宣传方法
2	网站推广		通过大量发帖，很快就能让网站信息被上网者看到并被搜索引擎关注，只需简单操作就能实现多方位网络营销效果
3	信息发布网络传播	通过固定的频道向用户发送信息。信息推送能够主动地根据用户需求，将最新的信息分门别类地传送到相应的用户设备中	① 利用电子邮件或其他消息系统将有关信息发送给用户 ② 根据用户的特定信息需求为其量身定制，通过使用代理服务器定期或根据用户指定的时间间隔在网上搜索用户感兴趣的信息内容，然后将结果推送给用户 ③ 收集信息形成频道内容后推送给用户 降低重复的、无关的信息在网上传递，避免了垃圾信息对网络资源的大量占用
4	网上销售	电子商务的一种，简单的说就是以数字化网络为基础进行直接的商品、货币和服务等商业运作活动；具体是指商品经营者利用国际互联网提供商品发售信息和导购信息及广告，建立网上超市吸引国内外客户进行网上查询、订购、电子支付等一系列网上购物活动，然后送货上门（或邮寄） 网上销售案例如图7-11所示	① 成为网上零售商的供应商，在专业电子商务平台上建立网上商店，以及与其他电子商务网站不同形式的合作等 ② 自行建立销售型的网站 ③ 开设网上商店
5	网上赠品促销	网上赠品促销是指在新产品推出试用、产品更新、对抗竞争品牌、开辟新市场情况下利用赠品促销可以达到比较好的促销效果。它是争取消费者购买产品，提升业绩成长的法宝，也是品牌提速的动力所在。网络营销大都直接或间接具有促进销售的效果，同时还有许多针对性的网上促销手段。事实上网络营销对于促进网下销售同样很有价值。这就是为什么一些没有开展网上销售业务的企业一样有必要开展网络营销的原因	赠品促销应注意以下几点： ① 不要选择次品、劣质品作为赠品，这样做效果只会适得其反 ② 明确促销目的，选择恰当的能够吸引消费者的产品或服务 ③ 注意时间和时机，注意赠品的时间性，如冬季不能赠送只在夏季才能用的物品，另外在危机公关等情况下也可考虑不计成本的赠品活动以挽回公关危机 ④ 注意预算和市场需求，赠品要在能接受的预算内，不可因过度赠送赠品而造成营销困境

（续）

序号	基本功能	说明	宣传方法
6	客户服务	客户服务基本可分为人工客服和电子客服。其中电子客服又可细分为文字客服、视频客服和语音客服三类。在商业实践中一般会分为售前服务、售中服务、售后服务三类。提供方便的在线客户服务，回答客户的常见问题。在线客户服务成本低、效率高，但是要注意二手车的销售是一种专业技术含量较高的职业，客户咨询会涉及很多问题，例如：汽车的性能、过户、上牌、变更、保险等专业问题。对这类的客服要求很高，会直接影响到企业的专业度与销售效果，要不断提高服务人员的专业水平 客户服务案例如图 7 - 12 所示	① 规范文明用语，不要直接挂机，避免客户有负面感受，要有热情与耐心 ② 要提升服务质量，要避免给客户留下服务不好的印象。对服务中的不足，要及时弥补，而不是找借口推脱责任 ③ 对服务中出现的问题，首先要道歉，还需要制定出切实可行的方案，用具体的行动来解决客户的问题 ④ 要考虑客户的实际情况，按照客户的感受来调整服务表现的形式，也就是为客户提供个性化的、高价值的服务 ⑤ 建立良好的服务制度与考核、激励机制，提高企业内部员工的服务意识，提升服务质量 ⑥ 为新客户提供优质服务时，要重视对老客户的服务质量 ⑦ 销售产品之前为顾客提供一系列活动，如市场调查、产品设计、提供使用说明书、提供咨询服务等
7	网上调研	网上调研是以营销理论和决策为目的，对相关信息通过互联网的形式进行规划整理与分析的过程。网上调研，调查周期短、成本低，不仅为企业制定网络营销策略提供支持，也是整个市场研究活动的辅助手段之一 网上调研案例如图 7 - 13 所示	① 电子邮件调查 ② 网上小组调查 ③ 主动浏览访问
8	论坛营销	论坛营销是利用论坛这种网络交流的平台，通过文字、图片、视频等方式发布企业的产品和服务信息，从而让目标客户更加深刻地了解企业产品和服务。最终达到宣传企业品牌、加深市场认知度的网络营销活动。论坛营销多数属于论坛灌水，其操作成本比较低，主要要求的是操作者对于话题的把握能力与创意能力	① 自建论坛，如今互联网大范围普及，通过论坛宣传无疑是很好的方式。注意，自建网站或论坛需要申请办理网络文化经营许可证 ② 可以搬到某些知名社区，这样不仅能够提高公司知名度，还可以吸引更多的客户，也省去了公司建立论坛的开支及精力 ③ 要有马甲。根据企业不同产品注册相关论坛账号，更加利于产品的推广营销。企业马甲每个论坛要不低于 10 个，不同产品、不同营销事件，需求的马甲数量不定；如知名品牌进行论坛营销不需过多马甲，即可产生效应；而普通企业在论坛推广产品时，则需要多一些马甲配合

（续）

序号	基本功能	说明	宣传方法
8	论坛营销		④ 在各大型论坛有专门的人员管理账号、发布帖子，回帖等 ⑤ 营销主题比较重要，也是开展论坛营销的关键。主题或标题要吸引眼球，即标题要有一定的号召性，吸引读者。内容一定要具有一定的水准，网友看了之后觉得有话要说才行。要正确地引导网友的回帖，不要让事件朝相反方向发展 ⑥利用好论坛签名，论坛里面不要乱发广告
9	微信营销	微信营销是网络经济时代企业营销模式的一种创新，是伴随着微信的火热而兴起的一种网络营销方式。微信不存在距离的限制，用户注册微信后，可与周围同样注册的"朋友"形成一种联系，用户订阅自己所需的信息，商家通过提供用户需要的信息，推广自己的产品，从而实现点对点的营销。微信营销包括微信平台基础内容搭建、微官网开发、营销功能扩展等 微信营销案例如图 7－14 所示	① 微信营销可以有效的综合运用意见领袖型的影响力，和微信自身强大的影响力刺激需求，激发购买欲望 ② 将企业拍的视频，制作的图片，或是宣传的文字群发到微信好友。采用二维码的形式发送优惠信息，使顾客主动为企业做宣传，激发口碑效应，将产品和服务信息传播到互联网和生活中的每个角落 ③ 运用"视频、图片"营销策略开展微信营销，在与微友的互动和对话中寻找策略为潜在客户提供个性化、差异化服务，将企业产品、服务的信息传送到客户，为企业赢得竞争的优势，打造出优质的品牌服务
10	QQ 营销	QQ 营销，指营销工作者们运用现有的网络通信工具实现及时的、实时的信息交流和收发，从而产生效益的一种销售手段	① QQ 的使用者数量很多。客户服务部可建立相关产品及服务的 QQ 群，及时与客户沟通，同时进行宣传 ② 此种宣传方式推荐放长线，QQ 群的成员互相熟悉后，其所给予的推荐，具有很强的宣传效果 ③ 可以将卖家的联系方式和卖家的产品挂靠到 QQ 软件的表面和嵌入到 QQ 网站内部，在 QQ 营销的过程中要注意服务者的交流技巧以及运用合适的广告标语，达到最大的受众和最大的曝光度的效果 ④ QQ 营销形式：QQ 图片 、QQ 远程工具、QQ 视频、QQ 文件传输、QQ 群营销、群公告、群相册、群聊天、群名片、群邮件、新人报道、群动态、群社区、群共享、群活动等

（续）

序号	基本功能	说明	宣传方法
11	博客营销	博客营销是通过博客网站或博客论坛接触博客作者和浏览者，利用博客作者个人的知识、兴趣和生活体验等传播商品信息的营销活动。与博客营销相关的概念还有企业博客、职业博客、营销博客等，是靠原创的、专业化的内容吸引读者，培养一批忠实的读者，在读者群中建设信任度、权威度、形成个人品牌，进而影响读者的思维和购买决定	① 以营销自己为目的 ② 以营销公司文化，品牌，建立沟通平台，更好的为公司管理销售服务为目的 ③ 以营销产品为目的，通过博客文章，达到销售产品和拿到订单的目的 ④ 博客营销文章要有一定的专业水平或者行内知识 ⑤ 用一般人看的懂的语言写出来的专业文章才是好的博客文章，才能达到营销的目的。要增加专业的趣味，让人喜欢看是非常重要的 ⑥ 博客营销文章的写作要用巧妙方法插入广告 ⑦ 利用博客做营销要做到定位准确，乐于给予，善于分享
12	微博营销	微博营销以微博作为营销平台，每一个听众（粉丝）都是潜在的营销对象，每个企业都可以在新浪、网易等网站注册一个微博，然后利用更新自己的微博文向网友传播企业、产品的信息，树立良好的企业形象和产品形象。每天更新的内容就可以跟大家交流，或者有大家所感兴趣的话题，这样就可以达到营销的目的。微博营销涉及的范围包括认证、有效粉丝、话题、名博、开放平台、整体运营等	① 公司可以建立自己的官方微博，利用其分享功能，扩大公司产品的知名度 ② 公司开通微博可以利用一些大型的门户网站 ③ 发布的微博能对浏览者创造价值，定位一定要准确、专业，注重微博个性化。要注重定时、定量、定向发布内容，让大家养成观看习惯。要加强互动，微博的魅力在于互动 ④ 微博传播速度快得惊人，要严控内容、质量与传播时间，防止出现负面风险。 微博发布要有一些技巧与方法。比如，微博话题的设定，表达方法等。如果是提问性的，或是带有悬念的，引导粉丝思考与参与，那么浏览和回复的人自然就多，也容易给人留下印象。反之带来新闻稿一样的博文，会让粉丝想参与都无从下手
13	电子杂志宣传	电子杂志具有很强的时效性、可读性和交互性，而且还不受地域和时间限制，在任何地方，电子杂志都可以带给用户最新最全的信息。电子杂志是由网民根据兴趣与需要主动订阅的，此类广告更能准确有效地面向潜在客户	① 独立创建一份电子杂志，对公司产品的知名度以及形象有一定程度的影响 ② 客户服务部可提供相关宣传资料，企划部等相关部门制作电子杂志，以电子邮件或提供下载链接等形式发放给客户

（续）

序号	基本功能	说明	宣传方法
14	网络广告	网络广告是在网络上做的广告，利用网站上的广告横幅、文本链接、多媒体的方法，在互联网刊登或发布广告，通过网络传递到互联网用户的一种高科技广告运作方式。网络广告并不仅限于放置在网页上的各种规格的广告，电子邮件广告、搜索引擎关键词广告、搜索固定排名等都是网络广告的表现形式	网络广告类型如下： ① Flash 动画广告 ② 图片广告 ③ 横幅广告、竖幅广告、旗帜广告 ④ 富媒体广告 ⑤ 文本链接广告 ⑥ 电子邮件广告 ⑦ 按钮广告 ⑧ 浮动广告 ⑨ 插播式广告（弹出式广告） ⑩ 视频广告、路演广告、巨幅连播广告、翻页广告、祝贺广告、论坛版块广告 ⑪ 定向广告

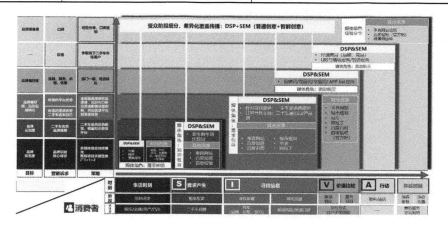

图 7-8　案例一：网络品牌宣传方案策划

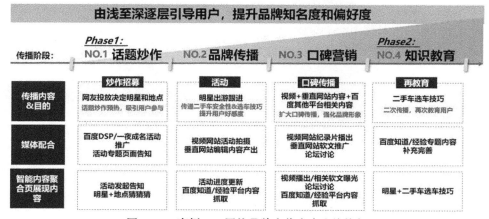

图 7-9　案例二：网络品牌宣传方案实施构想

图 7 - 10　案例三：在网站上推广

图 7 - 11　案例四：人人车二手车网上销售信息发布与更新

图7-12　案例五：易车网智能客户服务

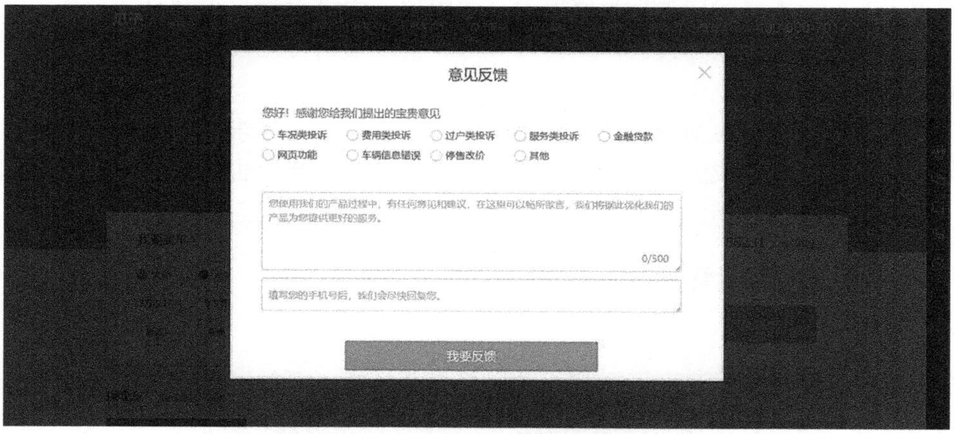

图7-13　案例六：网络信息反馈

图7-14　案例七：微信营销

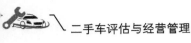

广告与宣传策划应根据客户的产品或者服务的特性，结合自身或者团队对于市场的综合评估，为客户实现广告宣传投资，而进行的有目的的、有效益的、阶段性的广告投放计划和目标。受众群体对广告的感知价值是衡量广告效果非常有用的评估标准，受众群体评估网络广告的价值，与广告态度的形成有直接的关系。内容绩效期望是指用户认为广告的信息内容能为其带来价值的程度，包含实用与娱乐价值两方面。用户使用广告宣传主要是为了获取有用的信息，即信息实用价值，受众非常看重广告传播的信息内容是否对他们有用。用户对广告的接受会受到周围朋友、家庭、工作环境等的影响，对广告的正面或负面体验，会在用户的社会关系中传递。而且在微博和微信环境中，信息分享和口碑传播是很常见的，必须非常重视口碑的作用。

案例：某某二手车公司投入 3000 万元赞助中国好声音，在中国好声音播出的视频中插入该二手车的广告，引起了全网民的大论战，尽管负面的评价远远大于正面的评价，但反应空前激励，广告的投放获得成功，该二手车公司的知名度一夜成名，堪称企业宣传的经典。这个广告一经投放，就像高速渗透的病毒一样，很快引起了全社会的轰动，但是，也给大家带来了很多的思考，企业的形象应当建立在什么样的基础之上？

感知风险是用户感知价值的另一个重要成本因素，指用户在考虑接受广告时会评估可能产生的损失。有些负能量的广告，为博得大众的眼球，内容设计缺少社会责任感，虽然有时比较成功，但是企业的形象与社会印象会被看低。精准营销可能使用户产生个人信息被滥用的风险感知，广告中带有链接、二维码可能会使手机中毒，存在安全隐患，这些都会影响用户接受广告的意愿。如何得知受众群体感知到广告信息与自身需求的匹配程度，通过大数据技术使得广告的精准投放成为可能，用户需求的多样性也需要广告投放更加个性化，提高营销效率，避免不必要的营销成本浪费。

2. 二手车网络营销运营管理

（1）二手车网络运营

二手车电子商务是通过互联网或其他数字化媒介渠道，开展的二手车资讯传播、交易等活动，打破时间和地域的限制，借助丰富的二手车资源，形成在线的二手车资讯交互机制，实现了有别于传统二手车检测、销售的全新方式。品牌战略宣传方案如图 7-15 所示。

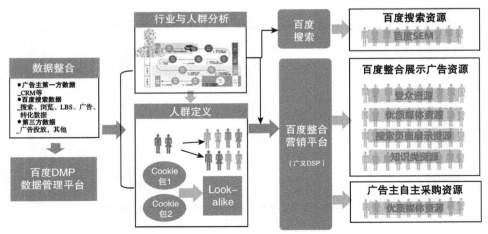

图 7-15　品牌战略宣传方案

运用互联网技术提供从验车、达成交易、提车、支付、过户、物流等一系列完整的配套服务，让二手车交易更加便捷。通过互联网实现信息广泛覆盖；通过汽车检测、在线支付、汽车物流，及积极的线下业务网络布局，实现二手车全国范围内的广泛流通，让二手车的经营拥有更广阔的市场。

对于二手车经营者来说，网络化经营管理规范是促进品牌化影响力、买卖双方诚信建立与销售绩效提升的推手，二手车在线营销平台的建设需要做好如下工作：

1）二手车的信息更新与在线服务。一个好的网站必须要做好内容的质量，好二手车交易平台或网站需要定期或不定期地更新内容，才能不断地吸引更多的浏览者，增加访问量。能够使消费者在第一时间看到有价值的信息，产生新的吸引力。并且维护好相关平台客户的咨询工作，避免发布的消息滞后或客服的反应滞后，引起潜在新客户的流失。

2）线上活动、促销等网络营销策划。网络营销策划是网站推广、网上销售的重要手段，有对客户服务的支持、对线下产品销售的促进、对公司品牌拓展的帮助等网络营销表现。二手车交易网络营销策划包括口碑营销、事件营销、微信营销、新闻传播、微博传播、整合营销等组织策划网络营销活动、并推动人员进行宣传推广，同时对经营企业的战略规划确定季度、月度相关活动规划工作，确保二手车经营品牌的活跃度，以及线上流量。通过洞悉项目目标客群的网络营销策略，引发、借力企业与网络流量客户，线下自然流量引流到线上的客户，以至网民与网民之间的互动，使企业以最小的营销投入，超越竞争对手，获得更高效的市场回报。营销网站规划网站前期策划作为网络营销的起点，规划的严谨性、实用性将直接影响到企业网络营销目标的实现。

3）线上广告营销宣传。网络对于企业营销的作用是全方位的，特别是产品宣传和广告促销。二手车经营者如果要将商品推向市场，就必须首先向市场宣传自己的待售二手车信息，宣传自己的企业与文化。利用客户评价影响潜在客户的决策，做好日常更新工作、公司形象维护、营销内容维护、目标客户分析、营销目标制定、客户细分等工作。在竞争激烈的现代市场中，每一位车辆出售者或购买者不仅仅会去获取车辆的信息与质量，并且也会去查看公司的经营能力与服务质量。互联网具有交互性、即时性、大容量等特点，是企业宣传二手车辆销售与企业宣传的最好工具。

4）网站维护与特色功能的开发。网站的稳定性决定网站是否能够长期稳定地运行，要及时地调整和更新网站内容。网站维护包括网站策划、网页设计、网站推广、网站评估、网站运营、网站整体优化等工作，网站建设的目的是通过网站达到开展网上营销，实现二手车在线交易的目的。

5）网络信息管理与经营风险控制。网站的运行与经营存在一定的风险，风险主要包括二手车产品项目规模风险、商业影响风险、网上支付风险、技术风险、管理风险以及信息传送风险等。二手车市场的恶性竞争也会出现许多不法之徒，应当防范互联网的开放性和安全漏洞带来的安全风险，也对二手车网上交易经营者与消费者带来了不可忽视的影响。企业外部的黑客也越来越多，有的是为了展示自己的才能，有的是非法的经济目的。网络与信息管

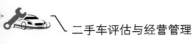

理及安全问题威胁到信息安全。目前车商很少有专门的公关团队，但是会有很多情况影响品牌的发展。如，在运营风险控制中竞争对手恶意诽谤、客户的误解、公司产品的质量问题、服务的失职等问题在网络渠道发布时，导致企业品牌形象受损，必须由网络部人员及时发现问题，并进行相关的品牌公关，澄清事实、解决误会，甚至公开道歉，因此就需要公司通过线上线下渠道、自媒体渠道、全体朋友圈等，进行公关。

（2）二手车电子商务管理模型

电子商务管理是指为实现企业战略目标对电子商务应用中技术和商业及其创新活动进行计划、组织、领导和控制的过程。

二手车电子商务管理的对象与职能主要包括电子商务管理的构成、电子商务活动组织、电子商务活动的范围与任务、电子商务管理的对象、电子商务管理的职能等。运营模式主要包括电子商务活动系统结构、电子商务系统模型、电子商务系统与社会电子商务系统的连接工具、电子商务系统内部运营模式、电子商务系统外部的运营与连接、电子商务系统分散网络化运营模式、电子商务系统运营方案等内容。但是，二手车属于特殊的大宗物件，在购买时也需要本人首先确认当地能不能落户，虽然国家对异地车辆限入政策已经放开，但仍有很多地方没有放开。货物一旦出库，如果当地不能落地，购买方不能收回，并且在网上拍下的车辆也需要本人去确认并签字。其管理模型如图7-16所示。

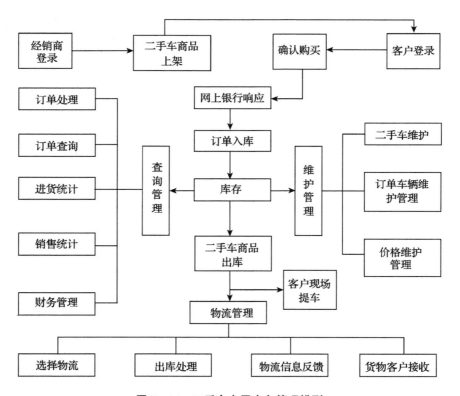

图7-16 二手车电子商务管理模型

（3）二手车电子商务管理流程

二手车电子商务运作流程是电子商务活动的程序规范，要从电子商务活动的各个环节，来探讨各环节中的运行平台、操作技巧，实现运行管理的科学规范要求。电子商务运作流程主要包括信息流网络平台、知识流网络平台、资金流网络平台、物流网络平台、契约网络平台、电子商务网络运作模型外模式、电子商务网络运作模型模式、电子商务网络运作模型内模式、企业流程重组等内容。二手车电子商务管理流程如图7-17所示。

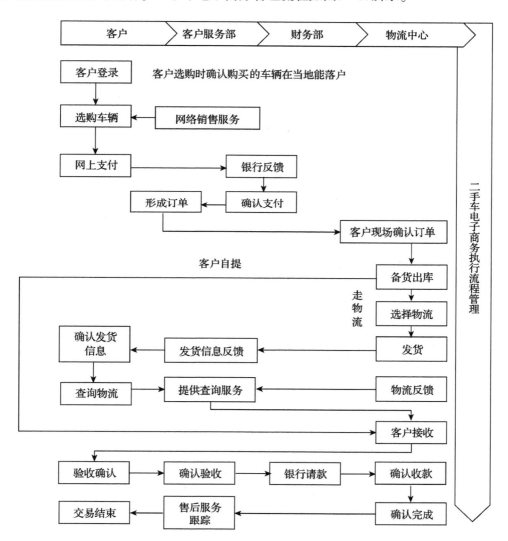

图 7 - 17　二手车电子商务管理流程

（4）二手车电子商务服务标准

建立二手车电子商务服务标准，包括两个阶段，第一阶段是提供网络服务，第二阶段是服务评价及服务改善，具体说明见表7-7。

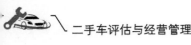

表7-7　二手车电子商务服务标准

阶段	节点	工作执行标准	执行工具
提供网络服务	1	① 客户服务部进行网站建设投资及财务成本预算 ② 客户服务部组织技术人员进行相关硬件、软件平台的搭建以及信息资源的整合与管理	① 网络客户需求报告 ② 营销业务分析报告
	2	客户服务部负责网站宣传并提供网络客户服务，为客户提供专业的解答	
	3	技术部为客户提供即时通信、在线服务、语音服务等业务	
	4	① 客户访问企业网站时，发起询问，若当时网络客户服务人员不在，技术部可以通过自动回复系统及电子邮件的形式，及时通知客户问题已收到，并会尽快回复 ② 若客户服务人员在线，则为客户提供在线服务，第一时间回复客户，促成交易	
	5	① 网络客户服务人员为客户提供免费的在线咨询服务 ② 若客户问题得到解决，请客户做出评价，不断提高客户服务质量 ③ 如果客户问题没有得到有效解决，网络客服人员要详细记录相关内容，并定期总结分析 ④ 网络客户服务人员对客户问题进行总结、整理，报上级领导，为决策作参考	
服务评价及服务改善	6	① 客户服务部根据客户服务运营情况及客户满意度测评意见，改善网站设计与服务状况 ② 技术部改进网站结构与内容设计，不断提高客户自我服务能力 ③ 提供客户服务部应用常见问题解答或者更能解决客户个性化服务的在线网络服务工具	① 网络数据库建设与营销策略 ② 数据库技术 ③ 客户满意度评价表

（5）客户问题处理方法

1）冷静回应

①客户生气时一定要让他先"撒气"。在客户发出质疑或者提出问题时，如果网络客户服务人员未曾犯错，就没有理由惊慌；如果真的出错了，就要勇于面对。不能一味地与客户争论，这样可能会把情况弄得更糟。

②恶言相向、给自己找理由或拒不承认、跟客户争论是再糟糕不过的事。如果你口头上赢了，就会失去客户；如果你输了，只会降低企业形象，但还有机会挽回。

③网络客户服务人员要以冷静的心态，表达出对客户问题的关切，如"不好意思，关于这个问题，让我们看看有什么好方法能解决？"

2）认同客户观点

①如果客户对企业产品或服务存在不同的观点，网络客户服务人员应适时给予"认同"，表示对客户看法的肯定，这是消除疑问最有效的方法。

②网络客户服务人员能认真地听完客户发出的不满，等客户渐渐平息怒气后，网络客户服务人员在掌握局面的状况下，试图找出客户不满的原因。

3）让客户知道你在努力解决

①一旦网络客户服务人员找到了问题所在，向客户确认后，应竭尽全力地帮助客户，在可行的状况下提出处理的方式，供客户选择。

②如果网络客户服务人员无法解决，可推荐其他同事，但一定要告知客户有一位有能力的人正在处理这件事。

③当网络客户服务人员提出解决办法时，要注意自己说话的技巧，要让客户知道你一直在配合着他，帮他处理问题。

（6）网络客服监视标准

网络客服监视标准见表7-8和表7-9。

表7-8　网络客服监视标准

职业规范	服务用语	使用"您好"、"请稍等"等礼貌用语
		使用"请问您有什么问题、我是否为您解释清楚"等专业服务用语
		敬称客户
		回复较快
	职业技能	在对话过程中，无错别字
	服务忌语	不能有轻视、顶撞、生硬的用语
服务技巧	控制通话节奏	控制对话的主动权，引导客户完成本次对话
		询问客户是否可以等待，并在回话后表达歉意
		在客户发出询问后，回复时间不得大于3s
	理解与安抚客户	及时准确地了解客户意图
		及时了解客户投诉的问题，并安抚其情绪
专业技能	业务处理能力	业务解释准确
		操作流程规范
		详细记录客户提供的相关信息
		一次性解决问题
		与客户核对信息，并取得客户确认
	主动营销	适时营销公司的产品或服务
	客户满意	收到客户的好评或表扬

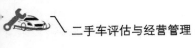

表 7 - 9　报表监控标准表

工单填制	填制及时性	相关工作事项是否及时填制工单
	项目完整性	工单填制的事项内容是否完成
	内容准确性	填制时间、客户姓名等内容是否准确
工单处理	提交及时性	填制完毕的工单，提交是否及时
	回复及时性	相关部门处理完毕的工单，是否及时回复客户
报告的编制及提交	报告及时性	《客户信息总结报告》是否提交及时
	报告合理性	《客户信息总结报告》的相关内容是否合理

7.2　实践训练

	实训任务	为建立二手车网络营销平台做一份策划
	实训准备	电脑、网络、翻页纸、翻纸架
	训练目标	掌握网络平台搭建的方法
	训练时间	60min
	注意事项	无

任务：二手车服务网络平台建设策划

任务说明

为建立二手车网络营销平台做一份策划。

实训组织与安排

教师活动	准备好实训设备设施，分配学生实习，全程指导学生的实习
学生活动	以小组为单位，按照实训要求进行各项检查，并完成要求填写的内容 策划方法：头脑风暴法、思维导图法

▨ 任务准备

1. 训练物品准备

请列举完成此项任务所需要的工具、设备、资料与辅料。

_____

_____

_____

2. 知识点准备

请查阅合适的资料，写下完成此项训练任务需要的相关知识。

_____

_____

_____

_____

▨ 任务操作

1. 二手车服务网络平台架构策划参考如下：

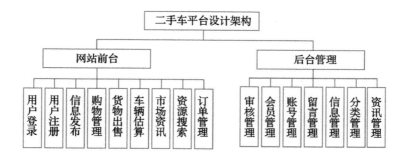

2. 前台页面策划

序号	网页前台	请写出每项功能的子功能设计思路
1	用户登录	
2	用户注册	
3	信息发布	

（续）

序号	网页前台	请写出每项功能的子功能设计思路
4	购物管理	
5	货物出售	
6	车辆估算	
7	市场资讯	
8	资源搜索	
9	订单管理	

3. 后台管理模块策划

序号	后台管理	请写出每项功能的子功能设计思路
1	审核管理	
2	会员管理	
3	账号管理	
4	留言管理	
5	信息管理	
6	分类管理	
7	资讯管理	

7.3 探讨验证

教师活动	组织学生将鉴定结果进行点评，让学生在讲台上对小组成果进行展示。引导学生进行问题探讨
学生活动	将小组完成的鉴定报告对大家进行讲解，并完成老师提出的探讨问题

问题探讨	
1. 通过网络登录瓜子购车平台和优信二手车交易平台、人人车平台，探讨它们之间的异同与各自的特点？	
2. 二手车网络化运营会存在哪些问题？	

7.4 项目小结

本项目的学习目标你已经达成了吗？请通过以下问题进行结果检验。

序号	问题	自检结果
1	什么是电子商务？电子商务平台的种类有哪些？	
2	B2B 经营模式有哪几种？B2B 平台运行有哪几个要素？	
3	什么是 C2C？C2C 有哪些优势？	
4	O2O 营销模式的优势在哪里？	
5	什么是 4P–4C–4R 理论？应如何应用？	
6	二手车网络营销活动的作用有哪些？	
7	二手车网络营销有哪些手段？	
8	广告与宣传策划的要点有哪些？	
9	二手车网络化经营管理规范有哪些？	
10	二手车网络电子运营管理的对象与职能主要包括哪些？	

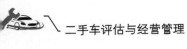

7.5 项目练习

单项选择题：

1. 电子商务是以信息网络技术为手段，以（　　）为中心的商务活动。
   A. 商品展示　　　　　　　　　B. 营销广告
   C. 商品交换　　　　　　　　　D. 产品促销

2. B2C 电子商务的付款方式是（　　）。
   A. 货到付款与网上支付相结合　B. 货到付款
   C. 网上支付　　　　　　　　　D. 银行付款

3. 平台提供商收取的保证金所有权归（　　）所有，不可挪作他用或转移。
   A. 平台商　　　　　　　　　　B. 消费者
   C. 缴纳方　　　　　　　　　　D. 以上都是

4. 广告与宣传策划是根据（　　），结合自身或者团队对于市场的综合评估，为客户实现广告宣传投资而进行的投放计划和目标。
   A. 客户的产品或者服务的特性　B. 客户的需求
   C. 服务的特性　　　　　　　　D. 以上都是

5. 二手车属于大宗物件，在购买时（　　）。
   A. 在网上拍下的车辆，需要本人去确认并签字
   B. 在网上拍下的车辆，商家应当确认到帐的货款，然后直接发货
   C. 由生产厂家或汽车经销商代为发货
   D. 以上都不对

问答题：
什么是 B2B、B2C、C2C、O2O？

_____

_____

_____

_____

思考与讨论：

1. 如何进行二手车网络营销宣传？

_____

_____

_____

_____

2. 怎么管理二手车网络营销平台？

_____

_____

_____

_____

项目八　二手车经营与管理

学习目标

完成本项目的学习后，能够达到以下目标：

- 掌握二手车收购渠道与收购的方法
- 掌握二手车收购价格估算方法
- 掌握二手车置换流程
- 了解旧车置换新车补贴标准
- 掌握二手车销售流程与各个环节的工作要点
- 掌握二手车销售管理中的要点

8.1　基础知识学习

本项目重点学习二手车收购的方法与收购价格的评估、二手车置换的流程与销售方法以及二手车的经营管理。

学生准备

学生在正式上课之前，应当做好如下准备：

- 预习老师安排的教学内容，完成老师推送的学习任务。
- 准备好在课堂上需要向老师提出的本项目内容范围的问题。

8.1.1　二手车收购

？ 二手车如何收购，要注意哪些问题？

1. 二手车收购渠道与风险

对于经营二手车，最重要的就是货源，通过二手车销售获取利润，因此二手车的货源储备是经营保障，是生存之本，二手车的经营者需要通过各种渠道得到充足的车辆。二手车的经营有两个环节很关键：一个是车辆的收购业务，一个是交易的成交率。但是，被交易二手车的质量又决定了销售成交率。二手车收购业务经营运作流程如图 8 - 1 所示。

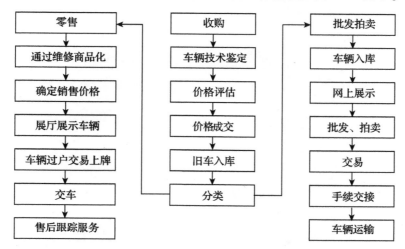

图 8 - 1　二手车收购业务经营运作流程

我国《二手车流通管理办法》中明确规定，进行二手车的交易应当签订合同，二手车的经销商应当向买主做出有关质量保证及售后服务的承诺，并且在经营场所内公示。由于行业与社会本身就一直存在着道德风险与互信危机，在收购二手车时将具有经营风险的车辆排除是收车的关键，车辆手续是否合法一定要仔细审核。例如，鉴别盗抢、违法、火烧、泡水等车辆，鉴定事故车辆的伪装与损伤程度等。二手车的经营利润与风险并存。

二手车评估的主要风险如下：

①盗抢车辆的风险。

②违法车辆的风险。

③事故车辆的风险。

④整备成本的风险。

⑤利润的风险。

⑥市场价格的风险。

⑦市场库存的风险。

⑧市场认知度的风险。

⑨市场竞争的风险。

⑩车辆使用的风险。

（1）二手车收购渠道

二手车商有足够的货源是确保二手车正常销售的有效途径，收车的渠道如图 8 - 2 所示。目前二手车的来源主要有分散的私人二手车收购和固定单位或大量的二手车集团收购。收购的模式通常采取线上收购与线下收购。线上收购主要是利用网络平台在网站的首页上面设计收购意向的入口，通过客户的资料填写来获取车源信息，通过便捷的服务挖掘二手车回收与置换潜力空间。另外，国务院办公厅 2016 年 3 月印发的《关于促进二手车便利交易的若干意见》明确指出，除了京津冀、江浙沪、长三角三大区域外，其他省市在 2016 年 5 月前取消二手车限迁政策。国家正在逐步放开外省市的二手车渠道。还可以通过报刊杂志投放广告来收

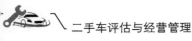

集客户的卖车信息。2018 年起全面取消二手车限迁政策，也将极大地推动机动车市场的健康发展，但是对排放标准各地还是会比较严苛。

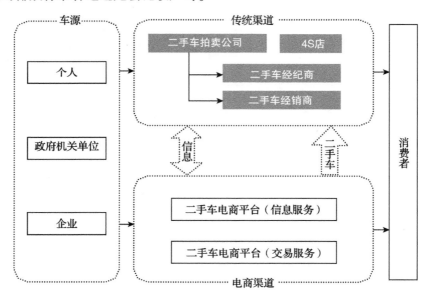

图 8 - 2　二手车收车渠道

线下收购的渠道主要有以下几个方面：

1）店内回收。一般二手车经营者会选择在二手车交易较为集中的场所，例如交易市场、二手车中心等，或者是在车辆管理所附近设置店面。由于经营者聚集，会很容易形成一个规模庞大的市场。货源集中、经营方式多样，优势明显，并且很容易引起外界的关注，本身具有宣传效应。大规模的二手车交易中心市场是消费者"淘车"的首选场地，想要换车的车主们通常都会来这里咨询或出售车辆。

2）从维修厂、汽车 4S 店收购。这是二手车货源的主要来源，现在 4S 店里基本都有二手车置换业务，造车技术的进步促动了市场高新技术含量的汽车不断更新，客户现有的车辆经过一段时间使用后会对其他新的车辆产生购买欲望，通常会选择将旧车回卖给 4S 店来补充新车的购车款。许多 4S 店有二手车置换业务，但并不具备收购能力或者不具备销售条件，专业的程度与交易的便利上不具有二手车销售的优势，许多店直接将回收的二手车转手给二手车经营者，由二手车经营者收购后再销售，或者与二手车商合作经营。有的甚至直接让二手车商派人驻点服务，将二手车收购业务转包给二手车商。从 4S 店等新车销售商处收购二手车也有许多弊端，虽然车源稳定，但由于受到新车销售政策影响，以及需维护与 4S 店等新车销售商的关系，二手车商有时不得不付出额外的成本。跟维修厂保持联系也可以获得二手车车源。

3）从企业、机关、机构等大客户群体获取车源。政府机关、单位用车的特点是大批量采购、使用一段时间因为不符合使用要求，又大批量淘汰换新。处理的方式通常是采用公示拍卖的方式出售，与他们保持联系可以第一时间得到信息或回收的机会。

4）从同行之间获取货源。这种方法是交易市场之间或交易市场内的一种合作方式，通常在品牌店销售中较为常见。如果一家店的同款车辆卖完了，可以查一下这个品牌的其他店还有没有这款车，如果有，顾客要购买，可以从另一家店里把车调到这个店卖给需要的顾客。

从同行之间获取货源的优点是在缺货的情况，可以从其他二手车经营者那里调到急需的货源，这种合作方式以合作互赢为基础，加快了二手车销售的市场流通。

5）从老客户获得资源。做好客户管理与客户关系维护很重要，通过老客户挖掘二手车收购渠道。与老客户之间建立起的诚信是最好的宣传口碑，通常这类客户对经营者提供的车辆与服务是比较满意的，他的身边如果有亲朋好友想换车，他会帮你宣传或者在他的协助下顺利收车。

新车销售和二手车销售在不同阶段侧重点也不一样。在观察阶段，新车以外观为主，性能为次；二手车以车型为主，预算为次。而在进货阶段，新车以配置为主，价格为次；二手车以车龄为主，车况为次。

制定新办法，如果客户用旧车置换，可以优先提车。新车订单可以分一般客户、置换客户等类别，置换客户可以优先交车，置换率就可以提高，就可以增加二手车的收购量，这是"捆绑"的办法。在二手车置换中要控制库存，第一是控制进货，第二是减少压价，第三是库存适当，第四是增值流程，第五是加快周转率。总的来说要薄利多销，及时清货。

（2）提高成交率

不学礼，无以立。在二手车的收购中，通过专业的服务、规范的操作流程、令人愉快的沟通和礼仪来增加互相之间的诚信度。诚信度不够、业务操作的手法不专业很难使二手车的回收顺利完成。从事业务的人员最好能够懂车，运用内行人的专业能力与客户沟通会使得收车的成效事半功倍。在对车辆进行技术性评估时一定要认真仔细，排查有经营风险的车辆，用事实评判，做到有理有据。

在车辆鉴定时应技术娴熟、报价准确、态度坚定、谈吐老练，处理谈判细节要专业。把握客户的心理，特别是成交阶段，要谨慎报价。客户在咨询了解阶段与真实想卖车时的谨慎是不一样的，客户在不了解二手车行情、基本了解行情、确认要成交时对自己期望的价格要求都不一样，与客户保持良好的沟通、把握客户真正需求，及时调整沟通方法，不要随便压低收购价格，这样对打消客户疑虑，促成最终的成交有利。

（3）二手车收购鉴定评估流程

二手车回收的鉴定评估需依照判别事故车、鉴定技术状况、评估车辆价值、归档工作底稿的流程规范化作业。据此评判车辆属于何种级别，参考级别进行估价。车身、发动机室、驾驶室、起动、路试、底盘等项目均在检测之列。鉴定评估机构必须将上述检测结果写进"二手车技术状况表"中留档。在《二手车鉴定评估技术规范》的制定参考价格的过程中，也列出了两种不同的定价方法，使二手车评估师有章可循。规范中包含了许多量化的指标，比如根据车辆的不同工况对二手车分级，参照了国外二手车鉴定评估的点数法。《二手车鉴定评估技术规范》对二手车评估作业流程作了规定，不管是卖车，还是收车都需要遵守这个规定流程：受理鉴定评估——查验可交易车辆——签订委托书——登记基本信息——判别事故车——鉴定技术状况——评估车辆价值——撰写并出具鉴定评估报告——归档工作底稿。在判别事故车一项中，评估要求判别车辆是否发生过碰撞、火烧，确定车体结构是否完好无损或者有无事故痕迹等，并对所有位置的检查评估结果进行总结。

二手车收购是二手车交易市场的经营业务之一，二手车收购评估与二手车鉴定评估的实质都是对二手车作现时价格评估，但二者有明显的区别。主要区别如下：

①二手车收购评估与鉴定评估的主体不同。

②二手车收购评估与鉴定评估的目的不同。

③二手车收购评估与鉴定评估的思想和方法不同。

④二手车收购评估与鉴定评估的价值概念不同。

店内二手车收购鉴定评估流程如图8-3所示。

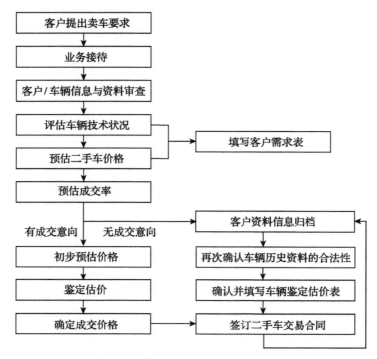

图8-3 店内二手车收购鉴定评估流程

二手车回收操作流程如下：

1) 车辆车况确认

①检查车辆是否有碰撞受损、车门是否平整、油漆脱落情况和金属锈蚀程度，轮胎玻璃的磨损程度及更换状况。

②检查车厢内部座椅的新旧程度、座垫是否下凹、座椅能否正常调节；车窗玻璃升降是否灵活；仪表是否原装；踏板是否有弹性。

③检查发动机外部状况，看气缸外有无油迹；检查发动机油液位、查看机油是否混浊不堪或起水泡；揭开散热器看风扇传动带是否松紧合理等。检查车辆前后椅、车架、钢板弹簧、传动轴中间轴承等，检查车底部漏水、漏油情况。

④检查灯光、空调、反光镜、收音机、CD机、随车工具等。

2) 车辆手续检查及手续

①《机动车登记证》《机动车行驶证》《机动车登记表副表》。

②车辆标准照片2张。

③机动车转移登记申请表，注意检查书写的要求，只能使用水性笔、钢笔书写，圆珠笔

书写无效，申请表上不得有涂改。

④二手车销售统一发票。

⑤机动车所有人身份证明（个人需要提交身份证复印件、户口本复印件；单位需要提交组织机构代码证复印件）。

⑥机动车所有人一寸照片。

⑦《机动车登记业务流程记录单》必须是封袋的。

⑧车船税纳税凭证。

⑨交通强制险及商业险保单。

⑩机动车评估书。

⑪经办公司组织机构代码证和经办人身份证复印件（必须在有效期内）。

⑫改装车提供承诺书、进口车提供查询单、特种车提供审批文件。

3）商谈成交价格。

4）签订二手车交易合同。

5）完成车辆及手续交接。

6）填写入库单及办理付款手续。

7）到交易大厅办理过户手续。

8）将采购的车辆入库。

（4）双方的权利和义务

二手车收购合同对双方的权利与义务有如下要求：

①乙方应按照协议约定的时间、地点向甲方交付车辆。

②乙方应保证合法享有车辆的所有权或处置权。

③乙方保证所出示及提供的与车辆有关的一切证件、证明及信息合法、真实、有效。

④乙方必须在车辆转户前将合同所含车辆违章、交通事故和保险理赔处理完毕。

⑤甲方应按照协议约定支付价款。

⑥对转出本地的车辆，甲方应了解、确认车辆能在转入所在地办理转入手续。

（5）违约责任

我国出台的二手车收购合同规定中对合同双方的违约行为做了如下规定：

①如乙方擅自更改车辆任何原有配置或未按协议约定时间内交付车辆，甲方有权终止本协议。

②乙方未按协议的约定将本车及其相关凭证交付甲方的，逾期每日按本车价款总额的5%向甲方支付违约金。

③甲方未按照协议约定支付本车价款的，逾期每日按本车价款总额的5%向乙方支付违约金。

④因乙方原因致使车辆不能办理过户、转籍手续的，甲方有权要求乙方返还车辆价款并承担一切损失；因甲方原因致使车辆不能办理过户、转籍手续的，乙方有权要求甲方返还车辆并承担一切损失。

⑤乙方向甲方提供的有关车辆信息不真实，甲方有权要求乙方赔偿因此造成的任何损失。

⑥任何一方违反协议约定的，均应赔偿由此给对方造成的损失。

在二手车的收购评估中，应该注意如下问题：

①二手车收购要评估车辆的完全价值，除了车辆本身的价值外，还包括车辆牌证、税费等各项手续的价值。

②二手车收购既要关注市场的微观环境，也要关注国家宏观政策、国家和地方法规的因素变化和影响导致的车辆经济性贬值。

③二手车收购后应支出的费用。

④要防止收购到国家明文禁止销售的二手车，例如：偷盗车，伪劣拼装车，伪造手续凭证、车辆档案的车辆等。

2. 二手车收购价格

二手车交易的价格为四种状态：收购价格、成本价格、行情价格、销售价格。

1）收购价格。二手车收购价格的确定是指在被收购车辆手续齐全的前提下对车辆实体价格的确定。如果所缺失的手续能以货币支出补办，则收购价格应扣除补办手续的货币支出、时间和精力的成本支出。收购价格是经销商根据某二手车的市场行情价格，减去自己的成本和车辆维修翻新费用，考虑合理利润和竞争力而确定的收购客户二手车的价格。收购价格与经销商的管理经营水平有关，反映经销商的综合竞争能力。

2）成本价格。价格成本是指同种商品和服务的所有经营者生产经营或提供重要商品或服务的社会平均合理费用支出。成本价格，是反映经销商盈亏平衡的价格，由于二手车的库存成本具有随时间增加而增加的特性，成本价格是一个动态的价格，经销商必须时时关注这个价格，保证在盈亏平衡点之前销售出去，这样才能有利润。

3）行情价格。二手车经销商在收购二手车时，是以其当前市场新车价为参考。该车在新车时被购买之日算起，第一年折旧率约为15%～20%，第二至五年，每年递减7%～9%。同系列中，二手车的收购价以基本型为基础再扣除折旧。

4）销售价格。销售价是经销商根据市场行情，结合自己提供的增值服务和在该辆车上采取的增值销售措施而制定的销售价格，增值销售措施比如：二手车的认证、二手车的翻新、二手车的加装等。

①运用重置成本法，先以重置成本法、现行市价法对二手车进行鉴定、估算现时的客观价格，然后根据快速变现的原则估定一个折扣率，将被收购车辆的估算价格乘以折扣率，即得二手车的收购价格计算公式为：

$$收购价格 = 评估价格 \times 折扣率$$

②运用现行市价法（请参考前面的章节）。

③运用快速折旧法计算机动车辆的折旧，是根据车辆的价值采用使用年限法计算折旧额，在所有折旧方法中，使用年限法是应用最广泛的方法。首先计算出二手车已使用年数累计折旧额，然后将重置成本全价减去累计折旧额，再减去车辆需要维修换件的总费用，即得二手车收购价格计算公式为：

$$二手车收购价格 = 重置价格 - 车辆折旧费用 - 部件维修和更换费用$$

3. 二手车收购估价原理

1）重置价格的确定。二手车重置价格原则上比照预收购车辆的当前市价确认，若该车辆车型已停止销售，则比照一款车型配置相似或相近的在售车辆的市价来确定重置价格。

2）车辆折旧费用的确定。车辆年折旧率定为10%（第1年为20%），折旧费用按以下公式计算：

$$折旧费用 = 重置价格 \times [20\% + (N-1) \times 10\%]$$

式中　N——车辆已购买或使用年数。

$$折旧费用 = 重置价格 \times [20\% + (M-12)/12 \times 10\%]$$

式中　M——车辆已购买或使用月数。

3）部件维修或更换费用的确定。由二手车评估师严格按鉴定估价流程检测和鉴定车辆状况，预估维修及部件更换费用。

案例1：2016年1月购买的众泰大迈1.5T手动旗舰型，当时的购买价格为110000元，目前市场价格70000元，则此车的重置价格以70000元为计算参考基准。

2018年5月收购时的折旧费 $=70000 \times [20\% + (28-12)/12 \times 10\%] = 9540$（元）

经过二手车评估师鉴定，车辆的维修及部件更换费用为1000元。

二手车收购价 = 重置价格 - 车辆折旧费用 - 部件维修和更换费用

$$= 70000 - 9540 - 1000 = 59460 （元）$$

通过计算得到的评估价格为59460元，这个价格为成交价格，收车的价格应当考虑到市场销售的价格浮动与销售的利润，所以要再减掉一定的折扣，通常折扣为销售总价的20%。

案例2：2015年入手的长安锐翔，2018年进行估价，使用3年，规定使用年限为15年，即180个月，那么它的成新率（1 - 36个月/180个月）×100% = 80%，经查询该车新车重置购价为8.8万元，该车评估价格 = 重置成本8.8万×80%，即计算出估价7.04万，最后再减掉折扣。

百分比算法：可将新车使用15年报废视为100分，把15%作为不折旧的固定部分为残值，其余85%为浮动折旧值。可分三个阶段：3年—9年—3年来折旧，折旧率分别为11%、4.4%和9%。前三年每年折11%，3年的总折旧率为33%；第4年起为10%，4年的总折旧率为40%；后3年每一年折9%，总折旧率27%。年总的折旧率为：33% + 40% + 27% = 100%。然后加残值，构成了折旧值，计算为

评估价 = 市场现行新车售价×[15%（不动残值）+ 85%（浮动值）×（分阶段折旧率）] + 评估值

在实际评估中要掌握两个数据：当地市场新车售价与使用年限。

案例3：重置市场新车售价20万元2013年上牌的车，在2018年销售时的二手车价格计算方法为：该车已使用5年还剩10年，其浮动值的总折旧率为11%×3 + 4.4%×2 = 41.8%；加上现场评估出类别，如为Ⅰ类车，则需加新车价的5%（等于1万元）。最终该二手车的价格应为：20×[15% + 85%（1 - 41.8%）] + 1.0 = 15.64万元。回收价要减掉折扣。

车辆折旧费计算：国家2017年最新固定资产折旧年限第六十条规定计算飞机、火车、轮船以外的运输工具，最低折旧年限为4年。除了飞机、火车、轮船以外的其他运输工具，相对而言价值较低、使用年限较短，其折旧年限也就应相应较短。因此本条规定，此类固定资

产的最低折旧年限为 4 年。此类固定资产包括汽车、电车、拖拉机、摩托车（艇）、机帆船、帆船以及其他运输工具。小汽车按税法规定：折旧年限 4 年，残值率 5%。即使是二手车，其折旧年限也是从购之日算起 4 年。

案例 4：2015 年购买丰田汉兰达，价值人民币 420000 元，折旧年限 4 年，残值率 5%。

该车残值 = 420000 元 × 5% = 21000 元。

月折旧率 = （420000 元 – 21000 元）/48 个月 = 8312 元，用了 3 年，折旧费 = 8312 元 × 36 个月 = 299250 元，回收价应在这个基础上减去合理的销售利润，也即折扣。

$$保值率 = （旧车平均收购价 ÷ 新车市场平均价）× 100\%$$

保值率：旧车折旧后剩下的价值。

残值率：旧车剩余实用价值。

在现实生活中经常会出现仅开了几个月的汽车如果在二手车市场上卖可能会卖不出去的情况，并且价格很低。原因是成交价 < 客观价 < 评估价。如果成交价 < 客观价 = 评估价，则是合理的。成交价为二手车市场上的最终成交价格，客观价为二手车的客观价格，评估价为二手车鉴定评估人员按照一定的评估方法所评定的二手车价格。如果在收车时评估价格过高就会给后续的销售带来一定的风险。

如果行业管理部门规定成交价格必须以评估价格为准，则应当在确定评估价格时考虑一定的折扣率。如果成交价格只是以评估价格作为参考依据，则评估结果就没有必要进行调整，而由交易双方参照评估价格自主定价。

每辆二手车在整个交易过程中要单车核算，在收购入库之前就要对成本和费用、以及销售价格和利润做"收购前的预算"，销售后要做"销售后核算"，并于收购前预算对比，看价格、费用、成本、利润等各项是否一致，分析不一致的原因，并采取相应措施改进。

8.1.2　二手车置换流程

❓ 什么是二手车置换？

二手车置换就是用现使用的车辆来置换新车，品牌二手车业务大同小异，主要包括置换业务和认证二手车业务，其中置换业务占据较大比例。二手车置换是品牌厂商最容易介入的业务，也是新车销售的下一个利润增长点。厂商为了抢占对手品牌的市场保有量份额，汽车制造商常常会通过其经销商开展的多品牌置换业务，把对手品牌的二手车置换成自己品牌的新车，然后再培养这些新消费者的本品牌忠诚度，从而达到战胜竞争对手的目的。

不过，对于汽车厂商而言，置换来的对手品牌二手车的技术力量与配件保障都远不如本品牌车辆，很难对其提供充分的检修、整备与质保。而《二手车流通管理办法》要求经营者对其售出的车辆一律要提供担保，这便成为开展多品牌置换业务的汽车厂商必须要解决的一道难题。但这并非是不可跨越的障碍，汽车厂商可以同其他二手车经营主体组建经营联盟，通过合作来开展多品牌置换业务。

二手车置换的流程按照品牌厂商的不同而有所区别，但是大体上相同。下面举例说明二手车置换的基本流程，如图 8 - 4 所示。

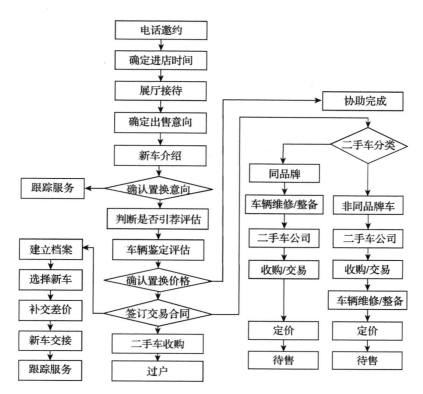

图 8-4　二手车置换的流程

其中，关键流程分解见表 8-1。

表 8-1　二手车置换关键流程分解

序号	置换流程	二手车置换流程内容说明
1	邀约	邀约客户到店参与活动，挖掘潜在客户与获取二手车置换销售的机会。与有潜在购买需求的客户建立良好并能够信赖的关系，销售顾问才能成功邀约该潜在客户
2	确认进店时间	在正式展开活动前进一步确定客户能否参加，有时候，安排好了的事情，会因临时变故打乱客户的时间安排
3	接待	接待步骤主要是带给客户愉快的心情，给客户留下一个良好的第一印象。客户常常都对购车经历具有负面的预先想法，因此专业人员周到礼貌的接待将会消除客户负面的思想情绪，并为购买经历设定一种愉快而满意的基调 在接待的环节中服务顾问应正确分析客户来意： ① 接待员用标准表格记录所有来店/来电潜在客户和客户的信息 ② 若客户是来置换的，由新车销售顾问接待 ③ 若客户是来评估的，由二手车销售顾问接待 ④ 二手车销售顾问/新车销售顾问确认潜在客户需求并与潜在客户建立业务关系 ⑤ 对潜在客户的到访表示感谢，若未能满足客户需求，在争得客户同意后继续保持联系

（续）

序号	置换流程	二手车置换流程内容说明
4	确认出售意向	工作要点： ① 二手车置换在国内仍属于新业务，故二手车销售顾问需要积极主动并耐心地向客户讲解二手车置换的优势及给客户带来的便利度 ② 不是所有开车到展厅的客户都是出售/置换客户，也许客户只是想知道他目前的车还值多少钱，因此要在需求分析环节了解/掌握客户的心态 ③ 置换客户在接触新车之前，会迫切地知道目前他的旧车值多少钱，并据此做出购买计划 ④ 始终以回应客户要求为基础，切勿试图强行改变客户的行为，避免客户产生抗拒甚至不满
5	选定新车	针对客户需求进行产品介绍，以建立客户的信任和解除有关的疑惑。销售顾问必须通过直接针对客户需求和购买动机的产品特性介绍，帮助客户了解一辆车是如何符合其需求的，只有这时客户才会认识和认同产品的价值。直至销售顾问的介绍获得客户认可，所选择的车合客户心意，这一步骤才算完成 ① 介绍店内在售汽车大致有哪些车型，重点介绍客户喜欢的车型，告诉客户该车的最大卖点，车辆性能，外观等。要用简练的语言去介绍 ② 在介绍的同时，要观察顾客，并要有交流，关注顾客更注重哪些方面，以便重点介绍回答 ③ 要给顾客算钱，就是帮助顾客在你的职责范围内，帮顾客省钱，介绍顾客感兴趣的赠送、优惠。当然都是前面聊的过程中了解的 完备的售后服务，要给每位顾客讲到。同时可以讲些实例，你的老顾客体会到的完美的售后服务等
6	确认置换意向	确认置换意向时应注意以下问题： ① 旧车不在不引见 ② 新车意向不强不引见 ③ 未树立标准不引见 引见评估师前，必须获得的基本信息 ① 顾客对旧车的意向价格 ② 判断顾客性格特征 ③ 顾客置换的意向级别
7	鉴定评估置换车辆	车辆鉴定时应按照静态检查、路试等作业内容进行仔细甄别，评估的方法与流程请参考前面的章节内容，在鉴定评估时应注意： ① 尽量让客户参与评估流程，一起完成对可能出现争议的内容的确认，如车龄、车型和里程等信息 ② 邀请并向客户解释评估流程是很有必要的，客户了解他的车是经过专业检查后得出的定价，而这样的安排也会提高销售机会 ③ 尽量涉及车辆存在的所有问题，但不要陷入和客户争论维修价格的僵局，这个阶段的争论是没用的，此时更重要的是让客户选择自己心仪的车辆 ④ 针对评估结果，给客户提供一些日常维护、维修建议

（续）

序号	置换流程	二手车置换流程内容说明
7	鉴定评估置换车辆	⑤ 完成评估后，带客户到新车展厅看客户喜欢的新车 初次评估之后，二手车评估师应与销售顾问进行充分的沟通，通过分析，明确顾客没置换存在的真正原因，根据情况推进，通常情况下，销售顾问为跟踪责任人，如需要可请评估师协助
8	商谈并确认置换价格	如果销售顾问已清楚客户在价格与其他条件上的要求，并全盘考虑客户的实际需求和关心的问题来制定销售方案即商谈备忘录，那么客户将会感到他是在和一位诚实而值得信赖的销售顾问打交道，能够放心购买 ① 二手车销售顾问与客户沟通二手车置换价格 ② 如客户不满意，由新车销售经理和二手车经理重新商谈置换报价 ③ 如置换交易不能当日完成，评估师需要对再次到店的车辆进行再评估。如果再评估时，车况有变化，评估师则需要重新计算车辆收购价格 ④ 潜在客户再次到店时对车辆进行再评估，将再评估状况和初次评估的车辆评估单进行对比 ⑤ 结合客户对新车的需求，二手车总监与新车总监共同商定置换报价 ⑥ 如果决定转售车辆，向其他/次级经销商询问报价，在得到至少 3 个报价之后，假设出利润和成本之后使用二手车销售核算表估算报价 ⑦ 如果打算以认证车辆销售，则需要计算车辆整备翻新及其他费用来估算评估报价
9	签订交易合同	签订交易合同环节重要的是给客户相对充分的时间来做决定，同时加强客户的购买信心。销售顾问应对客户的购买信号敏感，并顺利引导客户至成交步骤。最终的结果应该是达成一个双方均感满意的协议 ① 待客户确认置换报价后，则进入车辆收购环节，二手车销售助理与客户沟通收购时需准备的文件及随车物品 ② 签订合同前首先要再次确认评估的内容，检查客户的手续与证件 ③ 完成车辆收购，移交车辆钥匙和所有相关文件，准备办理过户手续
10	车辆抵扣交付余款	旧车回收完成后，就进入新车交接的工作流程，客户如果提出体验的要求，最好安排客户试驾，待客户满意之后，在销售顾问的陪同下与财务沟通并带领客户补交置换差价。同时向客户推荐相关的增值服务，例如保险、选装的电子产品等，并且将售后负责人介绍给客户，告知首保的时间
11	新车交接	交车是客户最兴奋的时刻，该步骤最重要的是按约定时间交车并兑现有关承诺。若客户有愉快的交车体验，就能为建立长期合作关系奠定积极的基础。在这一步骤中，按约定的日期和时间交付清净、无缺陷的车既是我们的宗旨和目标，也将会提高客户对销售顾问的满意度，加强客户对专营店的信任感
12	跟踪服务	跟踪服务是延伸销售服务的生命线，能塑造满意的终身客户。销售顾问在客户购买新车后及时提醒客户返回该专营店进行后续的保养和维修，向客户提供有价值的产品或活动信息，持续关怀客户。新车交接后的 3 天内要进行回访，销售顾问通过定期跟踪，与客户建立良好的关系，获得客户的再推荐与介绍，同时使客户成为满意的终身客户

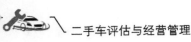

　　二手车置换是很好的新车销售工具，销售顾问对置换业务的熟悉程度、执行的力度直接影响置换业务在专营店的开展实施。如果对置换业务不熟悉或没有将置换信息及时传达，将造成置换资源流失。将二手车置换业务整合到销售及售后流程中很重要。

　　案例： 2019年3月初，小龙女到某店看大众捷达，并且反复对比了旁边展示的途观。销售顾问第一时间了解小龙女是首购、换购还是增购，得知为换购后向客户及时推荐了二手车业务及换车标准，接着做新车介绍及洽谈。同时进行二手车评估。销售顾问在洽谈中降低客户对旧车价格的期望值。旧车为2015年自动档捷达，保险马上到期，车况良好。评估师大概报价3.6万元左右，具体多一点或少一点看今天能否订车，因为旧车的价格变化比较大。经过二手车部与二手车交易中心咨询，了解到同车龄、同款市场销售价格为4.2万元以下，通过评估师与杨过（小龙女的爱人）沟通最终二手车部以3.65万元成功回收，补齐差价后新车售出。同年3月底此车以4万元销售。

8.1.3　二手车销售与管理

❓ 二手车应如何进行销售？

1. 二手车销售

（1）二手车汽车销售的工作要求

　　二手车汽车销售应当建立一套标准化的服务考核机制，提升服务质量，规范流程，从客户进展厅开始，到看车、试驾再到送客、上茶水等细致的工作制定出标准规范并执行。

　　二手车汽车销售顾问的具体工作包含客户开发、客户跟踪、销售导购、销售洽谈、销售成交等基本过程，还可能涉及到二手车保险、上牌、装潢、交车、理赔、年检等业务的介绍、成交或代办等工作。在4S店内二手车置换的业务工作中，其工作范围一般主要定位于销售领域以及其他业务职能的衔接等。

　　二手车的销售不同于新车销售，作为一个合格的销售顾问，在实际的工作中要求能够有效执行各类汽车营销策略；开发潜在目标客户，按时完成汽车销量指标；按规范流程接待客户，并向客户提供优质的售车咨询、配套服务等；协助客户办理车辆销售的相关手续；积极上报并解决售车过程中出现的问题；负责对已成交客户进行汽车使用情况的跟踪服务；做好与顾客之间的沟通工作，提高顾客满意度等。

　　二手车销售服务包括二手车售前、售中和售后服务，在二手车的销售中应当注意客户的期望值，在为客户提供服务的时候，不断地去了解客户对服务的期望值是什么，而后根据自己对客户期望值的理解去为客户提供服务。顾客满意是一个人通过对车辆的可感知的效果与他的期望值相比较后，所形成的愉悦或失望的感觉状态。销售人员销售的关键因素见表8-2。

表 8 - 2　销售人员销售的关键因素

销售人员做好销售的关键因素	
掌握的汽车专业知识	能清晰易懂地进行价格商谈
对汽车特性和利益的解释	关心预算
销售人员的外表	能提供完整的答案
专心接待你	决定之前给客户充足的时间考虑
关心适合客户需要的最好汽车	销售过程无磨擦
礼貌和友好	能很快地选好汽车
诚实	能很快地商谈好价格
承担义务	适当的销售压力

需要掌握多方面的工作技能，二手车销售需要掌握的技能见表 8 - 3。

表 8 - 3　二手车销售技能

技能点	相关说明
专业知识	二手车销售需要掌握一定的汽车知识，特别是与二手车评估、销售相关的知识与技巧。不但要对汽车有深入的了解，更要对车辆历史情况做到心里有数，对自己所卖车的车况最好做到了如指掌，并能够现场解决客户的疑问
善于沟通分析	具备对车辆众多品牌的大概定位分析，善于多问多听，重视客户的需求分析，能把客户的关注点转移到自己所卖的产品上
真诚、友善	二手车销售和新车销售不同，要获得用户的信任，真诚的解决客户需求。对你卖的车有自信，面对二手车一车一况的复杂情况，让客户对你产生信任至关重要
销售技巧	根据不同的客户灵活的运用，没有绝对的技巧，只有最适合的方法
市场分析	要做二手车细分市场分析，还有热销车型分析，同业库存的调研，还有价格行情预测等
目标管理	目标设定基础，目标分工，目标差异分析，销售目标易于管理，中间改善手法，销售要定目标，要用指标管理
卖场管理	专卖店定位、个性定位、风格活化、商品组成、专卖店配制、5S 管理
定价策略	要了解同业的价格，配备加注意点，还有年份分析，竞争分析，价格预测，还有议价策略
促销	二手车促销特色，因车因时因地，促销主题设定，低成本宣传手法，促销布局，促销车辆有效控制
客户管理	需要做二手车流量分析，分级建卡，客户筛选，策略活化，VIP 管理，客户关系管理，成败复杂
库存控制	流量分析、折旧分析、进货管理、鲜度管理、颜色管理、构成调整手法
数值管理	成本构成、指标管理、折让控制、顾客满意、利润分析、周转率改善，利润分析很重要

（2）新车和二手车销售的差异

新车和二手车的最大不同更多体现在售后维修上面，主要有三个方面：享受的维修服务项目不同，新车和旧车出现故障的频率不同，维修费用不同，见表8-4。

表8-4 新车和二手车销售的差异

项目	相关说明
维修服务	新车在售后服务方面比较完善，整备性能可以得到很好的保障，4S店的最大优势就是品牌化专营，无论是人员服务，配件的供给，还是维修的专业度比综合性修理厂更具有优势，厂家对售后的车辆质量有标准的管控制度与不定期的考核。二手车则不同，由于使用时间较长，车辆市场更迭会使得原来的车型停产，导致配件供给困难与维修难度增加，质量上难有提升
故障频率	新车在使用性能上有保障，经过磨合后会得到一个很好的性能稳定状态，进入大修期最起码也应该在使用6~8年以后。二手车一般都是使用了一段时间后再次转手出售的车辆，根据汽车使用性能的盆形曲线可以知道，进入老化、大修期的车辆通常损耗严重、故障频发。海外市场的数据显示，平均每100辆3年车龄的汽车中，有55辆会发生故障，已使用超过3年的车辆，每3辆中会有1辆出现某一种机械故障
维修费用	车辆使用中如果出现故障，维修时产生的维修费用不同，二手车故障的频率远远高于新车，通过很好的维护，发动机在使用性能稳定时期时，发生的故障很少，除非遇到了一些特殊的事情，造成了突发性的问题。经过多次的维修后，汽车的使用性能很难有保证

（3）二手车销售流程

二手车销售流程如图8-5所示。通过流程化销售可以使工作与经营标准化，减少不必要的销售行为，降低销售费用，便于新进销售人员迅速进入角色，体现二手车经营与业务的专业程度。在接待客户时操作的风险越小，得到客户的认可就越高，机会就越大。对于销售顾问来说，销售流程的作用就是控制风险，而每个流程环节执行的要点越到位，就能将风险降到最低，机会就越大。

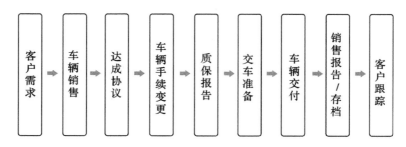

图8-5 二手车销售流程

（4）二手车销售工作的要点

二手车销售工作的要点说明见表8-5。

表 8 - 5　二手车销售工作的要点说明

序号	关键点	要点说明
1	接待前准备	① 职业形象状态准备 ② 接待夹板 ③ "客户接待记录表" ④ 签字笔 ⑤ 名片 ⑥ 便于客户有需求的记录白纸 ⑦ 试音 CD 碟 2 张 ⑧ "试乘试驾协议"
2	销售接待	① 主动、热情面带微笑地迎接与问候客户并介绍自己，专业、热情、积极的开场白能给客户留下好的印象 ② 观察客户的装束、年龄、随行同伴，以判断客户的性格类型。洞察力是破冰交谈的前提，每种性情的方式都有其不同性，投其所好方可道和 ③ 询问是换车还是首次购车？如果是换车，原来是什么车型？换车的用途，介绍各种车型如 SUV、家轿、MPV、日系车、法系车等的优劣性；如果是首次购车，买二手车需要注意的事项 ④ 询问职业情况，一般要稍微外向点的客户或感觉亲和亲近的客户，可以聊职业对车型的匹配或选车惯例从而引发对车型的选择
3	明确客户需求	与客户建立信任关系：价格预算、品牌、车型、用途、购买时间、核心需求如省油/安全/美观/个性等，以及客户的职业是什么？客户现在开的什么车？客户的爱好是什么？客户以什么为骄傲？客户最在意什么？客户是否是决策者？客户用车最苦恼的是什么？客户还在哪家车行看过车？客户对车了解吗？客户喜欢我么？ 在接待过程中需要弄清楚的问题： ① 客户需要的车型（SUV？轿车？商务车？） ② 什么时候买（马上？一个月？半年？），为什么 ③ 预算（5 万元？10 万元以内？大于 10 万元？） ④ 谁用 ⑤ 决定人（他自己？公司？） ⑥ 有没有在其他地方看过合适的（竞争对手？） ⑦ 首次买车，还是二次/多次 ⑧ 用途（练手？公司用？家用？玩车？） ⑨ 职业 ⑩ 客户喜欢我吗（喜欢？一般？不喜欢？） ⑪ 买车在意什么（外观？安全？实惠？性能？）
4	车辆介绍	可采取 6 方位介绍法 关键要针对客户的核心需求突出其车辆特性，以检视其真正需求，注意一定不要强推销，主要是不断明确需求，而且最好让客户身体接触，摸一摸或坐进来，这样体验对于需求的挖掘才更精准，重在体验

（续）

序号	关键点	要点说明
5	看手续资料	① 确认手续，钥匙几把，登记证、行驶证、保单信息，年检、保险时间。 ② 保养、出现记录等 　　在确定客户意向、车况看好之后带领客户在洽谈室看车辆手续，在与客户洽谈过程中，价格反馈找销售经理反馈。除了反馈价格外，车辆手续的确认非常重要，一定在确定成交前，确定钥匙等手续是否齐全，如不齐全应及时告知客户，并在签约时备注清楚
6	准备"试乘试驾协议"	主动邀请随行客户参与试乘试驾。试乘试驾是实现销售的一种辅助手段，因此，试乘试驾车的车况必须保持良好，并在任何时候都可以给用户试车 　　对于没有驾照、没带驾照、驾照过期的客户，为了客户的安全，不建议客户试乘 　　如符合试驾条件（持有驾驶证 1 年以上驾龄）向客户做试驾说明、签定"二手车试乘驾协议"、简要介绍并演示车辆主要相关部件的使用方法、请客户认真阅读"二手车试乘协议"等 　　签订"二手车试乘试驾协议"、请客户出示驾驶证件，销售顾问确认该证件是否在有效期内，请客户认真阅读该协议并签字，如有第二驾驶人请客户一并在第三方处签字 　　告知客户要暂时保管一会客户的驾驶证/身份证，待试驾完后归还
7	试驾	示范驾驶结束，在换乘区将发动机熄火，拔出钥匙，与客户交流，小结刚才的试乘，寻求客户的认同 　　销售顾问为客户打开驾驶侧车门，等客户入坐后，销售代表方可从车头行至右侧，销售顾问坐至驾驶室后，将钥匙交给客户 　　提醒客户系好安全带 　　提醒客户将车后视镜、转向盘、座椅调整到舒适程度，告诉客户刮水器、喇叭、车灯、制动等的正确使用方法，并让客户自己熟悉各操作按钮 　　在客户试驾过程中，销售代表及时提醒客户每个路段的试驾重点以及下一路段即将试驾的项目，并简洁地介绍车辆的性能和优点 　　针对客户试驾过程中的各种感受记录在白纸上 　　当试乘试驾车辆行至途中，突然没油或出现严重没油的征兆时，应立即请客户就近靠边停车，然后向检测技师或展场上销售顾问请求支援。注意：靠边停车时要注意安全，车辆停稳，打开应急双闪 　　当试乘试驾车辆行至途中，车辆出现严重异常或抛锚时，应马上打开应急灯。如果条件允许，尽量往路边停靠。待停稳后，马上拨打检测技师电话，等待其安排。其间，一定要就此事向客户道歉。如果当时能排除的故障，向客户说明原因；如果一时不能排除，请客户留下联系电话，日后再与他联系 　　客户在试乘试驾过程中，驾驶执照必须自始至终由销售顾问暂时保管。若客户驾驶时发生事故，不能让客户离开 　　试乘试驾结束后，销售顾问引导客户到展厅接待区，送给客户刚才记录的信息，上面都是在试乘试驾期间的对话，包括一些肯定或否定的话语都详细记录在了上面，再次帮助客户明确其需求吻合度，并提供相关车辆手续查核

（续）

序号	关键点	要点说明
7	试驾	试乘试驾结束后、将车停至成交区。如最终未成交，送客户离店后，将车重新放回原来的位置，并将价签、检测单、寄售牌归位 在展厅作寻求认同、促成试探，引导客户进入报价成交环节 及时填写记录表，通过一系列的接触与客户建立深度关系 当潜在用户按时完成试乘试驾后，销售代表应及时做好"客户登记表"记录 若未能当场成交，感谢并礼貌送客 将信息填入"客户登记表"进入潜在客户管理流程
8	合同签订前价格异议	认同客户的心理但千万不能认同客户的观点 与客户了解不同的比较，要保持尊重对方的原则 例举故事让客户感同身受的更加明确，也更加具有说服力 用数据向客户说明价格的合理性，以及说出提供的服务便利给客户带来的好处有哪些 引导客户说"是"让客户形成惯性思维 帮助客户做决定 客户对车辆品质有异议时，销售顾问应保持良好的心态，耐心给客户做解释，不得诋毁客户。告诉客户奔驰、宝马等这些高档车也会出现这种情况。明确质保障，例如：7日内无理由退货，半年/1万km质保等
9	签约机会	当客户完全接受了你的推荐，认同你的观点的时候 当客户的主要疑问得到了圆满解决的时候 当客户沉默一段时间后又活跃起来，但又没有新的问题的时候 当客户开始关心售后服务的具体事宜的时候 当客户咨询有关保险问题的时候 当客户咨询有关上牌问题的时候 当客户关注销售顾问经验的时候 当客户开始了解以往签约客户的时候 当客户明确提出需要征求他人意见的时候
10	交车	1）交车前准备 ① 检查车况及随车工具 ② 复印客户身份证，登记证两面，行驶证，过户发票 ③ 质保手册。质保时间用中文大写表示，质保km数用大写表示，由销售代表为客户讲解质保手册并请客户认真阅读并签字。质保手册盖公章，并告知客户相关质保细节。车辆为原厂质保的，不提供质保 ④准备手续交接单和提车承诺书 2）交车 ① 交车前保证车辆清洁 ② 将车停驶至"交车区" ③ 给客户介绍车辆 ④ 手续交接并填写"手续交接单""质保手册"

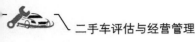

（续）

序号	关键点	要点说明
10	交车	⑤ 与客户合影 ⑥ 感谢客户，送客户至大门外 3）手续备案 寄售：原车主身份证复印件，登记证、行驶证复印件，评估表，寄售合同，成交合同，提前付款申请书。寄售时整理好存调度，成交之后将剩余手续交调度 销售：买家身份证复印件，登记证、行驶证复印件，过户发票复印件，销售合同，手续交接单、提成承诺书价签、检测单。新老车主身份证复印件，新老登记证、行驶证复印件，销售合同，过户发票复印件，检测单，车辆交接单，提车承诺书，质保手册 整理好以上资料交调度编号存档

（5）二手车销售技巧

在二手车销售时要注意两个态度：要坚信你卖的是缺陷最少的品牌汽车，对产品充满信心、有底气的销售顾问才能够赢得顾客对产品的信任；不要立即反驳客户，销售不是辩论，赢了客户只会输了订单，对客户要表示认同，但不等于认同客户的观点。

要注意说话沟通的技巧，沟通效果不仅取决于我们如何说，还取决于我们的话是否被人理解。对客户的分析要准确，思想敏锐，沟通时一定要留意对方的情绪。注意个人的肢体语言，说话不能咄咄逼人、不要给客户过多的承诺或说话太多。无论销售的是什么品牌的二手车，都要尽量使其与买方的价值体系相适应，不要使用过多的专业术语。

客户想要知道的是购买的车辆会为他们带来什么样的收益，而不是这辆车是什么样的性能特点。在进行车辆销售时应用的方法较多，这里介绍一种有效的方法——FAB冲击销售法，即FAB法则：属性、作用、益处。按照这样的顺序来介绍，就是说服性演讲的结构，它达到的效果就是让客户相信你卖的这辆车是最好的。

F（Features）：汽车产品特性，如：后视镜的自动折叠；侧气囊；ABS + EBD 等。

A（Advantages）：产品、服务相对于竞品的优势。

B（Benefits）：将会给客户带来的利益，如省油，安全等。

Features、Advantages 和 Benefits 三者之间具有在逻辑上相互连接，全部倾向于积极方面的特点，由于一个对对方有利且积极的特点，因而具有对对方有利且积极的作用，所以能给对方带来有利而积极的利益。因此十分具有说服力。例如下面这段经典的"猫鱼论"：

一只猫非常饿了，想大吃一顿。这时销售员推过来一摞钱，但是这只猫没有任何反应——这一摞钱只是一个属性（Feature）。

猫躺在地上非常饿了，销售员过来说："猫先生，我这儿有一摞钱，可以买很多鱼。"买鱼就是这些钱的作用（Advantage）。但是猫仍然没有反应。

猫非常饿了，想大吃一顿。销售员过来说："猫先生请看，我这儿有一摞钱，能买很多鱼，你就可以大吃一顿了。"话刚说完，这只猫就飞快地扑向了这摞钱——这个时候就是一个完整的 FAB 的顺序。当然使用方法是根据销售环境灵活调整的，也可以在应用法则上有扩展，例如，添加 E、I 支持，这样的话，根据使用顺序的不同，可以组合成 FAB、FBI、BAF

等方法。

E（Evidence）：支持以上利益的证据。

I（Impact）：个人切身的利益（冲击）。

（6）六方位销售介绍的要点

汽车销售中我们要展示汽车的六个方位来吸引客户。

六方位介绍法是指汽车销售人员在向客户介绍汽车的过程中，销售人员围绕汽车的车前方、发动机舱、车右方、车后方、车左方、驾驶室、六个方位展示汽车，如图8-6所示。目的在于让我们了解在汽车的不同方位，介绍车辆的特点与优势，并加以熟记。透过我们的礼仪、接待、需求分析，再结合我们的产品专业知识和销售话术，来满足顾客对产品认知的需求，最终让顾客树立对产品和销售顾问的信心。

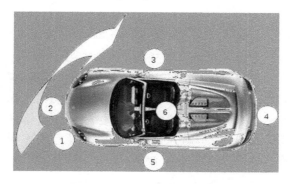

图8-6 六方位绕车介绍顺序

六方位绕车介绍的重点内容见表8-6。

表8-6 六方位绕车介绍的重点内容

序号	介绍方位	介绍内容
1	左前方	品牌、整体造型、局部特征、工艺
2	发动机舱	科技动力、欧洲环保、卓越科技、前部安全
3	乘客侧	全面安全、绝佳操控、底盘科技、舒适享受
4	后尾方	尾部造型、设计、尾部空间、后部安全
5	驾驶侧	侧部造型、舒适便利、魅力科技、人性设计
6	驾驶座内部	豪华内饰、驾乘空间、科技配置、舒适享受

注意：二手车的销售难度比新车的销售难度更高，虽然二者有很多不同，但是在销售技巧上有很多的共性。在销售接待时要会听会问，介绍车辆时应该多注意客户的倾听程度，根据客户的态度与表达出来的状态适时地调整介绍技巧，不要让客户进入听觉疲劳，用最简洁的语言让客户听懂，有很多客户没有太多的耐心听你将整车介绍完，因此要及时发现客户的兴趣点在哪一个部分，然后重点去介绍客户最关注的点，这样去介绍车辆才会更有效果。在介绍车辆时不要一味地去介绍车，可以多问问客户一些关键的问题，将客户带入互动，这样，客户在倾听的过程中会更加有兴趣、精神集中，并且通过恰当的提问与客户的解答得到很多有价值的信息，可以更准确地分析客户的真正需求，在与客户沟通时，要注意避免问客户的家庭情况与隐私，会引起客户不愉快与被动。

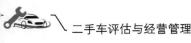

2. 二手车经营管理

二手车市场经营已经进入一个多元化经营的时代，交易方式直接，销售、代销、租赁、拍卖、置换等呈现多样化。电商平台渠道下沉，与车商 PK 店面经营，并将二手车布局线下，用自营、加盟、合作等各种方式实现线下实体店面的布局。基于互联网下的精细化运作管理与传统实体二手车商粗旷的作坊式管理之间正面竞争已经开始。不管是从展厅规模的比拼，还是到高价抢车收车，到争抢客户，各个经营环节都有激烈的竞争对手存在，同时再加上电商巨头的不断冲击。企业的竞争源自于团队能力、业务规模、管理水平、品牌影响力、经营成本、业务模式等各环节。因此要做好经营数据的分析，例如成本构成、指标管理、折让控制、顾客满意、利润分析、周转率改善，利润分析等，二手车经营者对自己的经营思路应当清晰，建立起营销观念，并能承担更多的社会责任。

（1）二手车销售管理要求

在管理中对销售流程制定服务标准，建立起一个新的服务模型，形成差异化经营模式，提升服务质量与管理水平。管理不是控制，而是释放人性中本来就有的善意。让员工看得到公司的发展与现状，理解为什么做，企业如何创造客户，他们的工作意义是什么，让他们能够站在企业家角度看企业，能意识到自己的绩效将影响企业的兴衰存亡与自己的切身利益，他们才会承担起达到最高绩效的责任。真正的成绩感、自豪感来源于积极、负责任地参与了企业的经营和管理，没有参与感，就没有成就感。

二手车销售管理是企业生存的保障，要多注重用户体验。如准确地鉴定与评估、销售预测，可以帮助二手车企业防范经营风险，把握市场先机，完善的客户管理可以提升客户满意度等等。在二手车销售管理中要合理细分市场，并尝试进行多方合作，注重整合营销，运用灵活多样的手段适应竞争。要以服务为本，提升核心竞争力，打造良好的品牌形象。

二手车经营的部门工作主要有新车置换、二手车收购、零售及市场开发等，在二手车销售的过程中每一个流程都应当纳入到管理中去，做好分析，销售目标易于管理，销售要定目标，要用指标管理。二手车销售流程的控制见表 8-7。

表 8-7　二手车销售流程的控制

工作节点	相关说明
客户接待	① 进入展厅、展场的客户，业务人员必须在 10s 内接待客户 ② 客户来电，电话铃响三声必须有人接听 ③ 注意接待、接听礼仪、着装标准，特别是经营品牌二手车，应当遵守厂家的标准
需求分析	① 有车辆销售或新车置换的意向客户，填写鉴定估价表并在 CRM 系统中存档，未成交客户必须于二天内再度联系，并做好洽谈内容记录 ② 详细登记客户需求在"二手车顾客需求表"，并将相关信息交存档。未成交客户必须于三天内再度联系，并将洽谈内容记录在"客户信息卡" ③ 客户看车不一定能最终成交，故每次看车，销售业务代表必须仔细填写"二手车顾客需求表"，并每天上报给二手车经理 ④ 二手车经理必须认真分析每天汇总的"二手车业务及客户管理表"，了解库存、销售、客户付款等情况，指导相关人员的工作

（续）

工作节点	相关说明
产品介绍	① 联系客户来展厅看车 ② 根据二手车顾客需求表挑选推荐车辆 ③ 推荐车辆前，必须向客户导入服务的理念及产品特点 ④ 分析需求心理，针对性、专业性地介绍推荐车辆的性能和优点 ⑤ 客户若主动要求试驾时，应安排试驾 ⑥ 销售人员不得擅自开车及上路 ⑦ 介绍二手车的产品质保期、质保范围、维修网络和售后服务热线 ⑧ 根据客户个人财务情况，就付款方式向客户提供建议
成交缔约	① 与客户确定付款方式、各类费税、交车日期和地点 ② 与客户签订二手车买卖合同，并收取定金 ③ 将客户信息存档，并填写"客户信息卡" ④ 确认客户付款的手续是否齐全
交车	① 销售业务代表协助客户完成付款手续，协助或代理客户完成车辆过户手续，并如实告诉客户手续办理所需时间 ② 填写二手车交车验收表 ③ 确保随车文件、认证书及随车工具齐全，并请客户签名确认 ④ 向客户介绍二手车用户的权利和义务、保养方法 ⑤ 确认车辆油箱至少有 10L 汽油 ⑥ 车辆交付客户，为了保护用户的利益，保证交付客户时的里程读数相差不得超过 100km
信息反馈	销售后，填写"二手车销售情况表"
部门职责	① 二手车部经理有责任及时总结客户的意见和建议，并迅速将信息反馈 ② 对于未成交客户，二手车经理有责任帮助销售业务代表分析原因，给予指导 ③ 二手车经理应定期检查该类档案，安排相关人员追踪

（2）二手车经营管理考核内容

二手车经营管理考核内容见表 8-8。

表 8-8　二手车经营管理考核内容

序号	项目		考评内容
1	人员管理	人员配置	部门人数符合业务需要
		人员培训	所有员工接受过岗位培训
		组织机构	与其他部门协调顺畅
2	收购	收购流程	收购中全部施行鉴定估价方法
3	置换	置换文件	置换申请文件准确、完整
			及时提交"旧机动车过户凭证"
4	认证	认证车源	认证车辆严格达到项技术标准
		车辆认证	认证申请文件准确、完整

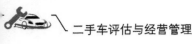

（续）

序号	项目		考评内容
5	销售和管理	客户接待	能主动和热情地接待来店和来电客户
		销售	业务人员有较全面的产品知识和业务知识
		交车	能主动和热情地帮助客户完成付款手续
			车辆随车文件和工具齐全
			主动向客户详细介绍二手车用户的权利、义务和保养方法
		内部管理和信息反馈	有完整的客户资料管理和各类报表、文件档案管理
			销售信息反馈准确、及时
			每月报表提交及时、准确
			部门报表清晰完整
		售后跟踪	认真执行售后跟踪制度、内容符合要求
			所有未成交客户的信息分类保管并有专人做跟踪
6	市场宣传和活动	广告	能积极响应要求和配合开展各类广告宣传
			广告宣传流程和内容严格按照要求执行
		市场活动	能够积极响应要求或主动开展各类市场活动
		媒体公关	严格遵守信息保密制度
7	展场及环境设施	企业标识	所有对外展示、宣传的物品符合二手车标准
		展车和展场	二手车展示区有整洁的专用车位
			所有展示车辆达到二手车整备要求
			所有展示车辆的布置严格执行展示标准
			展示车辆每天保持整洁、干净

（3）客户投诉问题处理

对于顾客投诉，要迅速作出应对，要针对顾客所投诉的问题，提出应急方案，积极地解决问题。顾客进行投诉时容易失去理智，会发生语言或者行为失当的举措，为了管理好顾客的情绪，要细心地聆听顾客愤怒的言辞，让顾客宣泄，辅以语言上的缓冲，为发生的事情致歉，声明想要提供帮助，表示出与顾客合作的态度。要站在顾客的立场想问题，学会换位思考。我们应该迅速就目前的具体问题，向顾客说明各种可行的解决办法，或者询问对方的想法，对问题解决的意见，对具体方案进行协商；然后确认方案，总结将要采取的各种行动，并重复顾客关切的问题，确认顾客已经理解，并向顾客承诺不会再有类似事件发生。客户投诉问题处理步骤见表8-9。

表8-9　客户投诉问题处理步骤

序号	名称	解决问题的方法
1	有效倾听顾客抱怨	认真倾听客户的抱怨，并对他们的感受表示同情，通过忍耐与同情，让客户态度缓和下来。让客户把情绪发泄出来，这样客户心情会逐渐地平静下来。不要打断顾客，不要做任何的反驳，否则会激发客户更多的不满，对处理问题不利
2	确认问题所在	在倾听时，认真了解事情的每一个细节，确认问题的症结所在，并利用纸笔将问题记录下来。当客户说完，应表示理解并让客户知道你明白了客户所说的问题

（续）

序号	名称	解决问题的方法
3	诚心诚意地道歉	诚心诚意地向客户道歉，并对客户提出的问题表示感谢，这样可以让顾客感觉受到重视
4	实实在在解决问题	妥善解决客户的问题，使客户感到满意，适当做出一些补偿，给客户附送免费使用的产品来维持客户的情绪

在解决顾客投诉的过程中，负责投诉处理的同事要记录好投诉过程的每一个细节，把顾客投诉的意见、处理过程及方法都记录在处理记录表（表 8-10）上，深入分析顾客的想法，这样顾客也会有较为慎重的态度。为了防止此类事件的再度发生，研究是否需要进行现有的工作方式，对服务程序或步骤要做哪些必要的改变，以提出预见性的解决方案。

注意事项：没有一家企业能避免投诉，没有一个投诉会无缘无故。每个客户投诉，能够让我们有机会认清工作中的不足，纠正错误去做正确的事情。企业要抓住每一次提升自己的机会，处理好投诉，争取把处理服务投诉作为再次赢得顾客、重获商机和重新树立企业形象的机会。只有站在顾客的角度，想顾客之所想，急顾客之所急，才能与顾客形成共鸣。把投诉处理的经验综合后标准化，在完善内部的经营规范，在管理上能有提高。

表 8-10 客户投诉记录表

客户投诉记录表			
时间		受理人	
客户姓名		联系人	
当事部门		当事人	
投诉事件			
处理记录			
	时间截点	进程	
1			
2			
3			
4			
解决结果			
总结			

8.2 实践训练

	实训任务	模拟收车并完成收购合同签订
	实训准备	电脑、网络、实训车辆、其他业务接待用道具、收购合同
	训练目标	能够掌握车辆收购的技巧
	训练时间	60min
	注意事项	无

任务：对收购车辆进行价格评估

任务说明

模拟收车并完成收购合同签订。

实训组织与安排

教师活动	准备好实训设备设施，分配学生实习，全程指导学生的实习。
学生活动	以小组为单位，按照实训要求进行各项检查，并完成要求填写的内容。

任务准备

1. 训练物品准备

请列举完成此项任务所需要的工具、设备、资料与辅料。

_____

_____

_____

_____

2．知识点准备

请查阅合适的资料，写下完成此项训练任务所需的相关知识。

_____

_____

_____

_____

任务操作

1．模拟洽谈

（1）接待

_____

_____

_____

_____

（2）卖车目的分析

_____

_____

_____

_____

2．车辆甄别

车辆信息	车牌号	车型		VIN	发动机号	里程数
互动检查	车身状况漆面检查，损伤部位下图标注			检查结果		
			车身检查			
			车内检查			
			发动机舱			
			底盘检查			
			客户故障描述：			

（续）

检查核对交易证件	证 件	□原始发票 □机动车登记证 □机动车行驶证 □法人代码证或身份证 □其他	检查备注：
	税 费	□购置附加税 □养路费 □车船使用税 □其他	检查备注：

评估目的	鉴定评估基准日：
评估原则	严格遵循"客观性、独立性、公正性、科学性"原则
评估依据	法律、法规依据 行为依据 产权依据 评定及取价依据
结构特点	
现时技术状况	车辆检查评价
维修项评估	是否需要维修，维修费用预估：

（续）

价格估算	评估方法			
	□重置成本法　　□现行市价法　　□收益现值法　　□其他			
	评估计算过程描述			
	评估计算过程（请详细列出公式与计算的全部过程）			
	评估过程			
	按照接受委托、验证、现场查勘、评定估算、提交报告的程序进行。			
	评估结论			
	车辆收购价格_____元，金额大写_____			

价值反映	维护保养情况		现时状态	
	帐面原值（元）		车主报价（元）	
	重置成本（元）	成新率%	评估价格（元）	

鉴定评估说明：

评估报告法律效力

（一）本项评估结论有效期为 90 天，自评估基准日至_____年____月____日止。

（二）当评估目的在有效期内实现时，本评估结果可以作为作价参考依据。超过 90 天，需重新评估。另外在评估有效期内若被评估车辆的市场价格或因交通事故等原因导致车辆的价值发生变化，对车辆评估结果产生明显影响时，委托方也需重新委托评估机构重新评估。

（三）鉴定评估报告书的使用权归委托方所有，其评估结论仅供委托方为本项目评估目的使用和送交二手车车鉴定评估主管机关审查使用，不适用于其他目的；未经委托方许可，鉴定评估机构不应将报告书的内容向他人提供或公开。

附件：

一、二手车鉴定评估委托书

二、二手车评估作业表和成新率估算明细表

三、车辆行驶证、购置附加税（费）证复印件

四、鉴定估价师职业资格证书复印件

五、鉴定评估机构营业执照复印件

（续）

六、二手车车照片（要求外观清晰，车辆牌照能够辨认）。

注册二手车鉴定估价师（签字、盖章）　　　　复核人（签字、盖章）

（二手车鉴定评估机构盖章）
年　　月　　日

申明

①利用两种或两种以上的评估方法对车辆进行鉴定评估，并以它们评估结果的加权值为最终评估结果的方法。

②特别事项是指在已确定评估结果的前提下，评估人员认为需要说明在评估过程中已发现可能影响评估结论，但非评估人员执业水平和能力所评定估算的有关事项以及其他问题。

备注：本报告书和作业表一式三份，委托方二份，受托方一份。

3. 价格商谈

模拟商谈

确认成交

4. 合同签订

请完成以下旧机动车买卖合同模拟签订

二手车买卖合同

卖方		买方	
身份证号码		身份证号码	
现住址		现住址	
邮政编码		邮政编码	
联系电话		联系电话	

依据有关法律、法规和规章的规定，买卖双方本着自愿、公平、诚实信用的原则，经过友好协商，达成卖方向买方出售自有的车辆牌号为_____小汽车_____辆的意向，特订立本合同，以便共同遵守。合同条款如下：

第一条　转让车辆基本情况

车主		车辆登记地址	
车辆牌号		车辆类型	
车辆使用性质		品牌	
型号		颜色	
出厂日期		初次登记日期	
登记证号		发动机号码	
车架号码		行使里程（km）	

使用年限至　　　　年　　　　月　　　　日

车辆年检有效期至　　　　年　　　　月

车辆购置税完税证明证号：　　　　　　　（征税、免税）

车船税纳税缴付截止期　　　　　　　（证号　　　　　　）

车辆路桥费交讫截止期　　　年　　　月　　　（证号　　　　）

交强险有效期截止日期　　　年　　　月　　　日

第二条　车辆转让价款

该车转让价款人民币：（大写）_____元（小写）￥_____元其中包含车辆、备胎以及车内的附载设备等款项。（不含税费或其他费用。本合同签订的当天买方向卖方支付定金人民币：（大写）_____元（小写）￥_____元，剩余款项人民币：（大写）_____元（小写）￥_____元于办理车辆转籍后的当天内支付。

第三条　转让车辆相关文件

卖方应在签订本合同时向买方出示并提交该车辆及车主身份的相关证明文件。相关证明文件情况如下：

（续）

《机动车登记证》	有□	无□	《机动车行驶证》	有□	无□
有效的机动车安全技术检验合格标志	有□	无□	车辆购置税完税证明	有□	无□
车船使用税缴付凭证	有□	无□	路桥费缴付凭证	有□	无□
车辆保险单	有□	无□	购车发票	有□	无□
身份证（代码证）复印件	有□	无□	户口本（营业执照）复印件	有□	无□

第四条 转让车辆的交付

卖方在收到车款定金后应即时将本车辆的相关文件交付给买方。相关证明文件具体情况如本合同的第三条条款的选择。车辆及行驶证应在车辆办理转籍、买方支付剩余购车款后的当天支付。

第五条 转让车辆的风险承担

在车辆交付买方之前所发生的所有风险由卖方承担和负责处理（其中因交通事故、交通违法发生的费用、路桥费、税费和相关罚款等全部费用）；在车辆交付买方之后所发生的所有风险由买方承担和负责处理（其中因交通事故、交通违法发生的费用和相关罚款等全部费用）

第六条 转让车辆的转籍时间、地点

卖方应在收到车款定金并交付车辆及相关文件后 30 日内协助买方办理完车辆过户、转籍手续（具体的办理过户时间、地点由卖方电话、短信形式通知买方）。

第七条 转让车辆的转籍费用

本车辆过户、转籍过程中发生的所有税费、中介服务费等全部由卖方负担。

第八条 买卖双方的权利、义务

1. 卖方承诺出卖车辆不存在任何权属上的法律问题且该车符合国家有关规定，能够依法办理过户、转籍手续。

2. 卖方保证向买方提供的身份证明文件及与车辆有关的一切证明文件是合法、真实、有效不存在隐瞒或虚假成分。

3. 买方应按照约定时间、地点与卖方当面验收车辆及审验相关文件，并按照约定支付车款。

4. 卖方收取车款后，应开具合法、有效的收款凭证。

5. 买方应持有效证件与卖方共同办理车辆过户、转籍手续。

第九条 违约责任

1. 卖方向买方提供的有关车辆信息不真实，买方有权要求卖方赔偿因此造成的损失并按本车价款总额 30% 向买方支付违约金，买方收到赔偿金、违约金后将车辆退还给卖方。

2. 卖方未按合同的约定将本车及其相关凭证交付买方的，逾期每日按本车价款总额的 3% 向买方支付违约金。

3. 买方未按照合同约定支付本车价款的，逾期每日按本车价款总额 3% 向卖方支付违约金。

4. 因卖方原因致使车辆在 30 日期限内不能办理过户、转籍手续的，买方有权要求卖方返还车款并承担一切损失；逾期每日按本车价款总额 3% 向卖方支付违约金。

5. 因买方原因致使车辆在 30 日期限内不能办理过户、转籍手续的，卖方有权要求买方返还车辆并承担一切损失逾期每日按本车价款总额 3% 向卖方支付违约金。

6. 买方的原因造成车辆不能办理过户转籍、合同无法履行的，则由卖方没收定金，合同终止；卖方的原因造成车辆不能办理过户转籍、合同无法履行的，则由卖方双倍返还定金给买方，合同终止。

（续）

第十条　合同争议的解决方式

买卖双方因本合同有关事项发生争议应协商解决，协商不成应向买方所在地法院诉讼解决。

第十一条　合同的生效

本合同经买卖双方当事人签字或盖章后即时生效。本合同一式三份，由买方、卖方各执一份，交车辆登记部门一份，具有同等法律效力。

卖方：（签章）　　　　　　　　　买方：（签章）

签订地点：

签订时间：　　年　月　日

请完成收据的模拟填写

收据

现收到_____购买本人名下车辆牌号为_____小汽车的转让款人民币：

（大写）_____元（小写）¥_____元 。

此据。

收款人：

日期：

8.3　探讨验证

教师活动	组织学生将鉴定结果进行点评，让学生在讲台上对小组成果进行展示。引导学生进行问题探讨
学生活动	将小组完成的鉴定报告对大家进行讲解，并完成老师提出的探讨问题

问题探讨	
1. 如何发掘与 4S 以及修理厂的收车业务合作？请谈谈你们的工作思路。	补充
2. 如何有效地避免收车的风险？	补充

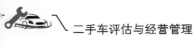

8.4 项目小结

本项目的学习目标你已经达成了吗？请通过以下问题进行结果检验。

序号	问题	自检结果
1	经营二手车业务时为什么要不断收购二手车辆？	
2	二手车评估的风险主要有哪些？	
3	二手车收购渠道主要有哪些？	
4	如何提高成交率？	
5	二手车收购鉴定评估流程是什么？	
6	二手车收购价格如何确定？	
7	二手车交易过程中的价格有哪几种？	
8	二手车置换的流程有哪些？	
9	二手车汽车销售顾问的具体工作包含哪些？	
10	二手车销售需要掌握哪些技能？	

8.5 项目练习

单项选择题：

1. 在二手车的经营中，被交易二手车的质量决定了经营的（   ）。
   A. 销售成交率　　　　　　　　B. 成本
   C. 客流量　　　　　　　　　　D. 投诉率

2. 线上收购通过（   ）来获取车源信息。
   A. 广告宣传　　　　　　　　　B. 交易量
   C. 客户的资料填写　　　　　　D. 客户的点击率

3. 《二手车鉴定评估技术规范》的目的是使二手车（   ）。
   A. 交易更加规范，价格更加透明　　B. 二手车的交易信息更便于管理
   C. 交易更加规范，交易信息更加透明　　D. 以上都对

4. 新车和二手车的最大不同是体现在（   ）上面。
   A. 车辆质量　　　　　　　　　B. 售后维修
   C. 销售服务　　　　　　　　　D. 价格

问答题：
如何控制二手车收购的风险？

思考与讨论：

1.　什么是 FAB 销售法？

2.　二手车销售管理人员应如何管理？

项目九　二手车信息与数据管理

学习目标

完成本项目的学习后，能够达到以下目标：

- 知道二手车市场信息类型
- 了解网上市场调研方法
- 掌握 CRM 系统组成
- 掌握客户数据分析与管理

9.1　基础知识学习

本项目学习的重点是二手车市场信息调研方法与 CRM 客户关系的管理，掌握客户数据分析运用。

学生准备

学生在正式上课之前，应当做好如下准备：

- 预习老师安排的教学内容，完成老师推送的学习任务。
- 准备好在课堂上需要向老师提出的本项目内容范围的问题。

9.1.1　二手车市场信息调研

? 二手车经营为什么要做市场调研？

1. 二手车市场信息调研概述

目前，我国的二手车市场从单一模式发展到多元化的模式。二手车电子商务与传统的经营模式并存，有相互的促进，也有相互之间的影响，潜入者不断增加，竞争压力也比较大（消费竞争、产品竞争、渠道竞争、品牌竞争），一批新车经销商纷纷尝试二手车经营业务并且在品牌效应、连锁经营、售后服务等更高层面上开始了规模化规范运营的尝试。新车市场与二手车市场的联动效应更加明显，两个市场的互动性进一步增强。

市场信息是反映市场活动特征及其发展变化情况的各种消息、情报、资料等的统称，包括市场需求信息、竞争信息。

市场需求信息是指影响用户需求诸因素的信息，市场需求信息主要有购买力信息和购买动机信息。

竞争信息是指包括现有和潜在竞争者的基本情况、竞争能力、发展动向等有关信息。

外部环境信息分为重点用户信息、同行竞争信息、技术发展信息，政治、法律信息，新材料开发信息以及自然环境方面的信息。

市场营销信息是供给营销决策者运用，以使营销计划、实施和控制具有科学性和准确性。它一般由内部报告系统、市场营销情报系统、市场营销调查系统、市场营销分析系统四个子系统构成。

二手车经营中面临的问题很复杂，有针对性的信息调研可以规避经营中的风险，预测市场并且对经营的决策起到关键的作用，在销售过程中，做好调研工作，对提升经营业绩非常重要。在二手车的市场调研中特别要关注二手车用户人群基本特征、行为、心理因素等，见表 9 - 1。

表 9 - 1　二手车的市场调研关注点

关注点	影响因素
基本特征	城市、年龄、性别、教育程度、职业、收入、婚姻状况
消费行为	家庭拥有车情况、二手车购买用途、本次买车目的、二手车购买经历、购车资金来源
购买心理	二手车购买价位偏好、付款方式偏好、品牌偏好、金融产品偏好

在以前是产品为导向，而现在的市场是以客户的真实需求为导向，了解客户，研究客户的消费特征会使得二手车销售事半功倍。

二手车的经营与销售不同于新车销售，只有掌握竞争对手的优势与劣势、清楚自己的不足与长处、掌握未来趋势与国家的相关政策，整个运营才会更加有保障。

汽车市场营销调研是运用科学的方法，有计划、有目的、有系统地收集、整理和研究分析有关市场营销方面的信息，并提出调研报告，总结有关结论，提出机遇与挑战，以便帮助管理者了解营销环境，发现问题与机会，并为市场预测与营销决策提供依据。

调研的方法有很多种，按照现代技术运用的角度可以分为传统的调研方法和现代比较流行的大数据分析两种方法。调研方法主要包括市场调研法、文案调查法、访问法、观察法、实验法、抽样问卷调研法、专家座谈法、面谈调研法、电话调研法、邮寄调研法、留置问卷调研法、直接观察法、亲自经历法、痕迹观察法、行为记录法、计算机辅助访问、网上调研法、大数据分析法等。

其中，使用大数据对二手车客户群体进行行为分析的方法主要有描述型分析法、可视化分析法、数据挖掘算法、诊断型分析法、预测型分析法、指令型分析法等。在调研中中小企业通常使用传统的人工调研。大数据采集、开发与应用是未来发展方向，但是一般的公司并不具备掌握客户信息的海量数据采集与分析的能力。使用大数据最重要的是对大数据进行分

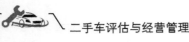

析。数据分析既有宏观分析也有微观分析，只有通过分析才能获取更多智能的，深入的和有价值的信息。例如：图9-1、图9-2为百度公司使用大量的网络访问数据统计后得出的二手车市场近几年的客户购买增长率与客户需求点，生成的图表成了非常有价值的可视化的工具。图9-3显示了大众群体对二手车有明显偏好的城市、平均偏好度。

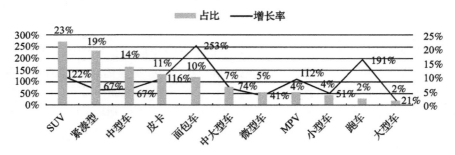

图 9-1　二手车类别需求占比及增长率（源自百度数据）

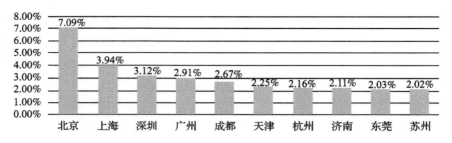

图 9-2　二手车地区需求占比及增长率（源自百度数据）

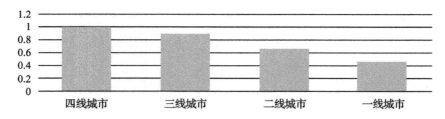

图 9-3　对二手车有明显偏好的城市平均偏好度（源自百度数据）

　　大数据分析的成功离不开数据质量和数据管理，在二手车的经营应用领域，获取高质量的数据和进行有效的数据管理，才能够保证分析结果的真实和有价值。

　　市场预测的目的是帮助二手车经营者更准确地把握经营决策，制订经营计划，更好地提升企业的竞争能力。在市场调研的基础上，利用科学的方法和手段，对未来一定时期内的市场需求、需求趋势和营销影响因素的变化做出判断。市场预测包括市场需求预测、市场供给预测、产品价格预测、竞争形式预测等。

　　按预测程度和范围分为宏观预测、微观预测。

　　按预测期限分为短期预测、中期预测、长期预测。

　　按预测性质分为定性预测、定量预测、综合预测。

　　定量预测方法也叫统计预测法。根据掌握大量的数据资料，运用统计方法和数学模型对预测目标做出量的测算。市场调查步骤如图9-4所示。

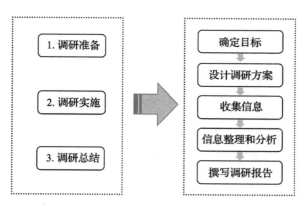

图 9 - 4 市场调查步骤

数据应用可以从企业价值链和客户生命周期入手，寻找业务需求，可以挖掘出众多数据扩大应用。大数据分析建模不是简单的数据统计和汇总，所回答的问题也不仅是明确的因果性问题，更多的是带有不确定性的相关性问题。通过对多种来源的海量数据分析，发掘潜在的业务动因和模式，辅助业务决策，甚至驱动业务变革与创新。

客户细分是利用客户数据的关键步骤。客户细分是指按相似属性划分客户群，有助于解决关键业务问题。客户细分依据的客户属性包括激励因素、利益、风险因素、行为、喜恶、偏好等。据此可针对各个客户群开发差异化产品和价值主张，同时还支持直接与客户交流活动，能制定关键客户数据和报表的数据库管理或者客户关系管理战略。

买卖二手车需求人群的关注点：

①共性：婚育人群比例较高。

②买车人群：居家务实派。

③卖车人群：休闲娱乐派。

与汽车行业整体相比，置换二手车人群最关注流程，买二手车人群最关注买二手车可能的风险和价格。买卖二手车群体不同的关注点调查结果如图 9 - 5 所示。

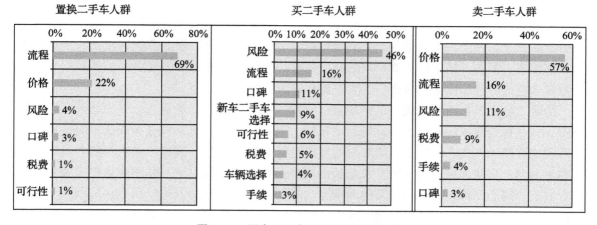

图 9 - 5 买卖二手车群体不同的关注点

二手车平台瓜子二手车直卖网在 2017 年 12 月做了一份数据调研，结果显示，我国二手车购买人群持续趋向年轻化，80 后占比过半，是主力军且购买力最高；90 后购买者占比提升幅度最大，关注豪华品牌，价格在 20 万元以上车在这一群体的购买量中排名第一；70 后最爱 SUV，成交占比基本持平；60 后是国产品牌消费量中唯一上涨的群体，且消费量在国产品牌二手车消费者占比中最高。买卖二手车的群体的关注点如图 9 - 6 所示。与卖车人群相比，买车人群对房产家居和金融财经的关注点更高。卖车人群更关注网游和美容美体，说明该部分人群更加关注休闲娱乐。

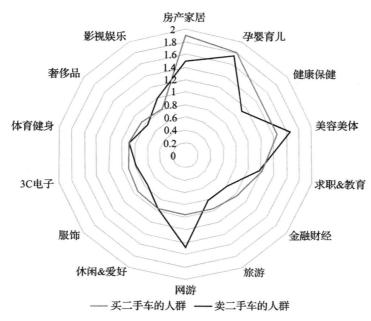

图 9 - 6　买卖二手车的群体的关注点

2. 网上市场调研方法

网上市场调研是指在互联网上进行简单调查设计、收集资料和初步分析的活动。网上调研的方式更利于数据的统计，分布人群较广，已经成为现代市场调研应用领域最广泛的主流调研方法之一，网上调研既适合于个案调研也适合于统计调研。网上市场调研由三个应用服务层次构成，面向全体用户免费开放的公众调查信息浏览服务、面向收费会员客户的调查信息数据库查询服务和面向特需客户的收费委托调查业务服务。

传统市场调研有两种方式，一种是直接收集一手资料，如问卷调查、专家访谈、电话调查等；另一种是间接的收集二手资料，如报纸、杂志、电台、调查报告等现成资料。网上市场调研也有两种方式：一种是利用互联网直接进行问卷调查等方式收集一手资料，这种方式不妨称为网上直接调研；另一种方式是利用互联网的媒体功能，从互联网收集二手资料，这种方式称为网上间接调研。根据采用调研方法不同，可以分为网上问卷调查法、网上实验法和网上观察法。按照调研者组织调查样本的行为，网上调研可以分为主动调研法和被动调研法。按网上调研采用的技术可以分为站点法、电子邮件法、随机 IP 法和视讯会议法等。二手车市场分析模型如图 9 - 7 所示。

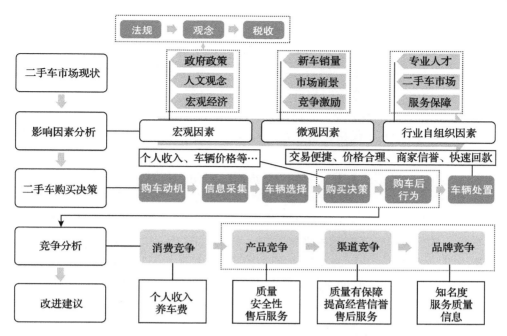

图 9-7 二手车市场分析模型

通过网络访问相关企业或者组织机构的网站，企业可以很容易获取市场中许多信息和资料。因此，在网络信息时代，信息的获取不再是难事，困难的是如何在浩繁的信息海洋中找出企业需要的有用的信息。网上间接调研主要是利用互联网收集与企业营销相关的市场、竞争者、消费者以及宏观环境等方面的信息。企业用得最多的还是网上间接调研，因为它的信息广泛，能满足企业管理决策需要，而网上直接调研一般只适合于针对特定问题进行专项调研。

网上市场调研的基本方法如下：

（1）网上观察法

网上观察是利用相关软件和人员记录登录网络浏览者的活动。相关软件能够记录登录网络浏览者浏览企业网页时所点击的内容和浏览的时间；在网上喜欢看什么样的商品网页；看商品时，先点击的是商品的价格、服务、外形还是其他人对商品的评价；是否有就相关商品和企业进行沟通的愿望等。

（2）网上实验法

网上实验法指在控制的条件下，对所研究对象的一个或多个因素进行控制，以测定这些因素间的关系。网上实验法要求调查人员事先将实验对象分组，然后置于一种特殊安排的环境，做到有控制地观察。例如，选定两个各种条件基本相同的小组，一个作为实验组，置于有计划的变化条件下；另一个作为控制组，保持原来的条件不变。然后比较两个小组的变化，以观察条件变化对实验对象的影响。常用实验方法有实验室实验、现场实验、模拟实验。

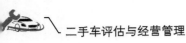
（3）在线问卷法

在线问卷法即请求浏览其网站的每个人参与企业的各种调查。在线问卷法可以委托专业公司进行。调查问卷的基本结构一般包括三个部分，即标题及标题说明、调查内容和结束语。

1）标题及标题说明是调查者向被调查者写的简短信，主要说明调查的目的、意义、选择方法以及填答说明等，一般放在问卷的开头。

2）问卷的调查内容主要包括各类问题，问题的回答方式及其指导语，这是调查问卷的主体，也是问卷设计的主要内容。

问卷中的问答题，从形式上看，可分为开放式、封闭式和混合型三大类。封闭式问答题既提问题，又给若干答案，被调查者只需在选中的答案中打"√"即可。开放式问答题只提问题，不给具体答案，要求被调查者根据自己的实际情况自由作答。混合型问答题，又称半封闭型问答题，是在采用封闭型问答题的同时，最后再附上一项开放式问题。至于指导语，也就是填答说明，是用来指导被调查者填答问题的各种解释和说明。

图9-8所示为百度公司通过网上问卷调查统计的二手车购买分析结果。

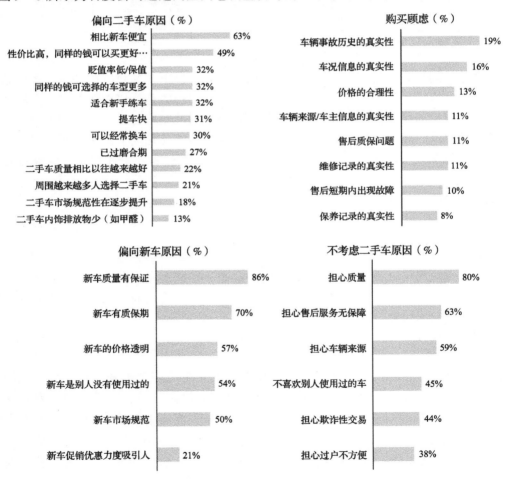

图9-8　调研案例——客户购买的影响因素（源自百度数据）

9.1.2　CRM 数据分析与客户管理

？ 什么是 CRM？

1. CRM 系统组成

客户关系管理（Customer Relationship Management，CRM）是利用信息科技技术，实现市场营销、销售、服务等活动自动化，是企业能更高效地为客户提供满意、周到的服务，以提高客户满意度、忠诚度为目的的一种管理经营方式。客户关系管理既是一种管理理念，又是一种软件技术，以客户为中心的管理理念是 CRM 实施的基础。CRM 系统主要通过对客户详细资料的深入分析，判断、选择、争取、发展和保持客户所需的全部商业过程，以客户关系为重点，通过开展系统化的客户研究，通过优化企业组织体系和业务流程，提高客户满意度和忠诚度，提高企业效率和利润水平的工作实践，不断改进与客户关系的全部业务流程，最终实现电子化、自动化运营目标。信息科技的高速发展使传统企业尤其是中小企业有了更有效的信息化工具和手段来进行销售管理，实现信息化管理、规范业务流程、采用先进的销售管理系统对销售过程中大量繁杂的资料和数据进行管理分析，并建立以客户为中心的基于营销业务过程的可视化的管理体系，有效地管理客户资源、客户关系，提升工作效率和销售业绩。

CRM 系统的架构如图 9 – 9 所示。

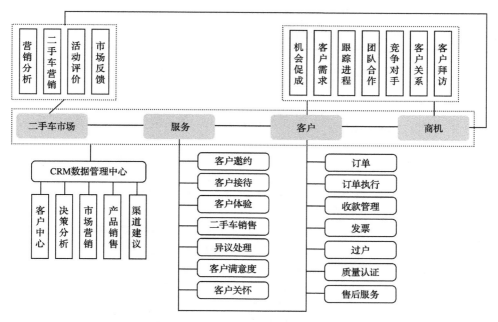

图 9 – 9　CRM 系统的架构

用户分为以下几类：系统管理员、销售总监、销售经理、销售代表。系统管理员拥有本

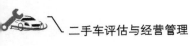

系统的所有权限；销售总监负责所有销售情况；销售经理隶属于销售总监，并负责下属销售代表的销售情况；销售代表隶属于上级的销售经理。

　　客户关系管理系统主要用于日常工作中客户资源维护与管理等任务，主要包括系统设置、销售管理、客户管理、服务管理、订单管理、合同管理、统计分析等模块，可满足日常客户资源维护、销售数据分析、潜在和有价值客户分析等需求。CRM 软件功能见表 9-2。

表 9-2　CRM 软件功能

序号	功能模块		相关说明
1	系统设置	角色管理	管理系统中各组织结构下的岗位角色
		权限管理	管理系统中的岗位角色权限，具有给用户分配角色等功能
		组织结构	用于管理员维护公司的部门结构
		员工管理	用于管理员维护员工信息（包括对员工进行状态启用/停用或角色授权操作）
		公告管理	销售总监和销售经理对发布公告进行管理，销售代表可以查看发布的公告
		个人信息管理	每个人可以修改自己的用户信息和登录密码
		基础信息	管理常用的系统参数，例如选项开关，自动绩效考核时间设定等信息
		数据字典	系统所需的基础数据字典管理
2	产品目录		该模块主要包括产品电子目录、产品信息管理、产品分类管理、产品图片管理、产品价格和折扣管理、产品个性化销售支持、在外部网站发布产品目录、产品销售情况分析、产品分析等内容
3	销售管理	销售计划	① 销售总监制定公司阶段销售计划、合理规划业务发展 ② 销售总监查看各销售经理的部门销售计划，指导并协助其合理地开展部门销售工作 ③ 销售经理制定部门阶段销售计划、合理规划部门业务开展工作 ④ 用于销售经理查看下属销售代表的个人销售计划，指导并协助其合理地开展销售工作 ⑤ 销售代表管理本人的销售计划，并可将销售计划提交给上级
		销售预测	① 通过对收集资料的分析，对预测目标时间内公司销售情况进行预测，该预测结果供销售总监查看 ② 通过对收集资料的分析，对预测目标时间内指定部门销售情况进行预测，该预测结果供销售总监查看 ③ 通过对收集资料的分析，对预测目标时间内本部门销售情况进行预测，该预测结果供销售经理查看 ④ 通过对收集资料的分析，对预测目标时间内本部门指定个人销售情况进行预测，该预测结果供销售经理查看

（续）

序号	功能模块		相关说明
3	销售管理	销售绩效	销售总监按部门业绩考核销售经理，销售经理按个人业绩考核销售代表。可设定业绩目标与对应奖励，从下个月开始生效。每月将前一个月所有订单明细统计为结账数据，系统自动根据结账数据与设定的业绩目标对员工进行考核
		机会管理	销售代表发现销售机会时，在系统中创建销售机会。所有销售机会由销售经理进行分配，分配给指定的销售代表
		联系人管理	用于管理个人的联系人信息
		竞争管理	通过分析目标数据，得到行业信息、行业动态、竞争对手的关键数据等信息并对分析结果进行保存和归档管理，以供查阅
		销售分析	每月初系统按部门自动统计上个月各销售代表和各部门的销售情况，并生成统计报表和统计图。其中各部门的统计结果供销售总监查看，各销售代表的统计结果供销售经理查看
		该模块主要包括销售自动化、销售机会管理、回款跟进管理、销售预测、计划和目标制定、销售统计查询和报表、在外部网站发布产品目录、产品个性化销售支持等	
4	市场管理	该模块主要包括市场活动管理、市场信息管理、竞争对手分析、市场渠道管理等内容	
5	客户管理	客户资源管理	① 用于销售总监、销售经理维护公司已有客户资源，状态为"启用"的客户信息可以编辑 　　② 销售总监、销售经理可以对公司现有客户资源进行分配，指定给销售代表维护 　　③ 销售代表可以维护指定给自己的客户资源
		客户发展计划	用于销售代表制定每个月的个人新客户发展规划
		客户价值管理	通过分析模型对客户已有的消费行为进行价值分析，得出未来一段时间的消费预测，推算出客户未来的价值，有利于对客户进行有针对性的服务
		客户满意度管理	通过定期回访、座谈会、问卷等形式搜集现有客户对产品或服务的满意度，分析并提出相关工作的改进建议，为后续客户维护工作提供指导
		客户信誉管理	通过信用模型对客户进行信誉分析，根据分析结果对客户进行差别化服务

（续）

序号	功能模块		相关说明
5	客户管理	客户关怀	通过设置关怀周期和特定日期（如生日、春节等）提醒，提示销售代表对客户进行定期回访，回访提供关怀服务。关怀服务内容可根据该客户的综合评分指数（客户价值、满意度、信誉度等）来指定
			该模块主要包括客户信息管理、联系人信息管理、代理商及经销商管理、潜在客户管理、客户关怀管理、客户满意度信息管理、客户信用评估、在线获取潜在客户等内容
6	服务管理	服务创建	当收到客户服务请求时，创建服务单据，状态为"新创建"。确定提交后，状态为"已提交"
		服务分配	销售经理对状态为"已提交"的服务单据进行分配，指定销售代表处理该单据。除了"新创建"以外的其他状态可以被查看
		服务处理	被分配处理服务的销售代表负责对服务请求进行处理，并在系统中记录处理过程和结果
		服务反馈	对状态为"已处理"的服务单据主动联系客户进行反馈，填写服务反馈结果
		服务归档	对状态为"已反馈"的服务进行归档操作，便于其他员工查询、查阅，为解决类似问题提供参考
		常见问题管理	销售代表可以将日常工作中遇到的常见问题录入到系统中，以便其他员工参考学习
7	订单管理	代下订单	对于不方便下单的客户，销售代表可以代替其进行下单操作
		订单查询	销售代表可以对所属客户的订单情况进行查询和跟踪
		订单统计与分析	销售代表可以对指定时间段内自己的销售情况进行统计，并分析出与预定目标的完成比例 销售经理可以对本部门指定时间段内各个销售代表的业绩和部门销售总额进行统计分析，为销售经理下一步工作提供指导
8	合同管理	合同管理	①销售代表对于已经确定的销售订单，创建销售合同。经销售经理、销售总监审核并与客户签订后，进行履行程序，根据执行情况，更改合同的状态，如"已订立""已审核""已履行""已变更""已解除""已转让""已终止""已归档"等。"已归档"状态的合同不能进行修改 ②销售代表可以对自己所销售的所有合同进行查阅和跟踪 ③销售经理可以对本部门所销售的所有合同进行查阅和跟踪 ④销售总监可以对所销售的所有合同进行查阅和跟踪
9	财务管理		该模块主要包括应付款管理、应收款管理、费用预算、报销管理、往来账款管理、常用的财务统计报表等内容

（续）

序号	功能模块		相关说明
10	统计分析	客户构成统计	① 通过对公司现有客户数据的分析，得出客户的区域分布、类型构成、所占比例等分析结果数据，供销售总监和销售经理查阅，指导下一步工作更有效地开展 ② 客户构成统计的详细信息应包括客户类型、客户来源、区域分布、所属行业等属性。查看详情时，按以上属性分别生成饼状图，可以直观地展示出客户群的特征
		客户流失统计	根据时间查看不同月份客户的流失情况统计 客户流失统计的详细信息应包括服务代表、客户类型、客户来源、区域分布、所属行业等属性。查看详情时，按以上属性分别生成饼状图，可以直观地展示出流失客户群的特征
		客户贡献统计	查询指定时间段内不同类型客户的数量及消费总金额的统计情况，了解不同客户对企业的贡献 客户贡献统计的详细信息应包括客户类型、客户来源、区域分布、所属行业等属性。查看详情时，按以上属性分别生成饼状图，可以直观地展示出流失客户群的特征
		客户服务统计	根据时间和服务类型对服务进行统计分析 客户服务统计的详细信息应包括服务类型、客户类型、客户来源、区域分布、所属行业等属性。查看详情时，按以上属性分别生成饼状图，可以直观地展示出流失客户群的特征
11	文档管理		该模块主要包括文档管理功能、按目录分配权限、多种方式权限定义、文档加密功能、部门文件库、网络硬盘、公文审批流程、支持标准文档格式和 Office 在线编辑控件、灵活可靠的权限控制组合等内容
12	个人工具		该模块主要包括个人工作平台、用户界面自定义、个人资料设置、个人笔记、支持单点登录服务、实时任务和事件日程查询、内部消息、考勤管理、个人日程安排等内容
13	事件日程		该模块主要包括个人日程安排、实时任务和事件日程查询、事件计划等内容
14	邮件系统		该模块主要包括公共邮件管理、电子邮件模板、群发电子邮件、批量生成个性信函贺卡、电子邮件转为销售机会、客户反馈、电子邮件自动回复、个人邮件管理等内容
15	审批流程		该模块主要包括流程审批的常用审批表单、图形化流程视图、基于模板的流程定义、多线程无限节点流程、自定预定固定三种流程模型、会签功能应用、节点的办理、只读和跳转、自定义类型、自定义字段等内容
16	自定义表单		该模块主要包括自定义表单扩展、使用自定义明细表、自定义流程表单、自定义数据表单、自定义电子表格表单、自定义字段扩展

（续）

序号	功能模块	相关说明
17	报表图表	该模块主要包括销售的统计查询表、报表、图表和分析决策，项目统计、评价、报表，产品销售情况分析，常用的财务统计报表、订单统计报表、产品分析等
18	电子商务集成	该模块主要包括 B2B 电子商务、B2C 电子商务、创建电子商务网站等
19	全文检索	该模块主要包括智能搜索引擎、中文分词系统、信息量化和度量技术等
20	数据挖掘	该模块主要包括全文检索技术、数据挖掘等内容
21	信息交流	该模块主要包括内部公告信息管理、内部消息、内部文章管理、文章的发布和编辑、企业内部论坛、RTX 即时消息、视频会议、手机短信收发、手机短信群发、网页模板、评论、相关链接、推荐等
22	工作任务	该模块主要包括工作流程控制、工作任务分配、督办和跟催、工作总结报告、工作办理过程记录和报告、工作日志、交办任务管理、工作流程应用、工作质量评估等内容
23	公文流转	该模块主要包括公文审批流程、集成 PDF 生成、加密、证书服务、集成 Word 和 Excel、图形化流程视图、会签功能应用等内容
24	业务流程	该模块主要包括业务流程重组的应用、工作流程控制、订单处理流程控制、技术领先的流程自动化组件、工作流程的主要应用

　　CRM 客户关系管理系统是把有关市场和客户的信息进行统一管理、共享，进行有效分析和处理的新型应用系统，它为企业内部的销售、营销、客户服务等提供全面的支持。在帮助企业缩减销售成本、增加收入、寻找扩展业务所需的新市场和新渠道，提升客户的价值方面，CRM 具有很广阔的应用空间。

　　CRM 客户关系管理系统主要功能见表 9 - 3。

表 9 - 3　CRM 客户关系管理系统主要功能

序号	构成	主要功能
1	企业信息	区域信息 企业性质、类型资信、级别等
2	客户管理	客户基本信息 客户主要联系人的信息 与此客户相关的基本活动和活动历史 联系人的选择 订单的输入和跟踪 建议书和销售合同的生成
3	客户服务	客户呼叫中心 客户服务反馈 客户投诉与处理 客户满意度与忠诚度查询

（续）

序号	构成	主要功能
4	联系人管理	联系人概况的记录、存储和检索 跟踪同客户的联系，如时间、类型、简单的描述、任务等
5	时间管理	日历 设计约会、活动计划 进行事件安排，如约会、会议、电话、电子邮件、传真 备忘录 进行团队事件安排 查看团队中其他人的安排，以免发生冲突 把事件的安排通知相关的人 任务表 预告/提示 记事本 电子邮件 传真
6	潜在客户管理	业务线索的记录、升级和分配 销售机会的记录和提醒 潜在客户的跟踪
7	销售管理	组织和浏览销售信息，如客户、业务描述、联系人、时间、销售阶段、业务额、可能结束时间等 产生各销售业务的阶段报告，并给出业务所处阶段、所需的时间、成功的可能性、历史销售状况评价等信息 对销售业务给出战术、策略上的支持

2. 客户数据分析与管理

企业与客户的关系需要经历一个由相互陌生到开始接触，再到日益成熟的发展过程，一般先后经历潜在客户、新客户和忠诚客户 3 个发展阶段。客户作为企业的重要资源，具有价值和生命周期。从企业与客户建立业务关系到完全终止关系的全过程，是客户关系水平随时间变化的发展轨迹，它动态地描述了客户关系在不同阶段的总体特征。如图 9 - 10 所示，客户生命周期可分为考察期、形成期、稳定期和退化期等 4 个阶段。考察期是客户关系的孕育期，形成期是客户关系的快速发展阶段，稳定期是客户关系的成熟期和理想阶段，退化期是客户关系水平发生逆转的阶段。当交易量下降，一方或双方正在考虑结束关系甚至物色候选关系伙伴（供应商或客户），开始交流结束关系的意图等说明客户已进入退化期。

退化期的重点任务是发现客户衰退迹象，判断客户关系是否值得维护，采取恢复策略或终止策略。

按照客户在客户生命周期不同阶段的特点进行有效的监控与管理，使客户价值最大化。对客户信息进行统计、分析和细分，然后对不同的客户进行优化配置。根据客户的不同特点

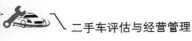

进行有针对性的营销，降低成本，吸引和培养潜力较大的客户群。根据客户的价值、需求和偏好等综合因素对客户进行分类，并提供有针对性的产品和营销方案，借助 CRM 客户管理系统的作用得以实现，这是客户生命周期管理的基础。

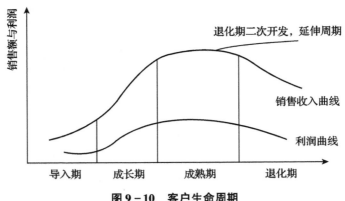

图 9-10　客户生命周期

　　CRM 系统吸收了"数据库营销""关系营销""一对一营销"等管理思想的精华，通过与客户的个性化交流来掌握其个性需求，并在此基础上为其提供个性化的产品和服务，不断增加企业给客户的交付价值，提高客户的满意度和忠诚度，最终实现企业和客户的双赢，通过信息共享和优化商业流程来有效地降低企业的经营成本。

　　客户行为分析如图 9-11 所示。当客户对企业产品产生兴趣，并通过某种渠道与企业接触时，就成为企业的潜在客户；与企业建立起交易信心后就会促成二手车的销售，使之成为企业的新客户；通过交易体验与企业产品的持续认同，就可能会在后期产生新的交易，成为企业的忠诚客户。

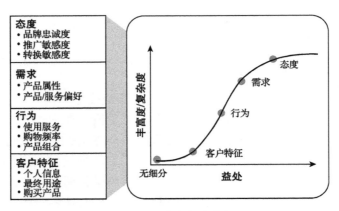

图 9-11　客户行为分析

　　二手车的数据管理是将二手车销售业务全过程记录下来的、可以鉴别的符号。企业可以通过分析已经发生的交易数据，来确定忠诚客户价值的评价指标。常用的数据包括最近交易情况、交易频率、交易总额等。最近交易情况是客户最近一次与企业进行交易的时间、地点和类型；交易频率是在某一时期内，客户与企业进行交易的次数；交易总额是在某一时期内，客户的累计交易金额。

　　按数据的性质一般可归纳为定性数据和定量数据。定性数据常用于频数或频率分析。定量数据可以用于数值的数字量化。

按数据的来源可分为人力资源数据、财务数据、营销数据、采购数据、仓储数据、生产数据、编辑数据等。

统计分析流程如图9-12所示。

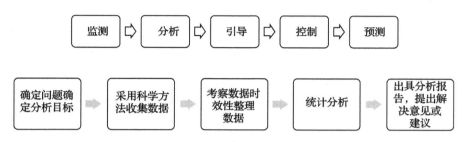

图9-12　统计分析流程

在 CRM 系统中，客户的 4 个发展阶段可以通过图形的方式直观地显示出来，包括每个阶段客户的具体数量。在 CRM 系统中，可以对客户的发展阶段进行方便的调整，系统还可以记录客户在转换过程中的购买意愿。如销售员为什么会认为该客户可以从潜在客户转化为意向客户，什么时候将车卖出，这个销售顾问在这个月里一共销售了多少辆二手车等，这个功能对于销售员的业绩考核非常重要。

CRM 最重要的作用是可以针对不同阶段的客户推出不同的销售策略，指导业务员更加灵活地处理与客户的价格谈判与业务沟通。管理人员只要点击鼠标，就可以追踪客户的进度，了解客户的生命周期的进行情况，对客户的进展进行统计，并采取对应的策略来促进客户生命周期的关系维护。

分析潜在客户的质量并进行分类，对质量较差的客户群的工作处理可以节省下更多的精力与时间。同时在分配客户拜访的工作时防止重复访问，避免引起客户反感。每家车企都有自己的 CRM 系统，由于厂家与经销商的利益并非完全一致，造成经销商对客户信息的输入都会有所保留。客户信息录入系统数据完整性很重要，而且每家店采集的客户信息在质和量上也各不相同，如果客户信息录入不全、有误、重复录入等，就会对管理人员甄别、整合、应用数据带来极大不便。

CRM 系统基础模型如图9-13所示。一个完备的 CRM 系统，应从两个层面进行考虑。从管理层面来看，企业要运用 CRM 思想，推行管理机制、管理模式和业务流程的变革；从技术层面来看，企业通过部署 CRM 应用，来实现新的管理模式和管理方法。CRM 软件系统的组成划分为接触活动、业务功能及数据库三部分。

系统会自动生成工作计划，大到客户关怀计划的设计，小到回访客户的话术，CRM 部门人员可以从容不迫地执行日常的客户维系工作。可以针对购车一定年限的保有客户实施二次购车计划或是二手车销售计划等。而在确定邀约客户范围时，CRM 系统采集的客户信息质量则对活动效果产生重要影响。CRM 管理与售后管理一样，是可以直接为 4S 店带来直接经济收益的。当前的市场现状迫使越来越多的经销商围绕后市场转型，有些经销商着力发展新能源汽车销售，有些布局二手车、汽车金融或上门服务，有些关注基于呼叫中心的延伸服务，但不管怎样，客户信息是开展新业务的基石。

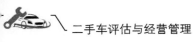

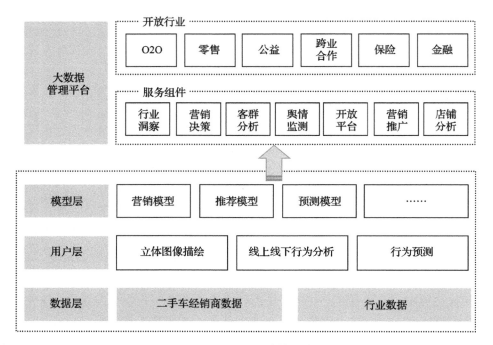

图 9 – 13　CRM 系统基础模型

在销售方面，系统的 CRM 数据库可以帮助经销商详细记录客户信息，更好地管理客户、分析客户，有针对性地寻找潜在客户，管理各个渠道获取的客户信息。经销商可以实时查看到其他门店的库存情况，尽可能地匹配客户的需求。在销售过程中，经销商可将精品、保险、金融、延保、二手车置换等所有相关的衍生业务都有机地融入进来。对于销售人员来说，他们可以在一个界面中方便地掌握各种信息。在售后方面，通过售后工单管理、零部件进销存、车间技师打卡管理，可以有效提高车间的生产效率与资源利用率。通过配件计划，辅助配件的预订，降低呆滞件的比例。车辆健康检查（VHC）功能可帮助服务人员快速检查客户车辆，及时寻找车辆使用隐患和潜在服务机会，体现客户关怀，并增加售后产值。

客户服务满意度是测评服务质量的指标，是衡量客户对于服务认知的有效工具。客户满意度是以客户的体验来衡量经销商服务水准的。客户满意度指客户对车辆质量、驾乘舒适性等方面的评价值，以及对二手车经销商的售后服务质量、服务态度、服务品牌等方面的认可程度。

客户满意度可以分为内部满意度和外部满意度。内部满意度是由二手车经销商的客户服务部门通过质量跟踪进行数学加权平均得出的，可以及时得出当期的满意度，具有很强的时效性，针对调查发现的问题可以立即进行改善。外部满意度是通过对调查数据的数理统计分析，确定各调查项目的权重，从而计算出客户对二手车经销商的满意度结果。

CRM 的主要手段与目的可由 CRM 的 "10C" 架构来了解，见表 9 – 4。

表 9 - 4　CRM 系统客户管理的 10C 架构

序号	10C 架构	相关说明
1	顾客轮廓 （Customer Profile）	指的是企业对顾客整合性资讯的搜集，包括人口统计资讯、消费心理特性、消费需求、消费行为模式、交易纪录、信用等，以充分了解顾客轮廓
2	顾客知识 （Customer Knowledge）	指的是与顾客有关，由资讯转换而来，更深更广、更能指导 CRM 的一些经验法则与因果关系等
3	顾客区隔 （Customer Segmentation）	指的是将消费者依据对产品/服务（P/S）的相似欲望与需求，区分为不同的顾客群，或以顾客获利率来区分，后者对 CRM 尤其重要
4	顾客化/客制化 （Customization）	指的是为单一顾客量身订制符合其个别需求的 P/S，例如一对一的价格、一对一的促销、一对一的通路。此为 CRM 重要的手段之一，即由大量行销、区隔行销到一对一行销
5	顾客价值 （Customer Value）	指的是顾客期望从特定 P/S 所能获得利益的集合，包括产品价值、服务价值、员工友谊价值、品牌价值等。CRM 的目的在提高顾客的所有价值，与降低其所有的成本
6	顾客满意度 （Customer Satisfaction）	指的是顾客比较其对 P/S 品质的"期望"与"实际感受"后，所感觉到的一种愉悦或失望的程度
7	顾客的发展 （Customer Development）	指的是对于目前的老顾客，应想尽办法提升其对本公司的荷包贡献度，其主要有两种做法： 交叉销售：吸引老顾客来采购公司其他的产品，以扩大其对本公司的净值贡献 进阶销售：在适当时机向顾客促销更新、更好、更贵的同类产品
8	顾客保留率 （Customer Retention）	指的是在于如何留住有价值的老顾客，不让其流失，利用优秀、贴心、量身订制的产品与服务来提升顾客的满意度，以降低其流失率，获取其一辈子的净值
9	顾客赢取率 （Customer Acquisition）	指的是利用提供比竞争对手更高价值的产品与服务，来吸引及获取新顾客的青睐与采购
10	顾客获利率 （Customer Profitability）	指的是顾客终生对企业所贡献的利润，亦即其终生的采购金额扣除企业花在其身上的行销与管理成本

　　通过有效的 CRM 管理系统对以上的"10C"架构进行自动化分析，可以缩减二手车销售周期和经营、销售成本，寻找扩展业务所需的新的市场和渠道以及提升客户的价值、增加收入、提高满意度、提高赢利性和客户的忠实度是 CRM 的作用。透过对数据的整合、用户行为数据的追踪、标签数据的积累、用户画像的产生，到对用户深度分析，实现客户价值的转化，这才是 CRM 营销自动化的本质。

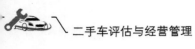

9.2 实践训练

	实训任务	针对二手车市场的经营，做出一份市场调研报告
	实训准备	计算机、网络、白板、翻纸架
	训练目标	能够掌握市场调研的策划、实施等操作方法
	训练时间	60min
	注意事项	无

任务：对市场需求进行调查并完成报告

任务说明

针对二手车市场的经营，做出一份市场调研报告。

实训组织与安排

教师活动	准备好实训设备设施，分配学生实习，全程指导学生的实习
学生活动	以小组为单位，按照实训要求进行各项检查，并完成要求填写的内容

任务准备

1. 训练物品准备

请列举完成此项任务所需要的工具、设备、资料与辅料。

_____

_____

_____

_____

2. 知识点准备

请查阅合适的资料，写下完成此项训练任务所需的相关知识。

_____

_____

_____

_____

任务操作

1. 设计一份二手车市场需求调查问卷

请在下面写出一段绪言

请在下面编写出 20 条调查问题，并且列出问题答复的选择项

二手车市场消费现状调查

1	
2	
3	
4	
5	

购买力调查

1	
2	
3	
4	
5	

购买需求意向调查

1	
2	
3	
4	
5	

对二手车市场的质量与期望值调查

1	
2	
3	
4	
5	

请在下面写出一段致谢

2．调查结果统计

二手车市场消费现状调查	
购买力调查	
购买需求意向调查	
对二手车市场的质量与期望值调查	
调查结论	

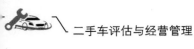

3. 调查总结报告

请在课后完成总结报告（应不少于 3000 字）

9.3 探讨验证

教师活动	
学生活动	

问题探讨	
1. 请分析一下在二手车市场中都存在哪些问题？这些问题应当怎么解决？	
2. 编写调查报告要注意哪些问题，怎么甄别数据的准确性？	

9.4 项目小结

本项目的学习目标你已经达成了吗？请通过以下问题进行结果检验。

序号	问题	自检结果
1	什么是市场信息？市场营销信息系统的构成有哪些？	
2	在二手车的市场调研中要注意哪些内容？	
3	汽车市场营销调研的方法有哪些？	
4	大数据在汽车市场调研中的作用有哪些？	
5	市场预测的作用是什么？有哪些内容？	

（续）

序号	问题	自检结果
6	什么是网上间接调查？网上调研的方法有哪些？	
7	什么是 CRM？CRM 的作用有哪些？	
8	什么是客户生命周期？作用是什么？	
9	如何利用数据统计帮助二手车销售？	
10	CRM 系统客户管理的 10C 架构分别是什么？	

9.5 项目练习

单项选择题：

1. 市场信息是（ ）及其发展变化情况的各种消息、情报、资料等的统称。

    A. 反映社会环境特征   B. 反映消费群体活动特征

    C. 反映市场活动特征   D. 以上都对

2. 影响（ ）各种因素的信息主要有购买力信息和购买动机信息。

    A. 用户需求   B. 政府需求

    C. 企业需求   D. 以上都对

3. 网上市场调查是指在（ ）进行简单调查设计、收集资料和初步分析的活动。

    A. 社区内   B. 电视媒体上

    C. 互联网上   D. 社会上

4. CRM 系统主要以（ ）为重点，开展系统化的客户研究。

    A. 发展潜在客户   B. 客户关系

    C. 收集政府与厂家信息   D. 以上都不对

5. 下列的客户生命周期在不同阶段中，哪种说法是正确的？（ ）

    A. 形成期是客户关系的快速发展阶段

    B. 稳定期是客户关系的成熟期和理想阶段

    C. 退化期是客户关系水平发生逆转的阶段

    D. 以上都对

问答题：

二手车市场营销调研与网上调研的手段有哪些？

_____

_____

_____

_____

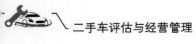

思考与讨论:

1. CRM 的功能与作用有哪些?

_____

_____

_____

_____

2. 大数据应当如何使用?

_____

_____

_____

_____